Josef Katz · Erinnerungen eines Überlebenden

CIP-Titelaufnahme der Deutschen Bibliothek

Katz, Josef:

Erinnerungen eines Überlebenden / Josef Katz
Kiel: Neuer Malik-Verlag, 1988.
ISBN 3-89029-038-8

Die deutsche Ausgabe folgt dem Manuskript
und wurde mit der amerikanischen Übersetzung
verglichen: Redaktion Ole Harck, Kiel

Gesamtherstellung: Plambeck & Co, Neuss
Printed in Germany
ISBN: 3-89029-038-8

Die Herausgabe des Buches wurde dankenswerterweise
vom Ministerium für Bildung, Wissenschaft, Jugend
und Kultur des Landes Schleswig-Holstein unterstützt.

Widmung

Dieses Buch ist dem Andenken
an meine liebe Mutter, Emma Katz,
und an die sechs Millionen Juden,
die im Inferno von Hitler-Europa
umgekommen sind, gewidmet.

Emma Katz, geb. Cohn, geboren am 1. Oktober 1880, gestorben am 21. Januar 1942 in Riga.

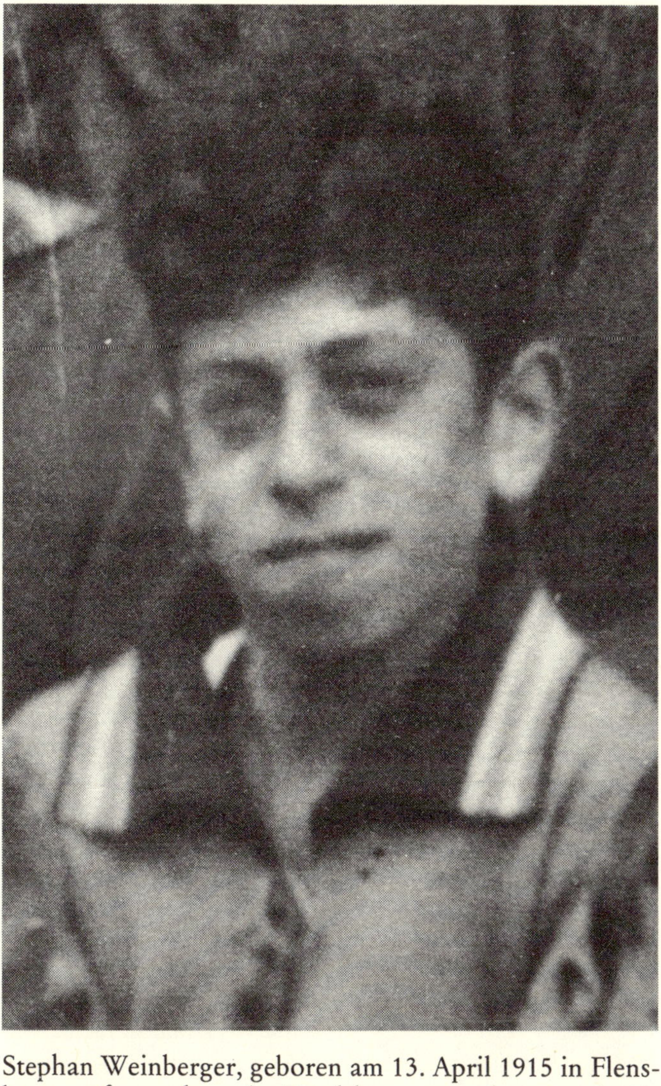

Stephan Weinberger, geboren am 13. April 1915 in Flensburg, aufgewachsen in Rendsburg, von dort am 4. 12. 1941 deportiert, gestorben am 28. Februar 1945 in Rieben/Pommern.

Inhalt

1. Kapitel
LÜBECK
Januar 1933 – Dezember 1941 13

2. Kapitel
DEPORTATION
Dezember 1941 – April1942 22

3. Kapitel
DAS GHETTO IN RIGA
April 1942 – November 1943 56

4. Kapitel
KAISERWALD
November 1943 – Herbst 1944 130

5. Kapitel
STUTTHOF
Herbst 1944 198

6. Kapitel
DIE SCHICHAU-WERFT
November 1944 – Januar 1945 221

7. Kapitel
TODESMARSCH NACH DEUTSCHLAND
Januar – März 1945 234

8. Kapitel
DIE BEFREIUNG
8. März 1945 255

Anmerkungen 263

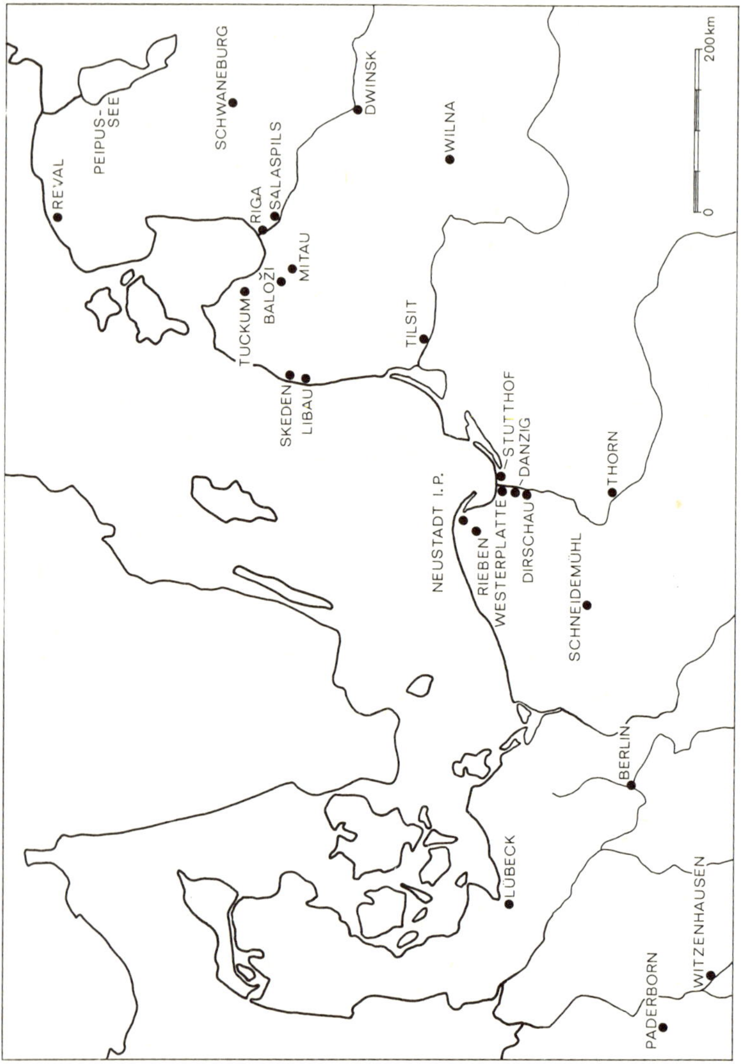
REVAL
PEIPUS-
SEE
SCHWANEBURG
DWINSK
SALASPILS
RIGA
WILNA
MITAU
BALOŽI
TUCKUM
TILSIT
SKEDEN
LIBAU
STUTTHOF
DANZIG
THORN
NEUSTADT I.P.
RIEBEN
WESTERPLATTE
DIRSCHAU
SCHNEIDEMÜHL
BERLIN
LÜBECK
WITZENHAUSEN
PADERBORN
0
200km

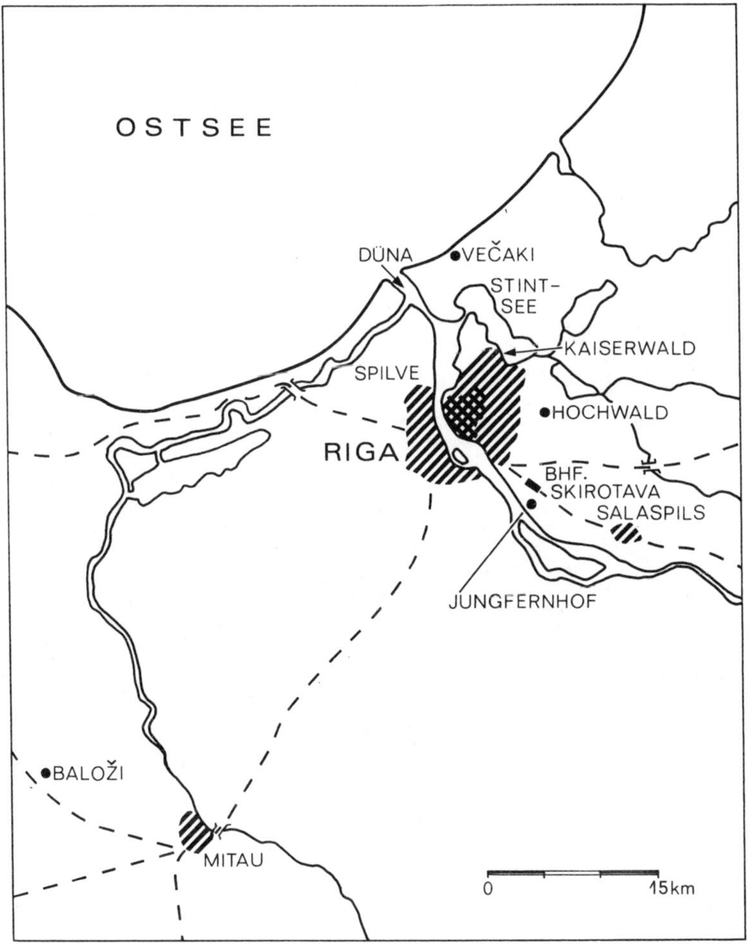
OSTSEE
DÜNA
VEČAKI
STINT-
SEE
KAISERWALD
SPILVE
HOCHWALD
RIGA
BHF.
SKIROTAVA
SALASPILS
JUNGFERNHOF
BALOŽI
MITAU
0
15km

Die Lübecker Synagoge in der St.-Annen-Straße im alten Zustand während der dreißiger Jahre.

1. Kapitel
Lübeck
Januar 1933 – Dezember 1941

30. Januar 1933[1]

Viele Menschen stehen vor dem Rathaus in Lübeck. Ich komme mit meiner Aktentasche voller Bücher gerade aus der Schule, überquere den Marktplatz und bleibe bei den wartenden Menschen stehen. Auf was sie warten, weiß ich nicht. Einige Minuten später marschieren einige Hundertschaften SA (Sturmabteilungen) vor dem Rathaus auf. Alles schreit „Heil". Einige SA-Leute betreten das Rathaus, um schon nach einigen Augenblicken mit einem Zivilisten in ihrer Mitte wieder herauszukommen. Ein Mann, der neben mir steht, sagt, das ist der sozialdemokratische Polizeisenator Mehrlein. Zwei SA-Männer sind auf dem Balkon des Rathauses erschienen und hissen die Hakenkreuzfahne. Die Menschen heben die Arme und singen das Deutschland- und Horst-Wessel-Lied.[2] Dazwischen schreien ein paar alte Tanten „Heil". Der Gesang und die Schreierei tönen mir noch in den Ohren, als ich längst um die nächste Ecke gebogen bin.

1. April 1933

Boykott.[3] Große gelbe Plakate sind an allen jüdischen Geschäften angebracht. Vor unserer kleinen Lederhandlung in der Braunstraße stehen SA-Leute und hindern die Kundschaft, das Geschäft zu betreten. Ein SA-Mann schlägt meinen Bruder,[4] als er in seinen Laden hineingehen will, mit der Faust ins Gesicht. Er kommt sehr deprimiert nach Hause und sagt zu meiner Mutter: „Jetzt ist es endgültig aus mit den Juden."

Mai 1934

Wir haben jetzt in der Schule „Rassenkunde". Köpke, mein Lehrer in der Mittelschule, versucht objektiv zu sein. Nachdem er die nordische und die dinarische Rasse behandelt hat, kommt er auf die jüdische Rasse zu sprechen. Er sagt, die Juden sind anders. Er sagt weder besser noch schlechter, anders. Ich bin damit einverstanden.

September 1934

In der Schule treiben wir Sport auf dem Buniamshof. Dort spielen wir immer Fußball. Es wird angeordnet, daß wir Schüler die gegnerische Mannschaft mit dem deutschen Gruß begrüßen müssen. Ich hebe meine Hand nicht hoch. Nach dem Spiel kommt der Sportlehrer zu mir und sagt, ich hätte meine Hand wie jeder andere Schüler hochzuheben. Ich sage ihm, daß ich Jude bin. Er erwidert mir, daß ich auf einem deutschen Sportplatz dann nichts mehr zu suchen hätte. Meine Kameraden fragen mich, ob es wahr sei, daß wir zu Ostern immer Christenblut trinken. Als ich es meiner Mutter erzähle, nimmt sie mich in den Arm, streichelt mich und sagt: „Das ist *Risches*."[5]

Witzenhausen bei Kassel, Dezember 1935

Hier bin ich in der kaufmännischen Lehre bei Kugelmann. Das Geschäft befindet sich direkt am Marktplatz. Wir haben zwei große Schaufenster, die jeden Morgen mit antisemitischen Parolen besudelt sind. Kundschaft kommt nur noch selten in den Laden, und dann schleichen sie sich durch die hintere Tür wieder hinaus, damit sie keiner sieht.

Wenn ich auf der Straße gehe, fliegen Steine oder Schimpfworte hinter mir her. Obwohl ich keinen in dem für mich fremden Städtchen kenne, wissen alle, daß ich Jude bin. In der Handelsschule steht der Spruch an der Tafel: „Der Jude siegt mit der Lüge und stirbt mit der Wahrheit" (Adolf Hitler, Mein Kampf). Ich sage dem Lehrer Röper, daß ich dabei nicht arbeiten kann. Er sagt, das ist Unterrichtsstoff. Ich packe meine Bücher ein und gehe nach Hause. Einige Tage später muß mein Chef Strafe bezahlen, weil ich unerlaubt den Unterricht verlassen habe.

Wir haben einen kleinen Weinberg am Ufer der Werra. Mein Fahrrad steht manchmal am Fuße des Berges. Zwei deutsche Jungen kommen angefahren, werfen mein Rad um und versuchen, es zu demolieren. „Mit deinem Rad können wir alles tun", höhnen sie, „du bist ja ein Jud." Nachher schiebe ich mein Rad nach Hause.

August 1936

Ich bin zu Besuch in Lübeck. Angeblich sollen jüdische Richter deutsche Volksgenossen in Polen verurteilt haben. Protestkundgebungen werden veranstaltet. Eine aus Halbwüchsigen bestehende Menge rast durch die Straßen Lübecks. Plötzlich stehen sie vor unserem Laden, beginnen Haßgesänge zu singen. Andere schreien: „Holt den Juden raus!" Von hinten drückt die Menge nach, und ungefähr dreißig Burschen drängen durch die offene Ladentür in das Geschäft. Lederstücke fliegen durch die Luft, Schwärzeflaschen knallen an die Wand, und alle Arten Nägel werden im Laden verstreut. Von beiden Seiten sind einige Männer hinter den Ladentisch gelaufen. Sie werfen meinen Bruder wie einen Gummiball in die tobende Menge. Ich stehe unterdessen vor dem Ladentisch und schaue der wildgewordenen Masse zu, denn man kennt mich nicht. Sie führen meinen Bruder mit zurückgebogenen Händen durch die Hauptstraßen der Stadt. Nachdem sich die Horde verlaufen hat, stelle ich fest, daß der Inhalt der Ladenkasse verschwunden ist. Meinen Bruder finde ich auf der Polizeiwache, grün und blau geschlagen, wieder. Zipper, im weißen Uhrmachermantel, und Schachtel, ein anderer Lederhändler, sind auch da. Die drei spielen Skat, bis man sie abends wieder nach Hause schickt.

Juni 1937

Die Lehrstelle in Witzenhausen habe ich verlassen, um in Lübeck in einem anderen Geschäft weiterzulernen. Es gibt fast keine jüdische Jugend mehr in Lübeck. Ich kaufe mir ein kleines Paddelboot, um etwas Sport zu treiben. Die Bootslagerung macht Schwierigkeiten, das Boot eines Juden zu lagern kann Unannehmlichkeiten bringen, doch als ich dem Mann einige Mark in die Hand drücke, lagert er mein Boot bis auf Widerruf. Auf dem Wasser werde ich wiederholt angehalten. Jedes Wasserfahrzeug habe die Reichsflagge zu führen, sagt die Wasserpolizei. So kann ich nur noch abends paddeln, damit man mich in der Dunkelheit nicht erkennt.

November 1938

Mein Abteilungsleiter Josef sagt, daß es sehr mulmig aussieht. Die Sache mit Grünspan[6] gefällt ihm nicht. Es liegt etwas in der Luft, meint er. Als ich meine Freundin abends nach Hause bringe, sagt sie, ich sähe Gespenster. Während der Nacht vom neunten zum zehnten November werden alle jüdischen Geschäfte und Wohnungen demoliert. Meinen Bruder verhaftet man auf der Straße. Mich selbst trifft die Gestapo nicht im Hause an. Meine Schwester gibt mir hundert Mark zur Flucht. Während ich noch bei ihr bin, höre ich Stiefel die Treppe hinaufpoltern. Schnell laufe ich zwei Treppen höher auf den Boden.

„Ist Josef Katz hier?" herrscht der Gestapo-Mann meine Schwester an.

„Nein, er ist nicht hier", höre ich meine Schwester antworten.

Der Gestapo-Mann sagt, er hätte Befehl, eine Haussuchung vorzunehmen. Er reißt alle Schubladen auf und durchsucht sie, wobei er alles durcheinanderschmeißt. Mein Sparkassenbuch und das Bargeld meiner Mutter nimmt er mit. Meine Schwester fragt ihn, ob er einen Ausweis habe.

„Halts Maul", sagt er, „sonst knall ich dir eine."

Nachdem der Gestapo-Mann die Wohnung verlassen hat, verschwinde auch ich. Mein Ziel ist Hamburg. An der Sperre des Lübecker Bahnhofs sehe ich Polizeibeamte stehen, die jeden durch die Sperre Gehenden kritisch anschauen. Es bleibt mir nichts anderes übrig, als mit der Straßenbahn nach Schwartau zu fahren. Dort im Wartesaal will ich etwas essen, da ich den ganzen Tag noch nichts zu mir genommen habe. Der Wirt macht das Radio an. Ich höre gerade noch, wie Göring aus Grünspan eine Milliarde machen will. Zwei SA-Leute in Uniform setzen sich zu mir an den Tisch. Der eine erzählt dem anderen, daß die Synagogen überall in Deutschland zerstört würden. „Was sollen diese orientalischen Bauwerke auch noch auf deutschem Boden!" Mein Brot stecke ich mir in die Tasche, mir ist der Appetit vergangen. Dann fahre ich über Lübeck nach Hamburg.

Am nächsten Morgen erreicht mich ein Telegramm meiner Mutter, in dem sie mich bittet, so schnell wie möglich nach Hause zu kommen. Man würde sie sonst verhaften. Mit dem nächsten Zug fahre ich nach Lübeck zurück. Dort bleibe ich bei meinem Onkel in der Fischergrube. Nachmittags um vier Uhr läutet es. Ich gucke durch das Schlüsselloch – Gestapo.

„Bist du Josef Katz?" fragt mich der Beamte.

„Ja."
„Zieh dich an."
Ich nehme meinen Mantel, setze den Hut auf, binde den Shawl um.
„Du kennst doch Holzblatt?" beginnt der Beamte das Gespräch auf der Treppe. Ich sage „nein", denn ich habe mir vorgenommen, niemand zu kennen und nichts zu wissen. Daraufhin knallt er mir eine.
„Sicher kennst du Holzblatt aus der Hüxstraße", sagt er. „Warum sagst du mir denn nicht die Wahrheit?"
Er erhält keine Antwort mehr von mir, und dann gehen wir beide einträchtig durch die belebten Straßen der Innenstadt zum Polizeipräsidium. Dort treffe ich schon einige alte Bekannte, Morgenstern und Selmansohn. Wir begrüßen uns wie alte Gefängniskameraden. Etwas später kommt die „Grüne Minna" und bringt uns nach Lauerhof ins Gefängnis. Der uns empfangende Beamte sagt, daß wir zu unserem eigenen Schutz hierher gebracht worden sind. Dann finde ich mich in einer Zelle mit zwölf anderen Juden. Ich komme gerade noch rechtzeitig, als der Kalfaktor für jeden von uns einen Salzhering und drei Pellkartoffeln auf den Tisch klitscht.
Doktor Bade, einer der Mitgefangenen, beginnt am nächsten Tag eine Vortragsreihe über die englische Demokratie. Es entwickelt sich eine angeregte Diskussion. Wir haben jeden Tag eine Freistunde. Auf dem Gefängnishof gehen wir in drei Metern Abstand hintereinander spazieren. Ein alter deutscher Häftling führt die Reihe an. Ich beobachte, wie er sich immer mit einem im zweiten Stock befindlichen Häftling geräuschlos durch Zeichensprache unterhält. Später sagt Doktor Bade, daß sich die beiden die neuesten politischen Nachrichten erzählt haben, von der einen Milliarde und so weiter.
Am zwanzigsten Dezember werde ich entlassen. Meine Schwester hat für mich die Ausreise nach Shanghai ermöglicht, doch ich beschließe, nicht zu fahren, um bei meiner alten Mutter zu bleiben, für die das Klima dort nicht erträglich ist.

Umschulungslager Paderborn, April 1940

Es regnet. Frühjahrsstürme jagen durch die fast menschenleeren Gassen von Paderborn. Eine Gruppe von Juden fegt die Straßen. Alle tragen den gelben Judenstern[7] auf der linken Brust. Im allgemeinen hat man sich in diesem kleinen westfälischen Städtchen an die Juden gewöhnt. Ab und zu, wenn einige Schulkinder vorbeigehen, fliegen ein paar antisemitische Redensarten zu uns herüber. Manchmal singen sie auch das Spottlied „Es leuchten die Sterne". Aber es gibt auch das Gegenteil. Ein katholischer Geistlicher zieht immer vor jedem Juden den Hut. Links an der Straßenseite geht der Vorarbeiter der Juden, ein alter Straßenfeger mit langem Regenmantel und Kapuze.

„Heh du!" ruft er mir zu. „Nimm die Mitte mit!" Die Mitte sind die Pferdeäpfel. „So mußt du das machen!" Dabei nimmt er mir den Besen aus der Hand und beginnt, mit der Rückseite die Straße sauber zu scheuern. „Ihr Juden hier in Deutschland", wendet er sich jetzt wieder an mich, „habt es ja noch ausgezeichnet. Aber die Juden in Polen, die haben nichts zu lachen. Na, ich will nicht darüber reden, mein Sohn ist da nämlich Soldat, von dem habe ich es gehört, als er zuletzt auf Urlaub war." Dabei nickt er verständnisvoll mit dem Kopf. Diese Worte des Alten gehen mir den ganzen Tag nicht aus dem Kopf. Ich ahne nichts Gutes.

Berlin, Oktober 1940

Die Moezah (jüdische Gemeindeverwaltung) in Paderborn hat beschlossen, mich zu einem sechsmonatigen Palästina-Seminar nach Berlin zu schicken, damit ich meine Kenntnisse in der jüdischen Geschichte erweitern kann. Aus jedem deutschen Kibbutz (Umschulungslager) nehmen zwei Chawerim (Freunde) an dem Seminar teil. Außerdem sind auch die Vertreter der jüdischen Gemeinde anwesend. Oberrabbiner Doktor Baeck[8] hält die Eröffnungsrede. Er sagt: „In dieser Zeit, wo das Haus, in dem wir leben, über uns zusammenzustürzen droht, setzen wir uns hin, um dem alten Brauch der jüdischen Tradition zu folgen, um zu lernen und einzudringen in das Geistesgut unserer Vorfahren. Wir stecken unsere Menschen nicht in Uniformen!" so ruft er aus. „Vergeßt niemals, daß ihr mit Augen seht und mit Ohren hört, die Jahrtausende älter sind als die unserer Mitmenschen. *Chamuschim Taaluh* (wohlgerüstet sollt ihr ausziehen)“, fährt er fort.

Dann singen wir die *Hatikvah*[9] und beginnen mit unserer Arbeit. Morgens um neun fängt der Unterricht in der Chorinerstraße an und dauert bis mittags um eins; dann gehen wir in der Volksküche in der Johannesstraße essen. Von zwei bis sechs Uhr ist dann wieder Unterricht.

Sehr oft ist jetzt in Berlin Fliegeralarm. Ich wohne bei einer jüdischen Familie in der Nähe des Kurfürstendamms. Wir Juden dürfen den „arischen" Luftschutzkeller nicht betreten. Wir haben uns auf dem Vorplatz vor dem Keller aufzuhalten. Es dauert manchmal einige Stunden; dann komme ich immer übermüdet in den Unterricht.

Nach dem *Oneg Shabbath*[10] am Samstagnachmittag gehe ich mit Rosel Strauss spazieren. Wir schlendern langsam durch das Brandenburger Tor die Straße Unter den Linden hinunter. Plötzlich kommt ein großer Mann in einem langen grauen Wintermantel mit Schaftstiefeln und Sporen auf uns zugeschossen.

„Juden“, brüllt er uns an, „macht nur, daß ihr hier verschwindet!" Er geht immer hinter uns her, bis wir in die Leipziger Straße einbiegen und im Gewühl der Menschenmenge untertauchen.

Paderborn, März 1941

Nach meiner Rückkehr aus Berlin beginne ich, das auf

dem Seminar aufgenommene Wissen an die *Chawerim* weiterzugeben. Aber die Zeit ist nicht mehr zum Lernen geeignet. Aus ganz Deutschland kommen Nachrichten über Deportationen von Juden. Das Telefon läutet ununterbrochen. Die Eltern bitten ihre Kinder, nach Hause zu kommen, um sie auf dem Weg ins Ungewisse zu begleiten.

Paderborn, 28. November 1941

Ich erhalte ein Telegramm, in dem mich meine Mutter bittet, sofort nach Hause zu kommen. Sie hätte ihren Evakuierungsbefehl erhalten. Ich erwirke bei der Gestapo in Paderborn die Erlaubnis, daß ich mich freiwillig diesem Transport anschließen darf. Die Gestapo in Lübeck erklärt sich durch Fernschreiben damit einverstanden.

2. Kapitel
Deportation
Dezember 1941 – April 1942

4. Dezember 1941

Wir gehen auf die Polizeiwache, neben mir ein anderer Lübecker Jude. Ich habe den Schlüssel unserer Wohnung in der Hand. „Ich wollte die Schlüssel von Katz aus der Braunstraße 7 bringen."

„Geben Sie her!" sagt der Beamte hinter dem Pult. Dann beginnt er, ein Namensschild an dem Schlüssel zu befestigen.

„Jetzt machen Sie aber, daß Sie in das Sammellager kommen", fängt er an, mich anzuschreien. „Sie wissen doch, daß Sie nur bis acht Uhr auf der Straße sein dürfen. Los, hauen Sie ab."

„Jetzt sind wir heimatlos", sage ich zu meinem Kameraden, als ich wieder draußen bin.

„Das kannst du beliebig erweitern", meint er, „rechtlos, ehrlos, schutzlos, arbeitslos ..."

Wir einigen uns, daß wir eben alles los sind, auch unsere eigene Wohnung.

Im Sammellager ist schon alles versammelt. Frau Prenski mit ihren drei kleinen Kindern, die 84jährige Frau Cohn, Simson Carlebach, unser Chasan (Kantor) und auch die katholische Lehrerin aus der Sophienstraße. Sie sagt mir, ihre Eltern seien schon getauft gewesen, und sie hätte mit dieser ganzen Angelegenheit nichts zu tun. Im ganzen sind wir neunzig Lübecker Juden. Da ist die kleine Margot Salfeldt, ein blondes Mädchen von vierzehn Jahren. Margot sagt, sie freut sich, daß sie jetzt endlich unter Juden leben wird, aber sie habe Angst um ihre Mutter, die schon über fünfzig Jahre alt ist. Ich versuche sie zu trösten und erkläre ihr, daß es bestimmt für alle dort Arbeit geben wird, auch für ihre Mutter, die ja noch leichte Hausarbeit machen kann. Ja, das könnte sie verstehen, erwidert Margot. Aber was denn die alte Frau Cohn dort solle oder der alte Herr Carlebach? Sie meint, daß da etwas nicht stimmt. Auch mein Onkel ist der gleichen Meinung. Er sagt: „Wenn man dich in den Osten schicken würde, könnte ich es verstehen, denn du bist jung und kräftig. Aber was sie mit uns alten Menschen dort wollen, weiß ich nicht."

Am nächsten Morgen ist Gepäckkontrolle. Drei Beamte der Gestapo sind gekommen. Jeder von uns muß seinen Evakuierungsbefehl vorzeigen und dann sein Gepäck öffnen. Mir fällt auf, daß die Durchsuchung sehr ungenau ist, als ob die Beamten schon wüßten, daß wir unser Gepäck niemals wiedersehen werden. Auf dem Evakuierungsschein lese ich, daß, wer diesem Befehl nicht nachkommt, bis zu zehn Jahren Gefängnis erhalten kann. Des weiteren ist alle bewegliche und unbewegliche Habe beschlagnahmt. Es ist bei Strafe verboten, irgend etwas aus der Wohnung zu entfernen oder zu zerstören. Erlaubt sind 50 Kilogramm Handgepäck. Mein Onkel hat sich noch schnell einen eisernen Ofen gekauft, denn im Osten wird es sehr kalt sein, meint er. Wir nehmen auch unsere Nähmaschine mit. Meine Mutter denkt, vielleicht kann sie sich dort etwas mit Nähen verdienen.

Gegen elf Uhr fahren zwei große Omnibusse der Lübecker Straßenbahn-Gesellschaft vor. Schnell sind wir neunzig eingestiegen. Ich überlege mir, daß es bestimmt das erstemal ist, daß Herr Carlebach und Frau Cohn am *Shabbath* fahren. Es sind die letzten Lübecker Juden, deren *Owoaut Awotenu* (Vorfahren) alle noch aus Moisling[11] stammen, dem ehemaligen Lübecker Ghetto. Die Autos fahren an. Einige Neugierige, die auf der Straße stehen, machen hämische Bemerkungen. „Es ist man gut, daß die verfluchten Juden hier endlich verschwinden." Eine alte Frau auf der anderen Straßenseite weint.

Zwei Sonderzüge stehen auf dem Lübecker Bahnhof bereit. Es sind geheizte Personenwagen. In langsamer Fahrt verlassen wir den Bahnhof, und bald sind die Türme der alten Stadt im Nebel des grauen Wintertages verschwunden. In Oldesloe, so sagt man, werden wir einem Hamburger Transport angeschlossen. Der uns begleitende Gestapobeamte sagt, wir kommen nach Riga.[12]

In Oldesloe werden wir schon erwartet. Oberrabbiner Carlebach[13] schreitet, immer wieder den Hut ziehend, an den Wagen vorbei, um an dem Fenster meiner Mutter stehen zu bleiben. „Hallo, Emma", sagt er. „Wir haben uns ja sehr lange nicht mehr gesehen." Nachdem sie einige Begrüßungsworte gewechselt haben, meint meine Mutter, daß sie es nicht begreifen kann, was die *Reschoim* (Christen) noch auf unsere alten Tage mit uns anstellen.

„Was immer man noch mit uns anstellen wird, Emma" sagt der Oberrabbiner, „wir müssen das beste erhoffen", gibt ihr die Hand und geht weiter. Dann bleibt er hier und dort noch einmal stehen, jedem einige freundliche Worte sagend. Meine Mutter erzählt mir, daß sie Schulkameraden waren.

Inzwischen hat man uns vom jüdischen Hilfsverein Marschverpflegung in die Abteile gereicht. Langsam rollt der lange Zug mit zwölfhundert Juden aus der Bahnhofshalle, begleitet von den guten Wünschen der zurückbleibenden Mitglieder des Hamburger Hilfsvereins.

Beim nächsten Halt werden die Türen der Wagen abgeschlossen. Grüne Polizei mit geschultertem Gewehr hat die Bewachung des Zuges übernommen. Jetzt weht ein anderer Wind. Es ist uns verboten, aus den Fenster zu gucken oder auf den Stationen beim Halten des Zuges mit den freien Menschen in Verbindung zu treten. Es bleibt mir nichts anderes übrig, als einige Postkarten an ein paar Freunde aus dem Fenster zu werfen. Der Zug hält sehr selten. In schneller Fahrt passieren wir die fruchtbaren Gebiete Ostpreußens. Wir fahren über Memel in das sich in unendlicher Weite erstreckende flache litauische Land. Es liegt Schnee. Ab und zu tauchen einige armselige Holzhütten oder kleine Gehöfte auf. Sonst nur Schnee, so weit das Auge reicht. Die Strecke ist eingleisig. An größeren Knotenpunkten warten wir auf die uns entgegenkommenden Züge.

Schon drei Tage sind wir unterwegs, ohne daß es uns erlaubt wurde, Wasser zu fassen. Endlich, in Dirschau, darf aus jedem Wagen einer heraus, um Wasser zu holen. Hier gehen wir zum erstenmal in Kolonnen, bewacht von der grünen Polizei mit aufgepflanzten Bajonetten.

Am nächsten Morgen rollt der Zug in langsamer Fahrt über die schwerbeschädigte Dünabrücke in Riga ein. Nach viertägiger Fahrt sind wir am Ziel. Unser Zug wird auf ein Abstellgleis des Vorortbahnhofs Skirotava rangiert. Ängstlich und neugierig zugleich erwarten wir alle die kommenden Ereignisse.

Es ist ganz hell geworden. Durch das Zugfenster sehe ich draußen eine Abteilung lettischer SS mit aufgepflanztem Seitengewehr. Ein Oberscharführer steht vor ihnen, kommandiert: „Rührt euch!" Einer von der Wachmannschaft geht von Tür zu Tür und schließt sie auf.

„Wer ist hier der Transportleiter? Ist er noch nicht hier? Ich will diese Figur sehen. Auch die Waggonleiter sollen kommen. Du bist der Transportleiter?"

„Jawohl!" Vor Obersturmbannführer Lange und den anderen SS-Offizieren steht ein großer, hagerer Mann mit langem wallenden Bart. Mit seinem gefurchten Gesicht und dem etwas gebeugten Rücken steht er da wie ein alter Patriarch des jüdischen Volkes. Es ist fast so, als ob die ganze Bürde der vergangenen Jahrtausende auf seinen Schultern ruhte.

„Reiß die Knochen zusammen, Kerl, wenn ich mit dir spreche!" herrscht ihn der Sturmbannführer in scharfem Tone an. „Was ist dein Beruf?"

„Oberrabbiner", kommt es frei und stolz von den Lippen des Juden.

„Ha, ha, ha! Oberrabbiner! Daß du mir hier aber deinen Laden nicht wieder aufmachst, Oberrabbiner, verstanden?"

Kein Wort kommt von den Lippen des Juden.

„Hast du verstanden, Judas?“

Eine Antwort erfolgt nicht.

Da langt der Obersturmbannführer plötzlich aus und schlägt dem Oberrabbiner mit der Faust ins Gesicht.

„So, und nun laß deinen Haufen antreten, Herr Oberrabbiner, aber schnell, ich will was sehen hier.“

Der Stock des Obersturmbannführers deutet auf die angetretenen Waggonleiter. „Seid ihr noch nicht weg, Sauhunde? Gleich mach ich euch Beine!“

Inzwischen strömen die Menschen unter den schimpfenden Worten der SS-Männer auf den Bahnsteig. Ein unentwirrbares Durcheinander entsteht. Kinder weinen und schreien, Mütter jammern, dazwischen hört man Schüsse und die Kommandos der SS. Vor mir steht eine Krankenschwester. Sie bemüht sich um eine aus dem Zug gefallene alte Frau, versucht, sie in dem Gewühl zu verbinden. Plötzlich steht ein SS-Mann hinter ihr. Er schlägt wie sinnlos mit seinem Knüppel auf sie ein. Doch das Mädel ist tapfer.

„Schämen Sie sich nicht“, schreit sie ihn an, „eine Krankenschwester bei der Ausübung ihres Berufes zu schlagen?” Und nochmals wiederholt sie: „Schämen Sie sich!” Der SS-Mann läßt wirklich von ihr ab und beginnt, zwei alte Frauen mit ihren schweren Koffern zum Laufen anzutreiben. Ich habe inzwischen meine Mutter behutsam vom Trittbrett heruntergehoben und ihr den Rucksack aufgeschnallt. Wir stehen mitten im Gewühl. Durch den Druck der Masse der von hinten getriebenen Menschen werden wir vorwärts geschoben.

„Halte dich an meinem Arm fest, Mutti!” rufe ich meiner Mutter zu. „Laß den Koffer hier stehen. Es hat keinen Sinn, ihn weiter zu schleppen.“

So werden wir langsam dem Ausgang des Bahnsteigs zugeschoben. Wir gelangen auf einen freien Platz vor dem Bahnhofsgebäude.

„Komm her!” brüllt mich da plötzlich ein SS-Mann von der Seite an. „Du auch, und du.“

Ich stehe in einer Gruppe von ungefähr fünfzig jungen Menschen. Meine Mutter muß ich alleine weitergehen lassen. Langsam schreitet sie mit ihrem schweren Rucksack an der Seite meines Onkels dahin. Es ist ein Zug unbeschreiblichen Elends. Da gehen Mütter mit vor Kälte schreienden Säuglingen auf dem Arm, schwer bepackt mit dem Nötigsten, was ein Mensch zum Leben braucht. Auf der anderen Seite humpelt ein Mann an Krücken. Er hat seine Kriegsauszeichnungen aus dem Ersten Weltkrieg angelegt. Vielleicht werden sie mir helfen, denkt er. Aber schon hat ihn einer der Häscher erspäht, eilt auf ihn zu und reißt ihm mit einem Ruck das Eiserne Kreuz Erster Klasse ab. Der Alte taumelt, stolpert und landet in einer Pfütze.

„Kommst du gleich hoch, du alter Knochen!" brüllt der SS-Mann ihn an.

Hilfsbereite Hände strecken sich dem alten Mann entgegen und ziehen ihn auf die Füße. Schwer auf seine Krücken gestützt, humpelt er weiter. Tränen rollen ihm über sein vergrämtes Gesicht.

An mir vorbei geht eine Mutter mit ihren zwei Kindern, ungefähr sechs und acht Jahre alt. Die beiden sind lebendig und frisch.

„Mutti", fängt die Kleinere an zu fragen, „wo sind wir hier?"

„Ich weiß es nicht, mein Kind."

„Aber da hat doch was gestanden, Mutti!" fährt die Kleine fort.

„Ich konnte es nicht lesen, Rosel, und jetzt sei ruhig."

„Was ist denn das dort?" nimmt die Kleine nach einem Moment das Gespräch wieder auf und deutet mit ihren kleinen Händchen auf einen rechts am Wege liegenden Toten. Die Mutter bricht in Tränen aus beim Anblick des Erschossenen.

„Ist der tot?" fragt das Kind.

„Ja", haucht die Mutter, die vermutlich den ersten Toten in ihrem Leben sieht.

Uns gegenüber sind einige Juden damit beschäftigt,

mit den Händen ein Grab in den steinharten Boden zu graben. Anscheinend sollen sie den Erschossenen dort beerdigen. Links von ihnen steht ein SS-Mann mit einem langen Rohrstock in der Hand, die Juden ununterbrochen zur Eile antreibend. Die Hände der Arbeitenden sind blutig, Schweißperlen stehen ihnen auf der Stirn, trotzdem schlägt er auf sie ein.

„Wollt ihr Sauhaufen wohl an eure Arbeit gehen!" werden wir da plötzlich angebrüllt, als der Elendszug um eine Ecke unseren Blicken entschwunden ist. „Los, im Laufschritt die Koffer vom Bahnsteig abholen und den Zug reinigen."

Unsere Arbeit beginnt. In der Mitte des Bahnsteigs steht ein SS-Mannn mit einem langen Knüppel in der Hand. Er hat sich an der schmalsten Stelle postiert, wo der Bahnsteig nur ungefähr fünf Meter breit ist. Jeder muß mit den schweren Koffern in den Händen an ihm vorbei. Es ist das reinste Spießrutenlaufen, da man ihm nicht ausweichen kann.

Ich drücke mich vor dieser Arbeit und mache mich in dem leeren Zug zu schaffen, reinige die Abteile. Autos fahren vor, um das Gepäck abzutragen. Ich lade mit auf, stapele das Gepäck in den Wagen, so bin ich nicht den Drohungen der herumstehenden SS ausgesetzt.

„Kann ich mitfahren?" frage ich einen der SS-Fahrer. „Vielleicht kann ich mit abladen helfen."

„Da ist ja die Kolonne", erwidert er. „Mach du nur hier deine Arbeit. Los, guck mich nicht so blöde an, sonst knallt's."

Es sieht so aus, als ob wir doch unser Gepäck bekommen würden, wenn es dort abgeladen wird, wo der Transport untergebracht ist.

Den Herren von der SS geht es natürlich nicht schnell genug.

„Wenn das nicht schneller geht mit dem Verladen, bekommt ihr acht Tage nichts zu fressen, verstanden?" brüllt einer.

Keiner antwortet.

„Ihr wollt wohl sabotieren, ihr Hunde?“

Und wie wild beginnt er, mit seinem Stock auf uns Arbeitende einzuschlagen.

Ein Jude hat jetzt die Situation erkannt. Er schreit und kommandiert wie die SS. „So müssen die Koffer geladen werden, und schneller muß das gehen. Der Herr Oberscharführer möchte den Lederkoffer haben, aber selbstverständlich den Koffer für den Herrn Oberscharführer.“

Ein Koffer nach dem anderen verschwindet in den Privatwagen der SS. Einige deutsche Soldaten kommen des Weges, bitten die SS um diesen oder jenen Koffer, um dann glückstrahlend mit dem geraubten Gut zu verschwinden.

„He, du“, wendet sich der SS-Mann an den Schreier, „du machst mir hier den Kolonnenführer. Aber daß mir hier was getan wird, hast du verstanden?“

„Jawohl!“ dienert der neugebackene Kolonnenführer.

Mit Einbruch der Dunkelheit ist die Arbeit beendet. Das letzte Auto bringt uns in das Lager, welches unseren Hamburger Transport aufgenommen hat.

Jungfernhof

Durch ein von lettischer SS bewachtes Tor fahren wir in ein ehemaliges Gut ein. Riesenhafte Scheunen, einige Deputatshäuser und, etwas abseits stehend, das Herrenhaus, das ist alles, was Tausende von Menschen in dem Auffanglager Jungfernhof vorfinden. Vor uns sind schon einige andere Transporte aus anderen deutschen Städten hier angekommen. Alles rennt durcheinander. Württemberger sind da und Bayern, Wiener Mädels gehen auf den aufgeweichten Wegen spazieren, als wären sie im Prater. Die Bayern tragen ihre bayerischen Trachten, dazwischen gehen lettische SS-Leute, die sich schnell mit den jüdischen Mädeln anfreunden. Jetzt kommen wir noch mit unserer breiten plattdeutschen Hamburger Mundart dazu. Auch Juden mit langen wallenden Bärten sieht man, vermutlich aus dem Osten stammend, dann wieder junge jüdische Frauen, ihre Kinder an der Hand führend, damit sie sie in dem Gewühl nicht verlieren. Wieder andere Frauen fahren ihre Säuglinge im Kinderwagen spazieren. Das ganze wirkt wie ein aufgescheuchter Ameisenhaufen.

Inzwischen ist es stockdunkel geworden. Alle Insassen des Lagers erhalten den Befehl, ihr Nachtlager aufzusuchen. Man legt sich hin, wo man einen leeren Platz findet.

Ich betrete die Männerbaracke, eine riesenhafte Scheune mit Tausenden von Menschen und qualmenden, dicht umringten Öfen. In einer Ecke der Baracke wird gebetet; oben auf einem Holzgerüst singt jemand Wiener Lieder zu seiner Gitarre. Um ihn hat sich ein Kreis gebildet, alles singt den Refrain mit.

Auf der Suche nach einer passenden Schlafgelegenheit sehe ich, wie Oberrabbiner Carlebach sich *Kriehe*[14] reißt. Sein Bruder Simson ist beim Einmarsch in das Lager an einem Schlaganfall gestorben. An einem Ofen zanken sich zwei darüber, wer an der Reihe ist, seinen Kaffee zu wärmen. Überall ist Krach und Schreierei. Dem einen fehlt eine Decke, ein anderer weiß nicht, wo er sich niederlegen soll. Dabei ist es sehr kalt geworden, ein eisiger Wind weht über das freie Feld, man kann in der Baracke den eigenen Atem sehen. In einer Koje fleht ein Mann um etwas Kaffee, anscheinend ein Wiener. „Bitteschön, gebt mir doch einen heißen Trunk, ich erfriere."

Draußen beginnt es zu schneien. Der Wind weht den Schnee durch die Fugen der Scheune. Die Gänge sind schmal, und die Menschen stehen in ihre Mäntel gehüllt und wagen sich nicht niederzulegen, denn es ist zu kalt, und Decken sind nicht vorhanden.

Oben auf dem Dach der Kojen sehe ich einen Mann mit einem neuartigen Kochapparat, ein Stück Blech mit vier Füßen, ein kleines Rost darunter, auf das er Spänchen legt. Es raucht stark, aber was kümmert es ihn? Er sagt, er hat schon einige Tage nichts Warmes mehr gegessen.

Jetzt ist eine Frau in die Baracke gekommen – in Abständen von einigen Sekunden ruft sie wiederholt: „Oskar! Oskar!" Wahrscheinlich der Name ihres Mannes, doch keiner meldet sich.

In der Mitte der Baracke ist ein Ofen aufgestellt. Die Menschen liegen auf der bloßen Erde um ihn herum.

Das Austreten ist nur in einer Kolonne von zehn Männern gestattet. An der Tür stehen einige Männer, die andauernd rufen: „Wer will austreten? Wer will austreten?" Wenn dann zehn Mann beisammen sind, begleitet sie ein Posten zu der ungefähr hundert Meter entfernten Latrine. Eine Notlösung ergibt sich: einige verrichten ihr kleines Geschäft gleich an der Tür.

Die ganze Nacht schlafe ich keine Minute. Es ist zu kalt. Zwar habe ich mir eine Steppdecke organisiert, aber alle paar Minuten muß ich mir den Schnee von der Dekke schütteln. Durch den warmen Atem schmilzt er, und das ist sehr unangenehm. Schon einige Mal habe ich mein Nachtlager gewechselt, aber es ist überall das gleiche.

Am nächsten Morgen werden wir schon sehr früh aus der Baracke herausgetrieben. „Bahnhofskommando antreten", heißt es. Der neue Kolonnenführer von den Gnaden der SS läßt antreten. Zu gerne möchte ich mich verdrücken, denn ich sehe meine Mutter winkend auf der anderen Seite stehen. Es ist nichts zu machen. Der Kolonnenführer läßt uns von einigen jüdischen Polizisten umstellen, und hinaus geht es aus dem Lager, wieder einmal ohne Kaffee und Frühstück.

Beim Ausmarsch sehe ich das Lager zum ersten Mal bei vollem Tageslicht. Ein riesenhafter Berg von Koffern, Öfen, Bettsäcken liegt im Freien, vollkommen eingeschneit. In den Scheunen ist für das Gepäck kein Platz. Überall liegen Wäschestücke herum, aus aufgebrochenen Koffern stammend, sonst nichts als Dreck, Schutt und

Pfützen auf den von Lastwagen ausgefahrenen Wegen. Der Platz wimmelt von Menschen. An der einzigen Pumpe des Lagers drängelt sich alles, um sich etwas zu waschen. Einige Frauen sehe ich, die in dem eisigkalten Wasser Wäsche waschen.

Im Bahnhofskommando müssen wir sehr schwer arbeiten, den ganzen Tag Öfen und Nähmaschinen ausladen. Unser Kapo[15] treibt uns wie wild an. Er schreit und tobt, droht mit der SS, wenn wir seinen Anordnungen nicht sofort Folge leisten. Ein uns bewachender SS-Posten steckt ihm ein Butterbrot zu: Er scheint seine Sache gut zu machen.

Nebenbei sucht unser Kapo alle Koffer und Rucksäkke nach Wertsachen durch. Die Uhren, Ringe und Füllfederhalter steckt er in einen extra dafür mitgebrachten Beutel. Er sagt, das ist für die SS bestimmt. Abends sehe ich, wie er den Beutel mit in die Baracke nimmt. Allen anderen hat er im Namen der SS das Durchsuchen der Koffer verboten. Wir sind noch nicht fähig, uns an fremdem Eigentum zu vergreifen. Immer noch rechnen wir damit, daß wir unsere Sachen bekommen werden, soweit sie noch da sind und nicht an des Weges kommende deutsche Soldaten verschenkt worden sind. Später erst werden wir eines besseren belehrt. Die SS hat Anweisung gegeben, daß alle Lederkoffer an die Seite gestellt werden, auch alle anderen Wertsachen, wie Pelzmäntel, Musikinstrumente und Schreibmaschinen. Wir alle beachten diese Anordnung nicht. Im Gegenteil, wir bemühen uns immer, die besten Sachen mit in die Autos zu schmuggeln, die in unser Lager fahren. Als unser Kapo das merkt, fängt er an zu schreien und zu zetern, so daß die uns bewachenden SS-Männer aufmerksam werden. Er muß jetzt bei uns stehen bleiben und aufpassen, daß ja alle Wertsachen in die Autos der SS verladen werden. Er hat ein ausgesprochenes Pflichtbewußtsein!

Abends darf er dafür in die Frauenbaracke gehen. Er überbringt dann seiner Frau und seinen zwei Töchterchen die Leckerbissen, die er sich aus den Koffern zusammenorganisiert hat. Alle anderen hungernden Menschen stehen um sie herum und gucken zu, wie der Herr Kolonnenführer mit seiner Familie die feinsten Delikatessen verzehrt. Aber solange er mit der SS unter einer Decke steckt, ist gegen ihn nichts zu unternehmen. Er kann jeden von uns der SS melden, und das wäre der sichere Tod.

Abends betrete ich zum ersten Mal die Frauenbaracke, um meine Mutter aufzusuchen. Sie liegt auf dem Erdboden auf einer dünnen Schicht Stroh. Wie die Heringe sind die Frauen aneinander gedrängt, die Luft ist zum Schneiden von den Ausdünstungen der vielen Menschen. Es ist ein ehemaliger Pferdestall, an der Wand sind noch die Futterkrippen. Jetzt dienen sie zur Ablage des Handgepäcks.

Über die am Boden liegenden Frauen hat man Wäscheleinen gespannt, und wenn sie sich aufrichten, klatscht ihnen die nasse Wäsche ins Gesicht. Dazwischen läuft eine Krankenschwester im weißen Kittel und mit der Armbinde des Roten Kreuzes herum. Sie mißt Fieber und gibt Aspirin, sagt meine Mutter. Am Mittag teilt sie auch die Suppe aus, die sie den auf dem Boden liegenden Kranken reicht.

Einige Tote hatten sie schon in der Baracke, sagt meine Mutter, und sie weiß nicht, was das noch geben soll. Ob ich auch gehört hätte, daß wir alle bald in das Ghetto kommen sollen? Dort werden wir dann in Häusern wohnen, man ist bloß mit der Einzäunung noch nicht ganz fertig. Meine Mutter erzählt mir, der Kommandant habe heute morgen acht alte Wiener aus der Männerbaracke geholt, sie hinter die Latrine geführt und erschossen. „Ich weiß gar nicht, was ich mir dabei denken soll", sagt meine gute alte Mutter.

Eine Waschgelegenheit für die Frauen ist nicht vorhanden, es gibt schon Läuse. Ein Ofen steht in der Mitte der Scheune, doch Heizmaterial ist nicht vorhanden. Meine Mutter bittet mich um eine Decke. Es ist strengstens verboten, draußen an die Koffer zu gehen, wo ein

Posten die Runde macht. Er scherzt gerade am anderen Ende der aufgehäuften Gepäckstücke mit einigen Mädeln. Mir gelingt es, einen Bettsack zu erwischen und meine Mutter auf dem kalten Boden einigermaßen warm zu betten. Dann begleite ich sie zu der einige hundert Meter entfernten Latrine. Sie hakt sich bei mir ein, damit sie in der Dunkelheit auf dem vereisten Boden nicht fällt. Die meisten Frauen machen diesen Weg nicht mehr. Sie gehen um die Ecke der Scheune und treten dort aus. Infolge der wenigen festen Nahrung haben sehr viele Frauen Durchfall. Es ist gut, daß es kalt ist, sonst würden Epidemien ausbrechen.

Chanukah,[16] *den 15. Dezember 1941*

Als wir von der Arbeit ins Lager kommen, erfahren wir, daß heute abend eine Chanukah-Feier für die Kinder in der großen Männerbaracke stattfindet. Der Oberrabbiner hat alle Kinder zusammenrufen lassen, um mit ihnen das Lichterfest zu begehen. Gar bald erklingen dann in der Trostlosigkeit und Not die hellen Stimmen vieler Kinder. In ihrer Mitte steht der Oberrabbiner. Er hat zwei kleine Buben an der Hand. Vor ihm auf dem Ofen stehen die brennenden Kerzen. Die alten vertrauten Weisen erklingen, die wir einst zu Hause gesungen haben. Was ist es doch für ein Unterschied zu dem Fest daheim! Da saßen wir im Kreise der Angehörigen, und während die Kerzen brannten, wurde *Trendel*[17] gespielt und Nüsse geknackt. Doch hier ist alles kahl und kalt. Der Wind pfeift durch die Türen und Fugen der Wände. Die Menschen stehen um den Ofen gedrängt, fest in ihre Mäntel gehüllt. Sie versuchen hier, das Fest nachzuahmen, das sie einst zu Hause unter besseren Lebensbedingungen feierten. Der Gesang ist verstummt. Doktor Carlebach beginnt zu sprechen, ganz leise nur, doch wie gebannt lauscht alles seinen Worten. Er spricht von Wundern, wie damals das Ölkrüglein so lange gebrannt hat, viel, viel länger, als ein Ölkrüglein brennt. „Warum“, so ruft er aus, „soll jetzt in dieser für uns so schweren Zeit nicht auch einmal ein Wunder geschehen? Und ist es nicht schon ein Wunder“, so fragt er, „daß wir uns heute hier um den warmen Ofen versammeln können, wo gestern noch eisige Kälte herrschte? Wir haben Gott sei Dank einen verständnisvollen Kommandanten. Er versprach mir zu helfen, soweit er kann. Es wird schon wieder besser werden, meine Brüder, nur verzagen dürfen wir nicht und nicht das Gottvertrauen verlieren, denn *‚hineh laujenom wlaujischon schomer Jisroel‘* (es schläft und schlummert nicht der Hüter Israels!)“

Während der Rede des Oberrabbiners herrscht in der großen Baracke vollkommene Ruhe. Vereinzelt schluchzen Menschen auf und wischen sich die Augen bei diesen tröstenden Worten. Nach dem Schlußgebet verteilt er selbst kleine Tüten mit Süßigkeiten an die Kinder. Ihre Augen leuchten, als sie an der Hand der Kindergärtnerinnen die große Männerbaracke verlassen.

Am nächsten Tag werden auch die jungen Mädel und Frauen zur Arbeit herangezogen. Sie müssen Gepäck vom Bahnhof in das Lager bringen. Da das Gepäck ihnen zu schwer ist, binden sie Riemen oder Stricke an die Griffe und schleifen so die Koffer durch die Pfützen und den Dreck den ungefähr drei Kilometer langen Weg zum Lager. Wen kümmert es, in welchem Zustand das Gepäck im Lager ankommt? Wir haben ja inzwischen bemerkt, daß täglich die Autos unser Gepäck aus dem Lager wieder abfahren. Einige Insassen wollen gehört haben, daß es nach Deutschland zurückbefördert wird.

Ich höre, daß der neuernannte Kommandant gestern mit seinem Stab im Lager spazieren ging. Er ließ zehn alte Juden aus der Baracke herausholen und erschoß sie nacheinander. Er will nicht, daß sie sich quälen, soll er gesagt haben.

Es sterben täglich sehr viele Menschen. Sie werden dann auf einer Bahre hinausgetragen und nahe am Kartoffelacker in einem Massengrab verscharrt. Mit den Erschossenen zusammen sollen in der kurzen Zeit schon zweihundert Juden dort liegen. Manchmal, wenn ich abends von der Arbeit komme, sehe ich den Oberrabbiner, auf einen Krückstock gestützt, langsam hinter einem Leichenzug hergehen.

18. Dezember 1941

Als wir abends von der Arbeit ins Lager kommen, heißt es „Alles antreten zum Appell“. Dreißig Namen werden verlesen, auch ich bin dabei. Von den Tausenden im Lager befindlichen Juden bin ich mitausgesucht worden, ins Nachbarlager Salaspils zu gehen. Wir alle wissen, woher der Wind weht. Unser netter Herr Kenschorek, unser lieber Kolonnenführer, hat gepetzt, denn alle Aufgerufenen haben sich gegen ihn gewehrt. Und so schiebt er die ihm nicht angenehmen Menschen ab. Auch der Kommandant ist beim Appell dabei.

„Hört mal her, Juden!" sagt er. „Morgen kommt ihr nach Salaspils, um dort ein Wohnlager für eure Angehörigen zu bauen. Dort könnt ihr dann alle zusammen sein. Je schneller ihr arbeitet, desto eher werdet ihr eure Familien bei euch haben. Ja, was ich noch sagen wollte: Vergeßt nicht, doppelte Eßgeschirre mitzunehmen, damit ihr auch genug Essen fassen könnt“, beendigt er wohlwollend seine Rede.

Abends nehme ich von meiner Mutter Abschied. Ich versuche, ihr immer wieder einzureden, daß wir uns bald in dem neuen Wohnlager wiedersehen werden. Sie sieht mich immer nur so wehmütig an, als wüßte sie, daß dies den Abschied für immer bedeutet.

Der Schnee knirscht hart unter meinen Füßen, als ich dann nachdenklich in die Männerbaracke zurückgehe.

Am nächsten Morgen sehe ich meine Mutter nach mir Ausschau halten. Da sie mich nicht sieht, verschwindet sie um die bewußte Ecke. Einige Minuten später verlasse ich im Gleichschritt das Lager.

Wir rutschen mehr, als wir marschieren. Es hat geschneit und dann gefroren. Der Postenführer sagt, daß wir 15 Kilometer zu gehen haben. Es ist lettische SS, die uns bewacht, alles verwegene, kräftige Gestalten. Nach einem Marsch von ungefähr drei Kilometern läßt der Postenführer auf freier Strecke halten.

„Uhren und Ringe her", kommandiert er, „oder ich schieße euch ab wie die Hasen."

Die anderen Posten fangen an, unsere Kleidung zu durchsuchen, während der Postenführer sein Gewehr in Anschlag hält. Alles nehmen sie, was sie gebrauchen können, goldene Zigarettenetuis, gute Feuerzeuge, sogar Trauringe ziehen sie von den Fingern. Ich habe unterdessen meine Armbanduhr bis an den Oberarm geschoben. Ein Posten kommt und findet nichts. Drei Uhren hat er schon in der Hand. Bei dem neben mir stehenden Juden entdeckt er eine wertvolle goldene Uhr. Doch der weigert sich, sie ihm zu geben. Erst als der Posten ihn in den Straßengraben zerrt und seinen Revolver zieht, übergibt er sie ihm. Er sagt mir später, es war ein Erbstück von seinem Vater.

Wir freuen uns, als wir endlich das neue Lager erreichen. Es liegt inmitten einer Tannenschonung, fern den Blicken aller Außenstehenden. Wir Neuankömmlinge finden dort eine halbfertige Baracke vor, ohne Dach, auch die Fenster sind noch nicht eingesetzt. Daneben sind einige Bretter zusammengenagelt, ein Rohr guckt zum Pappdach hinaus, und es riecht nach Kohl. Das ist die Lagerküche, für die wir doppeltes Eßgeschirr mitgebracht haben. Sonst ist weiter nichts zu sehen als Schnee, Wald und Himmel. Der jüdische Lagerälteste erscheint mit dem SS-Kommandanten Nickel. Unsere Namen werden aufgeschrieben. Nachdem wir zwei Stunden in der Kälte gestanden haben, heißt es: ‚Wegtreten'.

Wir gehen Essen fassen – wie gerochen, Kohlsuppe, und der Koch jongliert so vorsichtig mit dem Schöpflöffel, als ob er Gold ausgäbe. Aber die Brühe ist heiß und läßt sich trinken.

Das Dach wird in der Dunkelheit desselben Abends noch provisorisch fertiggestellt. Vor die Fenster werden Bretter genagelt. Nur regnen darf es nicht, da die Baracke noch nicht gedeckt ist. Licht ist auch nicht vorhanden. Man stolpert und tritt anderen auf die Füße, bevor man seinen Lagerplatz findet. Ich habe es mir mit zwei Hamburgern auf einem Tonnenofen bequem gemacht. Dort haben die Tischler einen Verschlag gebaut – für was er gedacht ist, weiß ich nicht. Jedenfalls liegen wir da oben einigermaßen warm, und man tritt uns nicht auf die Köpfe oder Füße. Nur den heißen Kaffee dort hinauf zu balancieren ist schwierig. Er ist unsere einzige Nahrung. Viele behaupten, daß man sich nach Kaffee satter fühlt. Einige essen den Kaffeesatz. Ernst hat einige Schlaraffiamatratzen erwischt. Zwar ist es schwierig, sie auf unseren Ofen zu befördern, aber nachher liegen wir wunderbar warm und weich.

25. Dezember 1941

Weihnachten. Drei Tage haben wir schon kein Brot mehr bekommen. Abends erhalten wir schwarzen Kaffee und drei Stück Zucker. Der Lagerführer sagt, es sind Transportschwierigkeiten, er könnte daran nichts ändern. Einige Juden fangen an, die vor der SS-Küche liegenden Abfälle zu durchsuchen und Knochen und Kartoffelschalen in gebratener oder gekochter Form zu essen. Ich habe mein erstes Tauschgeschäft gemacht. Für ein Sporthemd habe ich ein ganzes Brot und ein Kilo Speck bekommen. Wir drei oben auf dem Ofen teilen es uns kameradschaftlich.

27. Dezember 1941

Das Dach der Kommandantur wird gedeckt. Ich bin gerade dabei, einige Bahnen Dachpappe zu legen, als ein neuer Transport eintrifft. Es sind alles Rheinländer, die auf Schlitten und Kinderwagen ihr Gepäck hinter sich her ziehen. Es wird ihnen alles gleich beim Einzug ins Lager abgenommen, während wir bei unserer Ankunft noch alles behalten durften. Auch einige Kinder sind dabei.

„Alles kommt in die Baracke eins", sagt der Lagerälteste Einstein. „Es muß eben gehen. Wie sie untergebracht werden, ist mir egal."

Es ist unmöglich, bei dieser Kälte auf dem Dach zu arbeiten. Ich kann keinen Pappnagel halten, die Hände werden sofort steif. Immer wenn ich fünf Minuten auf dem Dach gewesen bin, gehe ich eine Stunde in die Baracke und wärme mich. Anders ist es bei der Ernährung nicht zu machen. Nur wer sich drücken kann, das heißt, wer nicht schwer zu arbeiten braucht, wird vielleicht hier noch mal lebend herauskommen. Alle, die schwere Arbeit leisten müssen, sind unrettbar verloren. Diese Gedanken lassen mich nicht mehr los. Wie fange ich es an, daß ich in diesem kalten Winter nicht draußen arbeiten muß? Ich weiß es nicht.

Das Dach ist fertig gedeckt. Wir müssen jetzt Baumstümpfe roden, um Platz zu machen für die anderen 48 Baracken, die geplant sind. Es ist eine sehr mühselige Arbeit, der Boden ist hart gefroren, Feuer machen, um den Boden aufzutauen, ist uns verboten, und im Magen haben wir auch nichts. Wir fragen uns, wie lange das gut gehen kann. Es gibt nur eins: sabotieren, sich drücken, wo man kann. Wir besprechen es untereinander. Am folgenden Morgen bleiben wir einfach liegen, wir wollen sehen, was danach kommt. Es passiert gar nichts. Der Kolonnenführer hat uns zwar vermißt, aber nichts gesagt. Jetzt bleiben wir immer liegen. Wenn morgens die anderen zur Arbeit heraustreten, ziehen wir uns die Steppdekke über den Kopf, damit man uns nicht so leicht sieht. Später füllt sich die Baracke langsam wieder, dann fällt es gar nicht auf, daß wir auf unserer Koje liegen. Mittags stehen wir dann auf, stellen uns für unsere Kohlsuppe an und legen uns nachher wieder hin. Am Abend fassen wir dann noch unsere 300 Gramm Brot; ohne Arbeit werden wir es so etwas länger aushalten können.

Ein Glaser wird gesucht. Ich melde mich beim Kommandanten.

„Bist du Glaser?" fragt er mich.

Ich antworte: „Ja."

„Dann kannst du dir noch einige Leute nehmen und die Fenster in der neuen Baracke einsetzen."

Damit bin ich entlassen. Sofort bestelle ich mir beim Maler eine Binde mit der Aufschrift „Glaser". Jetzt kann mich keiner mehr aus der Baracke hinaustreiben, denn ich habe immer irgendwo eine Scheibe einzusetzen. Etwas Ahnung habe ich von der Glaserei. In den Gärtnereien, wo ich früher gearbeitet habe, machte ich immer die Glaserarbeiten, so verstehe ich etwas davon. Der Zufall will, daß nun auch noch zugeschnittene Fensterscheiben ankommen. Kitt ist nicht vorhanden, so brauche ich nur die Fensterscheiben zu heften. Die Binde ist Gold wert. Ich bin immun. Immer, wenn jemand von mir etwas getan haben will, bin ich furchtbar beschäftigt, habe gar keine Zeit. „Später", sage ich meistens, „später". Dabei habe ich mir noch eine Hilfe genommen, Robert Popper aus Nürnberg. Er versteht genausoviel wie ich von der Glaserei. Wir liegen beide zusammen in der Koje und spielen Schach. Mittags, wenn es etwas wärmer geworden ist, gehen wir hinaus, setzen ein paar Fensterscheiben ein und schnappen etwas frische Luft. Mittags machen wir unsere Geschäfte mit den Letten. Für eine Dose Niveacreme gibt es ein wunderbares Lettenfrühstück: zwei Scheiben Brot mit Butter und Speck. Einen original englischen Anzugstoff habe ich unten an der Schmiede getauscht. Mit einem Kilo Butter und einem ganzen Brot komme ich wieder in unsere Koje gekrabbelt.

2. Januar 1942

Generalappell. Zwei Juden sind geflüchtet. Wir müssen auf dem Appellplatz im Rechteck antreten. Eine schmale Seite ist offen. Sofort werden wir von lettischer SS mit Maschinengewehren umstellt. Es sind 36 Grad Kälte, und ein fürchterlicher Schneesturm fegt über die trostlose Landschaft. Der Lagerführer kommt. Er erklärt, daß, wenn die Juden bis um 12 Uhr nicht zurückgebracht worden sind, zwanzig von uns Juden wahllos erschossen werden. Wertheim, der jüdische Barackenälteste von Nummer zwei, sagt, daß er sich freiwillig zur Verfügung stellt. Kurz vor zwölf kommt ein verschlossenes Auto. Zwei Jungen in Hemdsärmeln springen heraus, gefolgt von zwei Posten, die Gewehre im Anschlag. Die Jungen müssen sich in die Mitte des Rechtecks begeben. Dann kommt Obersturmbannführer Lange, er erschießt Juden gerne am Shabbath.

„Wie alt bist du?" fragt er den etwas größeren der beiden.

„Achtzehn Jahre."

„Und du?" fragt er den anderen.

„Siebzehn Jahre."

„Woher seid ihr?" fragt er weiter.

„Aus Hannover", antworten sie wie aus einem Munde.

„Ihr wißt doch, daß auf Fluchtversuch Todesstrafe steht. Dreht euch um."

Zwei Posten kommen, verbinden ihnen die Augen. Die Jungen stehen da, gerade und stolz wie zwei Bäume, tapfer angesichts des nahen Todes. Die Wache marschiert auf, Kommandos ertönen, Salve, ehrenhaft sind wieder zwei junge Juden von uns gegangen.

Später erzählt man sich, daß die beiden ins Ghetto geflüchtet waren. Sie hatten Sehnsucht nach ihren Eltern, was sie mit dem Tode bezahlten. Im Ghetto wurden sie dann von der jüdischen Ghettopolizei erwischt.

Heute kann ich mittags nichts essen. Sonst stürze ich mich immer mit Heißhunger auf die Wassersuppe, aber heute ist mir der Appetit gründlich vergangen. Es ist die erste Hinrichtung, die ich gesehen habe; das Leben ist zu grausam.

Eins wissen wir alle: Auf die Dauer werden derartige Verbrechen nicht ungesühnt bleiben, und wenn die Deutschen zehnmal vor Stalingrad und vor Moskau stehen. Eines Tages wird das Recht siegen, doch ob wir es erleben werden, ist eine andere Frage.

In dieser verzweifelten Situation klammere ich mich an den Gedanken der Rache. Wenn ich hier eines Tages mal herauskomme, werde ich nur noch schießen, wahllos schießen, alles was mir von diesen Hunden vor die Flinte kommt, abknallen wie eine wilde Bestie. Dieser Gedanke läßt mich alles besser ertragen, er stärkt die Widerstandskraft.

Wir erkennen, daß dieses Lager nur zur Vernichtung von Menschen gedacht ist. Die jetzt folgenden täglichen Erhängungen stören uns fast gar nicht mehr. Wir sind abgebrüht, es rührt uns nichts mehr.

Die Preise für die angebotenen Waren werden immer niedriger. Das Angebot von Kleidungsstücken ist zu groß, und zu wenige Letten arbeiten im Lager, die die Ware kaufen. Der Handel wird auch immer gefährlicher. Zu viele SS-Leute laufen im Lager herum und spionieren und schnüffeln in jeder Ecke. Einer erwischt an der Schmiede einen Juden beim Kochen von ein paar Kartoffeln und erschießt ihn an Ort und Stelle.

Lange kommt auch wieder am Shabbath. Er sieht einen Juden am Ofen stehen, sich wärmen.

„Komm raus“, ruft er ihn an, „mach, daß du wegkommst!” Lange erschießt ihn von hinten.

15. Januar 1942

Krankentransporte werden zusammengestellt, sie sollen nach Riga ins Ghetto kommen. Unter mir liegt Hans Laeser mit seinem Vater. Den Vater treibt es ins Ghetto zu seiner Frau. Er geht zum Barackenältesten und sagt ihm, daß er erfrorene Füße habe und ins Ghetto möchte. Hans, sein 17jähriger Sohn, meldet sich daraufhin freiwillig. Das Auto fährt alle zehn Minuten ab, obwohl es ins Ghetto mindestens eine halbe Stunde dauert. Doch die Menschen rennen in ihr Verderben und verlieren den Kopf; sie vergessen, daß das versprochene Ghetto im Himmel liegt.

Hirschel, ein Hamburger Großkaufmann, schwärmt immer von seiner Frau und seinem kleinen Töchterchen. Infolge der Läuse bekommt er überall Geschwüre, alles eitert, es ist ekelhaft, wie in den Verbänden die Läuse herumkriechen, noch dazu ist es ansteckend, sagt Levi, der sich jetzt als Sanitäter betätigt. Langsam siecht er dahin, er weiß, daß er sterben wird. Wenn ich überlebe, sagt er, soll ich auf seine Hannelore aufpassen und ihr seine schwere goldene Uhr übergeben. Als Levi ihm einen aus Bettlaken gerissenen Verband anlegen will, stirbt er in seinen Armen.

18. Januar 1942

Im Lager herrscht große Aufregung. Die SS hat fünfzehn junge Juden aus Riga gebracht. Sie werden sehr stark bewacht. Sofort ist die lettische Wache angetreten, das Wohnlager wird abgesperrt, keiner darf die Baracke verlassen. Die fünfzehn Juden werden sofort erschossen. Einer soll nach der Salve der lettischen SS noch gelebt haben. Er soll die Juden vom Beerdigungskommando gebeten haben, ihn mit den Toten zum Massengrab hinaus zu tragen. Von dort wollte er versuchen, zu flüchten. Doch er wird der SS gemeldet. Ein Posten kommt. Er stirbt durch Genickschuß.

Man erzählt sich, daß diese Juden bei einer SS-Einheit in Riga gearbeitet haben. Sie sollen dort Kartoffeln und Brot gestohlen haben.

22. Januar 1942

Vom Jungfernhof ist ein Auto gekommen. Material für den Barackenbau wird abgeladen, auch Glas ist dabei. Einer der mitgekommenen Juden übergibt mir einige Zettel. Einer ist für mich, ich lese flüchtig hingeworfene Worte:

„Mein lieber Josef, Deine liebe Mutter ist gestern abend an einem Schlaganfall in den Armen von Oberrabbiner Carlebach gestorben. Sie hat noch ‚*Shmah Jisroel*' (Höre Israel) gesagt, sie hat sich nicht gequält. Nachmittags ist ihr plötzlich schlecht geworden, kurze Zeit später war sie tot. Sie ist gestorben wie eine ganz fromme Frau, sagt Carlebach. Sie ist wohl daran. Ich soll Dir noch Grüße von allen hier ausrichten.

Deine Dich liebende Tante Linchen.

PS. Ihre Wertsachen habe ich an mich genommen. Wenn du mal kommen kannst, werde ich Dir alles übergeben."

Vorfrühling 1942

Die Tage werden jetzt länger und damit auch die Arbeitszeit. Wir gehen dem Frühling entgegen. Das bringt uns viele Vorteile. Wir gehen viel aus der kleinen, verlausten Baracke heraus, stellen uns dann vor die Baracke, um uns zu lausen. Die Februarsonne scheint schon warm auf unsere ausgemergelten Körper. Es fällt mir schwer, auf einer Bank zu sitzen, die Gesäßknochen treten zu stark hervor.

Inzwischen ist Herr Besen zum Henker von Salaspils ernannt worden. Er hat die Aufgabe, die meistens wegen Tauschhandels von der SS zum Tode Verurteilten ins Jenseits zu befördern. Besen ist Wiener. Er soll 1936 auf der Olympiade gewesen sein. Er eignet sich für dieses Amt vorzüglich. Es heißt jeden Mittag: „Innendienst antreten – im Gleichschritt marsch." Wir gehen dann rechts um die Ecke auf den freien Platz, wo der Galgen steht. Einstein, der Lagerälteste, kommandiert: „Die Augen links!" Dann kommt der Oberscharführer Nickel, verliest das Urteil, daß der Jude Hans Meier aus Hamburg wegen versuchten Tauschhandels zum Tode durch Erhängen verurteilt worden ist. Während der Verlesung des Urteils steht der Verurteilte unterm Galgen. Besen hilft ihm auf den Hocker, Einstein befiehlt „Stuhl weg", und wieder sind wir um einen von uns weniger. So geht es bisweilen einige Male hintereinander. Vor einigen Tagen ist ein Jude aus Brünn geflüchtet. Nickel sagt, wenn der Jude nicht bis morgen mittag um 12 Uhr wieder da ist, wird er zehn andere für ihn erschießen lassen. Am folgenden Tage heißt es wie gewöhnlich „Alles antreten". Auf jedem von uns lastet der Druck der Ungewißheit. Besen henkt schnell hintereinander zwei Juden. Plötzlich fährt ein Auto vor. Obersturmbannführer Lange entsteigt ihm mit einigen SS-Offizieren. Er tuschelt mit Einstein. Die beiden scheinen sich gut zu kennen. Der Barackenälteste von der dritten Baracke wird gerufen.

„Hörscht", schreit er ihm in seiner württembergischen Mundart entgegen, „du schickst mir sofort zehn Juden aus deiner Baracke, verstanden?"

Der Barackenälteste zögert. Nur mit Mühe hält er sich aufrecht, aber er hat den Befehl auszuführen. Er beginnt zitternd, zehn Juden für den wahrscheinlichen Tod auszusuchen. Man merkt, daß er mit sich kämpft, sich nicht entschließen kann, wen er von den angetretenen Juden nehmen soll. Plötzlich steht Lange neben ihm.

„Jude, hast du deine zehn bald zusammen oder nicht? Sonst mach ich dir Beine, verstanden?"

Zögernd treten einige recht heruntergekommene Gestalten aus den angetretenen Fünferreihen hervor. Der Blockälteste hat bewußt nur ältere Menschen ausgesucht. Er denkt sich, die werden sowieso nicht mehr lange leben. Mittlerweile sind alle zehn Juden unter dem Galgen angetreten. Lange, in der gut sitzenden Uniform und den blank geputzten Stiefeln, steht breitbeinig vor ihnen.

„Wo bist du her, Jude?" herrscht er den links außen stehenden Juden an.

„Aus Prag", erwidert der.

„Und du?" fragt er den nächsten. „Auch aus Prag?"

„Jawohl."

So geht er die Reihe ab, bis er an den Fünften kommt.

„Wo bist du her?"

„Aus Brünn", erwidert der Jude.

„Komm her, mein Bürschchen..." Und sich dabei an den neben ihm stehenden Einstein wendend: „Der geflüchtete Jude war auch aus Brünn, Einstein?"

„Jawohl, Herr Obersturmbannführer."

Die ganze Zeit wechselt Lange lässig seinen Revolver von der einen Hand in die andere.

„Besen!" schreit er.

Diensteifrig kommt Besen gelaufen.

„Dieser hier bekommt dreißig auf den Arsch, und dann bringst du ihn mir her, verstanden? Und daß du mir zuschlägst, mein Bürschchen, sonst bekommst du sie."

Besen hat eine lange Lederpeitsche in die Hand genommen. Er schlägt mit der ganzen Kraft eines Gewichthebers auf den vor ihm am Boden liegenden Juden ein. Mir werden die Knie weich, die Schreie des Geschlagenen gehen mir durch Mark und Bein. Lange zählt laut mit. Als Besen fertig ist, geht er auf den am Boden liegenden bewußtlosen Juden zu und erschießt ihn.

An diesem Tag kann ich meine Wassersuppe wieder nicht essen, zu stark sind die Nerven aufgewühlt. Mittags kommen einige Kameraleute. Sie beginnen, die Juden beim Essenempfang und bei der Arbeit am Barackenbau zu filmen. Es ist den Juden verboten, in die Apparate hinein zu gucken.

Wenn ich abends in der Koje liege und den vergangenen Tag überdenke, lege ich mir manchmal die Frage vor, wann ich selbst an der Reihe sein werde. Aber es gibt ja nichts anderes, entweder tauschen oder verhungern. Tauschen, so scheint mir, bietet die größere Möglichkeit, sein Leben noch etwas zu fristen.

Honig, ein guter Bekannter von mir aus Lübeck, beschäftigt mich immer als Mannequin. Meine Aufgabe ist, die von ihm organisierten Mäntel den im Lager arbeitenden Letten zu verkaufen. Manchmal macht er auch Provisionsgeschäfte, das heißt, er tauscht für diejenigen, denen der Mut dazu fehlt. Dafür bekommt er die Hälfte von den Lebensmitteln ab. Honig spricht Russisch und Lettisch. Manchmal ist es meine Aufgabe, den lose über meinen Schultern hängenden Mantel unauffällig fallen zu lassen. Honig hat inzwischen den Kaufpreis mit dem Letten vereinbart. Meistens sind die Letten ehrlich. Sie bringen die versprochenen Eßwaren am nächsten Tag mit. Davon bekomme ich dann meinen Teil ab.

Am 15. März erhalten wird den Befehl, unsere Wintermäntel beim Blockältesten abzugeben. Mir gelingt es noch schnell, meinen Mantel für zwanzig Zigaretten an einen Letten zu verkaufen. Das sind nach der Lagerwährung ungefähr zwei Brote. Die Letten werden auf diese Art reich. Goldene Uhren und Ringe werden mit einem Kilo Butter bezahlt. Aber die meisten Juden haben ja ganz am Anfang ihre Wertsachen auf Befehl des Oberscharführers Nickel abgegeben. Ich trage meine Uhr am Oberarm. Nickel sagte damals, als wir mit dem Lagerleben noch nicht vertraut waren: „Eure Kameraden an der Front brauchen eure Uhren und Ringe." Nachher ist er mit zwei großen gefüllten Koffern abgezogen. Der braucht sein Leben lang nicht mehr zu arbeiten.

In der Quaste einer Schlummerrolle habe ich zufällig 550 Mark entdeckt, aber für Geld wollen die Letten nichts verkaufen. Nickel befiehlt, daß wir den Judenstern auf der Brust und auf dem Rücken zu tragen haben – wegen der Fluchtgefahr, sagt er. Des weiteren will er bei dem herrlichen Frühlingswetter keine Mützen mehr sehen, und den Juden sind die Haare zu scheren. „Ich will nur noch Glatzen sehen", sagt er. Diese Anordnung ignorieren wir. Wen er erwischt, den tritt er mit Füßen und nimmt ihm die Mütze weg. Wenn er mit einem spricht, muß man ihm drei Meter vom Leibe bleiben, damit er von den schmutzigen Juden keine Läuse bekommt. Aber für eine Waschgelegenheit sorgt er sonderbarerweise nicht. Wasser wird von Trägern aus einer drei Kilometer weit entfernten Quelle geholt. Es ist ausschließlich für den Gebrauch in der Küche zum Kochen von Kaffee und Kohlsuppe bestimmt. Solange noch Schnee liegt, reiben wir uns immer morgens das Gesicht mit Schnee ab; das ist schon seit Monaten die einzige Toilette. Mit der Schneeschmelze ist auch diese Möglichkeit vorbei. Manche waschen sich etwas mit dem Kaffee, den sie zum Frühstück empfangen. Etwas anderes gibt es nicht. Wir haben uns daran gewöhnt, mit leerem Magen zur Arbeit zu gehen. Die 280 Gramm Brot verzehren wir abends sofort nach dem Empfang, es ist wie ein Tropfen auf den heißen Stein. Mittags ist immer ein Sturm auf die Küche, wo in sechs langen Reihen angetreten wird. Jeder versucht, sich mit dem austeilenden Koch gut zu stellen, vielleicht greift er dann einmal etwas tiefer in den Kübel und man erwischt neben dem blanken Wasser einige Nudeln, einen Löffel Grütze oder einige verfaulte rote Rüben. Nach dem Essen erzählen wir uns immer gegenseitig, wieviel Dickes jeder gehabt hat. Der ausgebende Koch kennt einen meistens bei der Ausgabe nicht mehr: Er sagt lakonisch „Weiter“, wenn man vor ihm steht. Vorher aber hat man seinen Tribut an Zigaretten oder Tabak an ihn entrichtet. Die Köche bilden überhaupt eine höhergestellte Schicht. Sie sind gut genährt und elegant gekleidet in dieser Trostlosigkeit von Sand, Schnee und Tod. Alles, was sie haben wollen, das kaufen sie sich für unser Brot und die anderen für uns bestimmten Lebensmittel. Abends spielen sie mit ihren Kollegen aus der Kleiderkammer Fußball. Wir stehen dabei und können kaum noch gehen.

Vor einigen Tagen hat Kussiel, der Küchenchef, mir mit seinem Krückstock dermaßen über den Kopf geschlagen, daß ich fast ohnmächtig geworden bin. Stefan Weinberger,[17] der Lagerklempner, stand zufällig neben mir und fing mich auf. In der Hand hielt ich krampfhaft den von mir vom Boden aufgelesenen Sauerkohl. Ich schenkte ihn nachher Stefan, der den Sand abwusch und ihn aß.

Unsere Lage wird immer hoffnungsloser. Die deutschen Armeen stehen tief in Rußland. Die Deutschen sind sich des Sieges sicher, solange sie grenzenlos vernichten. Wenn das Lager halb ausgestorben ist, dann schicken sie immer neue Menschen aus dem Ghetto nach, die dann auf die gleiche Art der Vernichtung anheim fallen. Ende März steht am Abend ein großer blauer Omnibus vor der Baracke eins. Es heißt, alle Kranken, die ins Ghetto möchten, – und wer wollte nicht ins Ghetto? – sollen sich sofort vor der Baracke melden. Man zieht ihnen die Mäntel und Schuhe aus. Im Ghetto werden sie neu eingekleidet, sagt man ihnen. Einstein, der Lagerälteste, steht vor der Baracke und schreit und schlägt mit seinem Stock auf die heraushumpelnden armen Gestalten ein. Bei manchen sind die Füße erfroren, andere haben große eiternde Geschwüre oder Entzündungen. Diese Krankheiten entstehen durch die grenzenlose Verlausung. So liegt ein Haufen unglücklicher Leiber kreuz und quer übereinander, sie schreien und jammern, aber wer hört sie? Der SS-Mann steht dabei und grinst. Einige sagen, sie haben, kurz nachdem das Auto abgefahren ist, eine Maschinengewehrsalve gehört. Gesehen wurde von diesen Menschen keiner mehr.

Das Brotauto ist unsere einzige Verbindung mit der Außenwelt. In den letzten Tagen haben die jüdischen Beifahrer des Autos Briefe aus dem Ghetto mitgebracht. Auch erzählen sie, daß sehr viel Gepäck ins Ghetto gekommen ist, alles mit Wiener Aufschriften und Adressen. Aber von den Menschen fehlt jede Spur. Man vermutet sie alle in Hochwald.

Unerwartet erhalten wir den Befehl zum Generalappell.

„Alles, was Beine hat", sagt Nickel, „geht heute nachmittag mit zum Gepäckausladen. Vor Dunkelheit muß alles im Lager sein. Verstanden?"

„Jawohl."

Als wir an der Bahn ankommen, stehen sechs Waggons da. Ein Sturm beginnt, denn jeder möchte in die Waggons hinein, um das Gepäck auszuladen. Ich bin ziemlich vorn an der Spitze marschiert und werde von der von hinten drückenden Masse direkt in ein Abteil hinein gedrängt. Es ist Handgepäck darin. Wer kümmert sich darum, wem es gehört! Kleine Koffer, Handtaschen, Kinderspielzeug, Personalpapiere, auch Lebensmittel in Hülle und Fülle, runde Weißbrote, Marmelade, Wiener Honigkuchen und Zigaretten. Die Menschen sind wie wild. Die Koffer werden aufgerissen, das Brot wird mit beiden Händen in den Mund gestopft, mit den Fingern wird in die Marmeladengläser hinein gefaßt, und dann werden die Hände abgeleckt.

Plötzlich raunt man sich zu, Lange sei gekommen. Kurz darauf fallen drei Schüsse. Aus dem Lager kommende Juden erzählen, daß Lange eben drei Juden beim Plündern erschossen habe. Er habe Lebensmittel bei ihnen gefunden. Die drei liegen am Weg ins Lager. So ginge es jedem, hat Lange gesagt, bei dem man etwas Eßbares fände.

Einstein ist plötzlich auch da. Er bahnt sich, links und rechts umherschlagend, mit seinem Stock einen Weg durch die Menge. Wie ein Großkaufmann sieht er aus, in seinem pelzgefütterten Stutzer und den hohen Pelzstiefeln. Er steht jetzt in der Mitte des Waggons und treibt uns zur Eile an. Wir aber arbeiten so, daß sich der Inhalt der Gepäckstücke auf dem Boden ausbreitet, so daß wir in den Besitz der Lebensmittel kommen.

Einstein ruft: „Was hast du da in der Hand?"

Ich mache die Hand auf und zeige ihm ein Päckchen Wiener Zigaretten.

„Gibsch her!" schreit er mich an und schlägt mir mit seinem Krückstock über den Rücken. Inzwischen sind die Zigaretten in der Tasche des Stutzers verschwunden. Aus einer Handtasche fällt mir eine Schachtel mit Wiener Honigkuchen entgegen; ich stopfe sie zwischen Pullover und Jackett. Es fällt gar nicht auf, da ich ja dünn bin. Andere eßbare Dinge habe ich in der Stiefelhose und in den Taschen verstaut. Als Einstein sich umdreht, benutze ich die Gelegenheit, um aus dem Waggon zu springen und alles in meine Koje zu tragen.

Draußen sieht es aus wie auf einem Schlachtfeld. Kochtöpfe und Damenwäsche, Familienbilder und Wolldecken, alles fliegt kreuz und quer durcheinander. Ich greife mir einen Rucksack, um ihn ins Lager zu tragen, denn leer darf man den Rückweg nicht antreten. Auf dem zwei Kilometer langen Weg ins Lager liegt auch alles durcheinander, aufgebrochene Koffer, Handtaschen, Kleider, Gebetbücher, alles ist kunterbunt auf dem Wege verstreut.

Die Sachen sind herausgefallen, und keiner hebt sie auf. Nur für eßbare Dinge und Medikamente besteht Interesse. Alles andere ist für uns wertlos. Im Lager selbst steht überall Lagerpolizei, Juden, die darauf achten, daß auch alles in der Kleiderkammer abgeliefert wird. Manchmal machen sie auch Leibesvisitationen. Dabei nehmen sie alles ab, was sie finden. Mir gelingt es, an den Lagerpolizisten, die gerade mit jemand anderem beschäftigt sind, vorbei in die Baracke zu schleichen. Meine Koje ist direkt unterm Dach. Dort kann nicht viel organisiert werden, da es auffällt, wenn ein Fremder dort hinaufklettert. Ich habe mit viel Schwierigkeiten eine Schlaraffiamatratze hinaufgelegt, darunter wird nun alles Eßbare verstaut.

Rechts neben mir liegt Aronstein, und links von mir hausen Levi und Loeb, alles Hamburger Juden. Aronstein wird immer schwächer, man merkt es daran, daß es ihm sehr schwer fällt, in die Koje zu kriechen. Levi ist Sanitäter, dafür bekommt er einen Schlag Wassersuppe mehr am Mittag. Er sagt mir, daß es mit Aronstein bald aus sein wird, denn unser Leben sei eine reine Rechenaufgabe. Vier Wochen ohne zusätzliche Nahrung, sagt er, und man ist verhungert.

Anfang April ist *Pessach.*[18] Loeb hat für seine Brotration etwas weißes Mehl eingetauscht, er backt für den *Sederabend Mazzoth*. Wir andern helfen ihm dafür abends mit einem Stückchen Brot aus. Levi ist der Älteste unter uns, er hält den Seder. Wir liegen alle lang in der Koje, weil man nicht aufrecht sitzen kann. Loeb sagt das „*Mane stane*"[19]. Anders kann er es auch zu Hause nicht gesagt haben, so langsam und feierlich spricht er jedes einzelne Wort. Wir haben uns für die Mahlzeit unsere Mittagssuppe aufgehoben, und Brot wird nicht gegessen. Es kommt etwas feierliche Stimmung auf, als wir nach dem Essen zusammen benschen (beten). Jeder erzählt von zu Hause, und dann singen wir vom Lämmchen. Loeb hat sich vorgenommen, er will die ganzen acht Tage kein Chomes (Brot) essen. Am fünften Tag gelingt es mir, es ihm auszureden, er ist auch schon sehr schwach geworden. Wir geben ihm mittags immer etwas von unserer Suppe ab, langsam geht es ihm wieder besser. Schwartzkopf, ein anderer Hamburger, soll die ganze Zeit kein Chomes gegessen haben, aber einige Tage nach Pessach ist er dann gestorben.

In der kleinen, ungefähr 60 Meter langen und 10 Meter breiten Baracke leben 600 Menschen auf engstem Raum beisammen. Links und rechts an den Seitenwänden befinden sich die sechsstöckigen Kojen, auch in der Mitte ist ein solches Gerüst. An jeder Seite zieht sich ein anderthalb Meter breiter Gang entlang, in dem sich die Menschen des Morgens beim Aufstehen und des Abends beim Kaffeefassen drängen. Da keine Möglichkeit vorhanden ist, das feudale Abendbrot im Sitzen oder Stehen einzunehmen, liegen alle mit ihrem Trunk Kaffee in den Kojen und verschlingen ihr trockenes Brot. Jede Koje ist anderthalb Meter breit. Des Nachts, wenn alle vier Kojenbewohner anwesend sind, kann man nur auf der Seite liegen, sonst ist nicht genug Platz vorhanden. Die meisten Juden haben infolge des Mangels an fester Nahrung Durchfall. Die Latrine ist zehn Meter von der Baracke entfernt. Die Menschen können den Stuhlgang nicht so lange halten, teilweise treten sie in der Koje aus. Ein übler Gestank entwickelt sich durch beschmutzte Dekken, dreckige Unterwäsche und die Toten, die man morgens in den Kojen vorfindet. Wir haben in der letzten Zeit täglich zwanzig bis fünfundzwanzig Tote in unserer Baracke. Es ist eigenartig, wie schnell die Menschen sterben. Abends unterhalte ich mich noch mit Herrn Stockhausen. Mir fällt an ihm durchaus nichts auf. Als ich ihn am Morgen wieder aufsuchen will, um ihm einige Rasierklingen zu bringen, ziehen sie ihn schon tot aus der Koje. Peiser, der Barackenarzt, kommt, leuchtet ihm mit der Taschenlampe in die Augen, konstatiert Tod durch Herzschwäche. Auch Aronstein ist, wie vorausgesehen, gestorben. Als ich morgens aufwache, liegt er tot neben mir. Am vergangenen Abend hat er mir noch von seinem 14jährigen Töchterchen und seiner Frau erzählt, die er im Nebenlager Jungfernhof vermutet. Levi ruft das Beerdigungskommando, man trägt ihn hinaus, vollkommen angekleidet, so wie man ihn vorgefunden hat. Am Anfang, als wir noch nicht so viele Tote hatten, wurde für jeden *Minjin*[20] gemacht und *Kaddisch*[21] gesagt. Beim Hinaustragen aus der Baracke wurde immer „*El lemo rachamim*"[22] gesungen, aber jetzt hat das aufgehört. Der Chasan (Kantor) sagt, er kann nicht so viel singen. Draußen ist von SS-Pionieren ein Massengrab in den Boden gesprengt worden. Dort werden die Leichen sorgfältig von einem dafür bestimmten Kommando übereinander geschichtet. Die Leute bekommen dafür doppelte Ration. Aber manchmal infizieren sich welche und sterben.

In einem neuen Transport aus dem Ghetto ist mein Onkel aus Duisburg mit meinen zwei Cousins angekommen. Schon nach ganz kurzer Zeit wird mein Onkel krank – Herzschwäche. Eines Abends kommt Leo, mein Cousin, zu mir, um mich um einige Kartoffeln für seinen hungrigen Vater zu bitten. Ich gebe ihm meine letzten sechs Kartoffeln, die ich am Nachmittag für eine Schere eingetauscht habe. Etwas anderes hatte der Lette nicht mehr. Später gehe ich in die Nebenbaracke, um den kranken Onkel zu besuchen. Leo sitzt mit herunterhängenden Beinen auf der Koje und ißt die Kartoffeln mit der Schale. Der Vater sei schon bewußtlos, entschuldigt er sich bei mir, der kann sie doch nicht mehr essen.

Am nächsten Morgen tragen wir den Onkel hinaus, Leo und ich vorne und zwei vom Beerdigungskommando hinten. Mir ist eigenartig zumute, denn mir scheint, als ob Tote Tote trügen. Es ist ein langer Leichenzug, der sich unter Bewachung langsam dem Massengrab zubewegt. Leo hakt mich ein, und dann stolpern wir mehr als daß wir gehen ins Lager zurück.

April 1942

Man erzählt sich jetzt im Lager eigenartige Gerüchte. Es wird gesagt, Nickel habe angeordnet, daß alle Kranken und Schwachen zur Erholung ins Ghetto gebracht werden. Ich zweifele daran. Bis gestern hat man noch jüdisches Leben mit allen verfügbaren Mitteln vernichtet, und heute will man uns zur Erholung schicken! Lachhaft! Wir sind uns einig, daß es sich hier wieder um ein Himmelfahrtskommando handelt. Als Einstein dann den Befehl von Nickel verkündet, will keiner fort. Die vom Arzt für diesen Transport vorgeschlagenen Menschen verstecken sich, keiner will fahren. Die meisten müssen mit Gewalt von der jüdischen Lagerpolizei zu den vorgefahrenen Autos gebracht werden. Aber diese Sache sieht anders aus. Prominente, das heißt Barackenälteste, fahren mit, es sind offene Autos, die Namen der Abfahrenden werden aufgeschrieben, Sanitäter fahren mit, um die Kranken im Ghettolazarett einzuliefern. Das Unglaubliche geschieht: die Transporte sind *koscher.*[23] Wir wissen es, weil man bei der Rückkehr des ersten Autos einen Zettel am Boden vorfindet, auf dem steht: „Sind gut im Ghetto angekommen." Ernst Levi sagt, daß man anscheinend unsere Arbeitskraft erhalten will. Er meint, man braucht uns als Arbeitssklaven. Man wird uns jetzt durch Arbeit vernichten, nicht mehr durch sinnloses Erhängen.

Die Ansicht leuchtet mir ein, noch dazu, als sich herausstellt, daß die wieder Arbeitsfähigen der Transporte sofort zur Arbeit eingesetzt werden. Es kommt keiner nach Salaspils zurück, es wird sogar erzählt, daß alle Juden fortkommen sollen.

In die fertigen neuen Baracken bringt der SD (Sicherheitsdienst) lettische Häftlinge. Es wird uns verboten, mit ihnen zu sprechen. Sie verrichten eine vollkommen unproduktive Arbeit. Einige hundert Häftlinge, je zwei Mann mit einer Tragbahre, schleppen Sand von einem Haufen zum andern. Sie gehen immer im Kreis herum und singen einen eintönigen Sing-Sang. Ihre Wache sind lettische SS-Freiwillige. Abends kommen sie zu uns in die Baracke, um zu tauschen. Es ist sehr gefährlich, sich mit ihnen einzulassen. Meistens nehmen sie die Sachen mit, ohne dafür zu bezahlen. Es macht ihnen Spaß, in der Baracke die Glühbirnen abzuschießen. Einstein spricht mit Nickel, mit dem Erfolg, daß die Letten unsere Baracke nicht mehr betreten dürfen.

Götz, der Barackenälteste, kommt zu Levi und fragt ihn, ob er als Gärtner mit in eine Gärtnerei gehen wolle. Er sei doch Berufsgärtner. Levi sagt ja, und ich melde mich freiwillig, denn Götz braucht zehn Gärtner und weitere hundert Juden zum Sportplatzbau für die SS. Wir sind der Meinung, daß es nirgends schlechter sein kann als hier, wir können nur gewinnen. Am nächsten Tag kommen drei Autos von der SS. Bald liegt das Todeslager Salaspils hinter uns. Wir wissen, daß achtzig Prozent aller Juden dort geblieben sind, einsam am Waldrand verscharrt.

Es ist der 20. April 1942, ein herrlicher Frühlingstag. Uns allen auf dem Auto ist so, als ob wir noch einmal dem Leben wiedergegeben seien.

3. Kapitel
Das Ghetto in Riga
April 1942 – November 1943

Wir fahren durch Riga, am Ghetto vorbei. Ein hoher, doppelter Stacheldrahtzaun trennt die Juden von der Außenwelt. Überall sind Schilder mit dem Vermerk, daß es strengstens verboten ist, mit den Insassen in Verbindung zu treten, – der Posten mache von der Schußwaffe Gebrauch. Die Menschen im Ghetto winken uns zu, als sie uns als Juden erkennen. Ich freue mich über dieses Zeichen der Zuneigung, ist es doch ein Gruß aus einer scheinbar besseren Welt. Die SS bringt uns in einen der schönsten Teile Rigas, in den Kaiserwald. Ein ehemaliges Studentenheim nimmt uns auf, direkt am Stinntsee gelegen. Wir schlafen auf Stroh auf dem Boden. Das Haupthaus liegt erhöht auf einem kleinen Hügel, umgeben von einem herrlichen Park. Oberscharführer Wolters übernimmt das Kommando. Sofort nachdem wir unsere Rucksäcke auf den Boden gebracht haben, heißt es „Antreten zur Arbeit". Wolters verkündet, wer die Anhöhe nach der Arbeitszeit verläßt, wird wegen Fluchtversuchs erschossen. Er sagt, Kranke gibt es bei ihm nicht, nur Gesunde. Was denen passiert, wißt ihr ja. Gearbeitet wird von morgens sechs bis um zwölf, und von eins bis sechs. Er will Arbeit sehen, sonst passiert was. Er hält uns diesen Vortrag von der Freitreppe des Hauses aus, steht da wie ein General und weidet sich in dem Bewußtsein seiner Macht. Ich überlege mir, was er wohl in seinem Zivilberuf gewesen sein mag, vielleicht kleiner Angestellter oder Bankbeamter.

Wir zehn Juden melden uns beim Gärtner. Er ist ein Baltendeutscher. Die SS stellt ihm die Juden, er liefert dafür Obst und Gemüse an die SS. In der Gärtnerei ist es schön. Es gibt herrliche Tulpenbeete in allen Farben, die den Augen wohltun, die so lange jegliche Schönheit entbehrt haben.

Levi wird sofort als Berufsgärtner in den Gewächshäusern beschäftigt, während wir anderen pflanzen und jäten. Am dritten Tage sagt Levi dem Balten im Namen der Arbeitsgruppe, daß wir immer hungrig sind, da die Verpflegung nicht ausreicht. Der Gärtner erwidert, daran könne er nichts ändern, die Chinesen lebten auch von einer Handvoll Reis.

Ich hatte mich für die Gärtnerei gemeldet, weil ich glaubte, wo etwas wächst, wird auch für uns etwas zu essen abfallen. Aber der erste Salat wird geschnitten, die ersten jungen Möhren geerntet, und für uns Arbeitende fällt nichts davon ab. Der Gärtner paßt sehr scharf auf, daß kein Kopf Salat der SS verloren geht. Nur wenn der Gärtner uns mal für einige Minuten den Rücken kehrt, haben wir die Möglichkeit, einige Möhren zu ziehen, etwas rohen Salat zu essen oder einige Erbsen in den Mund zu stecken. Aber auch dieses Wenige hilft uns, weil es frisches, junges Gemüse ist.

Unsere offizielle Verpflegung ist sehr schlecht. Wir bekommen, wie in Salaspils, 280 Gramm Brot am Abend. Mittags gibt es die übliche Wassersuppe. Es ist unmöglich, bei der verlangten Arbeit davon längere Zeit zu leben. Im Innendienst sind zehn Juden mit der Reinigung des Hauses und in der Küche beschäftigt. Die bekommen Extrarationen, die unsere Verpflegung erheblich verringern. Auch was die Herren Kolonnenführer brauchen, zieht man uns ab. Manchmal ist das sowieso schon sehr minderwertige Brot auch noch verschimmelt. Dann wird davon Brotsuppe gekocht und das Grüne oben abgeschöpft. In dem Fall hat man über das, was man bekommt, überhaupt keine Kontrolle mehr.

Unsere Vorarbeiter sind ähnlich wie die SS. Sie treiben und schlagen uns, wo sie nur können und sagen, daß sie es tun müssen, sonst würden sie von der SS geschlagen.

Der Gärtner hat uns heute alle zusammengerufen. Er geht uns voran ins Gewächshaus.

„Hier", sagt er und zeigt auf eine Staude, „hier hat eine rote Tomate gesessen. Wer sie gefressen hat, soll sich sofort melden."

Keiner rührt sich. Er sagt, wenn wir es ihm bis heute abend nicht gemeldet haben, will er es der SS berichten. Er droht mit einer Beschwerde an die SS, aber als er die Aussichtslosigkeit seiner Bemühungen einsieht, fängt er an, mit seiner Pferdepeitsche auf uns einzuschlagen. Wir machen, daß wir aus dem Gewächshaus kommen. Ich habe Levi in Verdacht mit der Tomate, aber er sagt nicht ein Wort, sondern zwinkert nur mit den Augen.

Wenn wir abends die Gärtnerei verlassen, hat jeder einen Kasten mit Melde unter dem Arm. Melde ist ein vitaminreiches Unkraut, einer Spinatpflanze im Geschmack ähnlich. Wir hacken es ganz klein und kochen es ab. Mit etwas Salz kann man es dann essen. Auch Brennesseln essen wir, aber die schmecken sehr scharf, und der Stuhlgang, der aus Mangel an fester Nahrung immer dünn ist, wird davon ganz grün. Unter die Melde legen wir manchmal richtigen Spinat, Möhren oder die Außenblätter vom Kohl. Einige Zeit geht es gut, aber dann erwischt der Gärtner Sascha dabei und schlägt ihn fürchterlich. Es ist aus. Wir dürfen nichts mehr aus der Gärtnerei mitnehmen.

Im Gewächshaus sind die Gurken reif. Heinz Lorge aus Kassel und ich beschließen, eine zu organisieren. Wir wollen sie beim Innendienst gegen Brot tauschen. Heinz hat die Aufgabe, ins Haus zu gehen. Er soll die Gurke durch die offene Luftklappe hinausreichen. Ich will dann mit der Gurke so schnell wie es geht verschwinden. Aber wir haben Pech. Der Gärtner kommt gerade um die Ecke, als ich die Gurke unter meiner Jacke verbergen will. Er schlägt sie mir auf dem Kopf entzwei. Der des Weges kommende Oberscharführer schlägt auch noch auf mich ein, ich fühle es noch acht Tage später, aber wenn man leben will, muß man was riskieren.

In der Gärtnerei ist nichts mehr zu erben, wir beginnen unsere letzten aus Salaspils mitgebrachten Kleidungsstükke an die Letten der umliegenden Häuser zu tauschen. Levi verkauft sein zweites Paar Schuhe; er sagt, jetzt kann man gut barfuß gehen, und ob er im Winter noch lebt, weiß er nicht. Mir leuchtet das bei diesen Verhältnissen ein. Heinz hat sein letztes Hemd getauscht. Der Lette hat auf das Hemd gezeigt, das Heinz gerade trug, so zog er es aus und gab es ihm. Im Sommer geht es auch ohne Hemd. Das Lager ist von einem zwei Meter hohen Bretterzaun umgeben. Wir haben einige Bretter gelöst und reichen die Sachen durch die Lücke an die Letten weiter, die uns dann die vereinbarten Lebensmittel dafür geben. Gerade habe ich meine letzten drei Taschentücher auf die andere Seite geschoben, als plötzlich der Oberscharführer hinter mir steht. Ich sollte ein halbes Brot und ein Pfund Nudeln dafür bekommen. Wolters fragt mich nach meinem Namen, – das ist alles. Der Fall scheint erledigt zu sein. Am selben Abend erwischt er noch einen anderen Juden mit einem Kilo Butter. Sigi hat mit der Gärtnersfrau getauscht. Wolters sah ihn mit den Sachen aus dem Hause des Gärtners kommen.

Am folgenden Tage läßt mich Wolters rufen. Er geht mit mir in die am Zaun gelegenen Baracken der Letten. Ich soll ihm sagen, mit wem ich getauscht habe. Immer wenn wir einen Raum betreten, fixiert Wolters mich, aber ich erkenne den Letten natürlich nicht wieder.

18. Mai 1942

Shabbath. Ich bin gerade damit beschäftigt, Kohlpflanzen zu begießen, als ein Auto mit SS vorfährt. Einige Minuten später werde ich gerufen, auch Sigi. Wolters fragt Gimlich, den Adjutanten des Ghettokommandanten Krause, ob wir unser Gepäck mitnehmen sollen.

„Die beiden brauchen doch nichts mehr“, ist die Antwort.

Wir sitzen zwischen zwei SS-Posten. Ihre Gewehre haben sie auf den Knien liegen. Der an meiner Seite sitzende Posten zündet sich eine Zigarette an.

Während der Fahrt schließe ich mit meinem Leben ab. Es ist meine Überzeugung, daß wir nach Salaspils gefahren werden, daß in zwei Stunden der Innendienst antreten wird, und daß dann alle meine Freiheitsträume beendet sein werden. Wie warm die Sonne scheint, und wie gut es sich in einem offenen Wagen fährt! Es fällt mir schwer, zu glauben, daß ich in zwei Stunden nicht mehr am Leben sein soll. Die an uns vorbeifahrenden Letten nehmen überhaupt keine Notiz von uns, ich könnte aufschreien. Sehen sie denn nicht, daß man zwei junge unschuldige Menschen in den Tod fährt? Wie merkwürdig klar die Gedanken sind. Ich sehe alle meine Geschwister vor mir, die ich niemals mehr wiedersehen soll. Mein Herz will es nicht glauben, aber ich sitze im Auto, von SS bewacht, es muß ja aus sein, wie bei allen anderen, die ich in Salaspils sterben sah.

Das Auto hält vor den Schranken einer Eisenbahn, die die Straße kreuzt. Doch schon fährt Gimlich, der am Steuer sitzt, wieder an. Es geht alles so schnell – hätten wir nicht noch eine halbe Stunde da stehen können? Jede Minute ist mir kostbar. Also mit dreiundzwanzig Jahren ist es mit mir nun aus, Jo. Was für verrückte Pläne du noch hattest, frei wolltest du sein! Daß dir dies so überraschend kommt! Hast du denn niemals damit gerechnet, daß auch du sterben mußt? frage ich mich. Aus ist es, endgültig aus. Der Gedanke will mir nun einmal nicht in den Kopf. Vielleicht wird doch noch ein Wunder geschehen, aber es ist schwer, daran zu glauben. Du weißt doch, Jo, daß auf Tauschhandel Todesstrafe steht, und du glaubst noch an Wunder. Ich sitze im Auto, starre auf den Boden. Ängstlich bin ich nicht, aber auch nicht tapfer. Ich bin kein Held. Meine Knie zittern, als ich das Auto im Ghetto verlasse. Ich war so in Gedanken versunken, daß ich es gar nicht bemerkte, als wir durch das Ghettotor fuhren.

Zwei jüdische Lagerpolizisten bekommen den Befehl, uns in den Ghettobunker (Gefängnis) zu bringen. Sie stehen vor Gimlich stramm. Als mir klar wird, daß ich im Ghetto bin, fasse ich wieder Mut. Vielleicht wirst du noch leben, sage ich mir, noch dazu, als einer der Polizisten mir den Haftbefehl zeigt. Ich lese „Dauer der Haft: unbestimmt“. Also heute werde ich noch nicht aufgehängt. Die Polizisten versuchen, uns zu trösten. „Ihr bekommt ein paar auf den Arsch, das ist alles. Morgen werdet ihr sicher Krause vorgeführt. Bei ihm müßt ihr nur die Wahrheit sagen, dann wird schon alles wieder gut werden.” Diese und ähnliche Reden begleiten uns auf dem Weg in den Ghettobunker. Eine Eisentür schließt sich, und wir sind doppelte Gefangene. Durch das vergitterte Fenster sehe ich, wie sich die Menschen am Bunker vorbeischleichen. Manche werfen einen mitleidigen Blick auf die Inhaftierten, um sich aber sofort ihren eigenen Gedanken wieder hinzugeben. Nur ein junges Mädchen bleibt stehen und spricht mit uns, als sich der jüdische Polizist für einige Momente abwendet. Später kommt sie zurück, um uns einige Scheiben Brot durch ein zerbrochenes Fenster zu reichen. Sie erzählt mir, daß sie im Hannoverhaus mit zehn anderen Mädchen lebt. Sie versucht mich zu trösten, aber es scheint mir, daß sie selbst nicht an ihre Worte glaubt.

Mit uns befinden sich noch zehn andere Juden im Bunker. Man hat bei ihnen während einer Leibesvisitation Lebensmittel gefunden, die sie im HVM (Heeresverpflegungsmagazin) organisiert haben. Im ganzen sind wir alle sehr niedergeschlagen, wir glauben, daß wir alle zum Tode verurteilt werden, wie es ja meistens der Fall ist. Auf Diebstahl von Heeresgut steht immer Todestrafe, aber die zehn Juden sagen, daß sie schon acht Tage im Bunker sind und erst einmal dem Ghettokommandanten Krause vorgeführt worden sind.

Am Montag werden schon ganz früh die Namen von Sigi und mir gerufen. Der Polizist sagt uns, daß wir entlassen werden. Vorher würden wir noch zehn Stockhiebe vom jüdischen Polizeipräsidenten erhalten. Unsere Angelegenheit sei zu geringfügig, fügt er erklärend hinzu.

Der Herr Polizeipräsident schlägt eine ganz anständige Naht. Er sagt, er hat den Befehl vom Obersturmbannführer Krause erhalten, und er muß den Befehl ausführen. Er müßte die Ausführung des Befehls auch dem Obersturmbannführer melden. Wenn auch der Hintern schmerzt, so sind wir dennoch glücklich, daß wir so glimpflich davongekommen sind. Die anderen zehn Juden werden einige Tage später auf den Friedhof hinausgeführt und erschossen. Das macht Krause selbst, so erfahren wir; er geht von einem zum anderen und tötet ihn durch Genickschuß.

Nachher geht er oft an eine Sandkiste, wo jüdische Kinder spielen, und beschenkt sie mit Schokolade und Bonbons. Einige Kinder nennen ihn „Onkel Krause". Vor einiger Zeit hat er zehn Frauen nacheinander erschossen, sie sollen Kleidung in einem Heereslager gestohlen haben. Eine Frau hat Krause auf den Knien gebeten, ihr Leben zu schonen, sie habe ein kleines Kind. Er hat sie mit den Füßen bearbeitet und dann erschossen.

Einige Tage später werden wir dann in den Kaiserwald zurückgebracht. Dort beginnt jetzt eine sehr schwere Zeit. Während meiner Abwesenheit sind alle Juden entlaust worden, auch mein Rucksack wurde mit zur Entlausung geschickt. Er ist nicht zurückgekommen. Nun besitze ich nur noch das, was ich auf dem Körper trage, eine kurze Hose, ein Hemd, ein paar zerrissene Strümpfe und schlechte Schuhe. Das ist alles. Keinen Rasierapparat, kein Handtuch, nichts mehr. Der Lagerfriseur rasiert einen nur, wenn man ihm eine Hundertgrammscheibe Brot gibt. In dieser grenzenlosen Not hört jede Freundschaft auf. Ich reiße von meiner Wolldecke einen langen Streifen ab und benutze ihn als Fußlappen und Handtuch. Es hat sich unser eine Verzweiflung bemächtigt. Abends, wenn es dunkel wird, verlassen einige Juden das Gebäude, obwohl ein Posten es ununterbrochen umkreist. Sie klettern über den Zaun und gehen betteln. Anfang Juni schnappt man nachts zwei Juden aus Hannover außerhalb des Zaunes. Am nächsten Tag werden sie ins Ghetto gefahren und einige Tage später wegen Fluchtversuchs erschossen.

Unseren Lagerältesten, Wertheim, hat man verhaftet. Er soll durch das Brotauto Nachricht von uns ins Ghetto geschmuggelt haben. Außerdem fand man ein Gedicht bei ihm mit dem Refrain:

„Das Schicksal will's,
Viel Tote fordert Salaspils."

Wertheim ist ein Führertyp, – groß und blond, die Verkörperung des SS-Ideals. Er schlägt immer die Hakken zusammen, daß es knallt. Als er auf dem Friedhof steht und sein Todesurteil verlesen wird, zieht er einen Ring vom Finger und übergibt ihn einem der Polizisten mit der Bitte, ihn seinen Eltern auszuhändigen. Dann schlägt er die Hacken zusammen und macht eine exakte Kehrtwendung, so daß er mit dem Gesicht zu Wand steht. Krause kommt und gibt ihm den üblichen Genickschuß.

Wenn wir morgens unsere Unterkunft verlassen, hat es den Anschein, als ob eine Herde von Kühen auf die Weide geführt würde. Alles sucht nach Pilzen oder nach Sauerampfer, um den ersten Hunger am Morgen zu stillen. Sehr oft besucht eine alte Frau die Gärtnerei. Sie betreibt außerhalb des Lagers eine kleine Hühnerfarm. In der letzten Zeit läßt sie manchmal, wenn sie an mir vorbeigeht, eine Tüte mit alten Brotkrusten fallen. Sie sammelt sie in der Nachbarschaft für ihre Hühner. Ich nicke ihr mit dem Kopf zu als Zeichen meiner Dankbarkeit. Vermutlich hat sie mir mit dem alten Brot das Leben gerettet.

Der Oberscharführer soll mit dem Gärtner eine große Auseinandersetzung gehabt haben. Die Folge ist, daß wir Juden die Gärtnerei nicht mehr betreten dürfen. Unsere Arbeit ist Steine klopfen oder Loren schieben. Wolters liegt am Rande des Baufeldes im Grase, er sonnt sich, während wir seinen beobachtenden Blicken ausgesetzt sind. Es ist nur ein Glück, daß diese Arbeit nicht lange währt. Eines Abends verkündet Wolters, daß wir alle ins Ghetto kommen. Der Grund für diese plötzliche Änderung soll uns erst später klar werden.

Das Ghetto in Riga

Juli 1942

Transporte mit Berliner Juden erreichen Riga. Am Bahnhof finden Selektionen statt. Meistens führt man neunzig Prozent aller Ankommenden in den Hochwald und damit in den Tod. Die zum Leben Bestimmten werden in das von uns verlassene Lager geschickt, damit sie sich erst mal an die neuen Verhältnisse gewöhnen.

Mit lebhaftem Hallo werden wir im Ghetto empfangen. Die Straßen sind überfüllt von den von der Arbeit einrückenden Kommandos. Um unsere Autos bildet sich ein Auflauf. Alles will die Ankömmlinge sehen. Es spricht sich schnell im Ghetto herum, daß die Juden aus dem Kaiserwald eingetroffen sind. Mancher von uns findet seine Angehörigen wieder. Ich sehe Kinder, die ihre Mutter in die Arme schließen, Brüder, die zu Schwestern finden. Sie sind glücklich, gemeinsam läßt sich dieses Leben besser ertragen. Doch den meisten wird der Verlust ihrer Lieben zur traurigen Gewißheit. Mich erwartet keiner. Einige flüchtige Bekannte kommen, wollen Neuigkeiten hören, wo wir herkommen, wie es gewesen ist, – das ist alles.

Unsere Autos halten vor der Kommandantur. Mir fällt auf, daß ich keine SS sehe. Vor der Kommandantur stehen zwei Ghettopolizisten, die alle am Eintritt in dieses fünfstöckige Haus hindern. Ein Sanitäter mit der Armbinde des Roten Kreuzes führt uns zur Entlausung. Die Atmosphäre ist ruhig, man schreit nicht, es wickelt sich alles in größter Ordnung ab.

Eine Frau mit einer Armbinde erscheint. „Sozialfürsorge" lese ich. Sie fragt uns, wer Angehörige hat, bei denen er wohnen kann. Die anderen werden auf die verschiedenen Gruppen im Ghetto verteilt. Eine Hamburger Gruppe ist im Ghetto nicht vorhanden, man schickt mich zu den Hannoveranern. Dort soll ich mich registrieren lassen, auch meine Ghetto-Lebensmittelkarte würde ich dort empfangen.

Über wacklige Stege und durch winklige Gassen gelange ich in eine Straße, die den Namen „Berliner Straße" trägt. Hier, so vermute ich, wohnen die Überlebenden der Berliner Transporte. Ein Mann mit einem großen Rucksack voll mit Holz zeigt mir das Haus, in dem ich mich zu melden habe. Links steht ein Schild „Arbeitseinsatz der Gruppe Hannover. Zum Ältestenrat eine Treppe höher."

„Ich möchte mich registrieren lassen", sage ich, nachdem ich das Vorzimmer des Ältestenrats betreten habe. Ich bekomme eine Karte in die Hand gedrückt, mit vielen kleinen numerierten Karrees.

„Ihre Lebensmittelkarte", sagt die Frau, die meine Personalien aufgenommen hat. „Hier haben Sie die Adresse des Wohnungseinsatzes. Dort zeigt man Ihnen Ihre Unterkunft."

An kleinen Miniaturgärten vorbei, die in den Sandwüsten der Hinterhöfe angelegt sind, gehe ich zu dem mir beschriebenen Haus. Ein alter Mann öffnet mir die Tür und fragt mich, was ich will. Nachdem ich ihm meinen Wunsch vorgetragen habe, sagt er, daß er wirklich nicht weiß, wo er mich unterbringen soll, aber schließlich fällt ihm ein, daß im Haus Nummer 2, im fünften Stock beim Lehrer Erlanger noch eine Schlafgelegenheit vorhanden ist. Erlanger ist nicht begeistert von der Einquartierung, seine junge Frau auch nicht. Aber wir freunden uns schnell an. Wir wissen alle, daß man im Ghetto über sehr vieles hinwegsehen muß.

Es ist eine kleine Mansarde. Durch eine Klappe im Dach kommt etwas frische Luft herein. Ein kleiner Herd ist da, der fürchterlich qualmt. Erlanger sagt, das kommt vom nassen Holz, das seine Frau von der Arbeit mit nach

Hause schleppt. Daran werde ich mich schon gewöhnen, meint er. In der Mitte des Raumes steht ein wackliger Tisch mit zwei ebenso wackligen Stühlen. An der linken Wand schläft Erlanger mit seiner Frau, an der rechten Wand liegt meine Matratze. Ich kann diese erste Nacht im Ghetto nicht schlafen, die Wanzen quälen mich zu stark. Erlanger ist nachts immer mit der Kerze unterwegs; die vielen schwarzen Flecke an der Wand zeigen, daß er erfolgreiche Arbeit leistet.

Am nächsten Morgen melde ich mich beim Arbeitseinsatz. Man fragt mich nach meinem Beruf. „Gärtner", sage ich. „Im Moment haben wir für Sie in diesem Beruf keine Beschäftigung. Morgen früh kommen Sie wieder, dann werden Sie einem Arbeitskommando zugeteilt."

Erlanger hat mir geraten, sofort zur Kleiderkammer zu gehen, die sich oben in der Kommandantur befindet. Ich würde dort Bettwäsche und das Nötigste, das der Mensch braucht, erhalten. Die Polizisten weisen mich ab und schicken mich wieder zum Ältestenrat, er hätte mir zu bestätigen, daß ich erst gestern angekommen sei. Dort wartet schon eine lange Schlange. Ein Teil der Menschen hat alte, zerrissene Schuhe an, sie wollen um ein neues Paar bitten. Andere wollen Anträge stellen für Bekleidung, die Herr Fleischel, der Ältestenrat, zu genehmigen hat, bevor die Kleidungsstücke in der Kleiderkammer ausgehändigt werden können.

Fleischel sitzt an seinem großen Schreibtisch. Er genehmigt alles, was ich brauche, nachdem ich ihm erzähle, durch welche Lager ich bereits gegangen bin. Fleischel macht auf mich einen recht vernünftigen Eindruck; erst später erfahre ich, daß er katholisch getaufter Jude ist. Er hält katholischen Gottesdienst im Ghetto ab. Auch wollen Hannoveraner wissen, daß er Führer im National-Sozialistischen Kraftfahr-Korps (NSKK) gewesen ist. Wie man mir erzählt, sind viele Juden nicht gut auf ihn zu sprechen und finden es nicht richtig, daß ein solcher Mann an einer führenden Stelle sitzt. Aber er ist von Krause eingesetzt worden, dagegen ist nichts zu machen.

Auf der Kleiderkammer herrscht eine richtige Bürokratie.

„Haben Sie eine Karte? Haben Sie schon einmal etwas bei uns bekommen? Wie ist Ihr Name? Haben Sie einen vom Ältestenrat unterschriebenen Antrag? Geben Sie her und warten Sie, Sie werden gerufen."

Nachdem ich verschiedene Formulare unterschrieben habe, in denen ich bestätige, daß ich nichts weiter besitze, als was ich am Körper trage, öffnet sich vor mir eine große Tür, die Kleiderkammer. Ich sehe Berge aufgestapelter Kleidung und Schuhe, hier ist alles vorhanden. Ein Teil der hier Beschäftigten ist mit dem Auspacken der Koffer der Berliner Transporte befaßt. Man gibt mir ein helles Sportjackett und eine gute Hose, einen Arbeitsanzug und Wäsche zum Wechseln. Als ich endlich wieder in der Dachkammer lande, bin ich froh und guter Dinge, denn so viele Tauschobjekte habe ich schon lange nicht mehr besessen.

Mit meiner Lebensmittelkarte gehe ich zur Ausgabestelle der Gruppe Hannover. Es ist ein langer Raum mit einem Ladentisch und einer Dezimalwaage. Auf dem Boden stehen viele Kisten mit großen Fischköpfen und einige mit winzigen, ungefähr drei Zentimeter langen Fischchen. In der einen Ecke des Ladens ist ein Mann damit beschäftigt, mit einer Forke Kohlblätter auf einen Haufen zu schaufeln. An einem Haken an der Wand hängt ein Stück Pferdefleisch. Auf einem kleinen Regal an der Wand liegen einige Brote. Die bunten Pakete Kaffee-Ersatz vervollständigen das Bild.

„Haben Sie eine Schüssel für die Fischköpfe?"

Ich sage, ich will keine. Der Mann hinterm Ladentisch fragt mich, wie ich meine Kohlblätterration wegtragen will. Schließlich holt er ein Stück Zeitungspapier unter dem Ladentisch hervor, um mir zwei Pfund von dem Kohl darin einzupacken. Dann erhalte ich 90 Gramm Pferdefleisch, welches er sauber in Pergamentpapier einwickelt. Er nimmt ein Brot, schneidet es in der Mitte durch und wiegt genau 1260 Gramm ab. 90 Gramm Talg und 90 Gramm Haferflocken vervollständigen die Wochenration.

Oben in meiner Dachkammer beginne ich sofort, die Hälfte des Brotes aufzuessen, es ist doch zu schön, satt zu sein. Abends dreht Erlanger seine Fischköpfe durch die Fleischmaschine, er sagt, das gibt einen delikaten Brotaufstrich, ob ich nicht einmal probieren will. Ich lehne dankend ab, ich kann es nicht essen, weil ich immer an die großen Augen denken muß. Manchmal, sagt Erlanger, kocht er auch eine Fischsuppe. Seine Frau bringt einige Kartoffeln vom Kommando mit, dann haben sie wieder ein gutes Abendbrot.

Beim Arbeitseinsatz erhalte ich am folgenden Morgen 100 Gramm Brot, Schwerarbeiterzulage. Man teilt mich dem Hafenkommando zu. Auf einem großen freien Platz ist eine vieltausendköpfige Menge angetreten. Es gibt die verschiedensten Kommandos. Da arbeiten Juden bei der Reichsbahn und im SS-Lazarett, Juden sind beim Reichskommissar[24] im Schloß beschäftigt oder laden Holz für die SS-Dienststelle. Eine andere jüdische Einheit ist mit dem Nachschub der Verpflegung für die deutschen Truppen an der Front beschäftigt, ein wohlgenährtes, aber lebensgefährliches Kommando. Eine große Anzahl von Frauen arbeitet im Heeresverpflegungslager; alle schmutzigen, von der Front kommenden Kleidungsstücke werden dort sortiert und desinfiziert. Die Frauen bringen unter Lebensgefahr einige Kleidungsstücke, die sie versteckt am Körper tragen, mit ins Ghetto. Andere Kommandos, die mit Letten in Berührung kommen, tauschen dann die Kleidungsstücke gegen Lebensmittel. Eine Frau ist wegen Diebstahls von ein paar Handschuhen erschossen worden. Bei einem Mann aus dem Heeresverpflegungsmagazin fand man ein Päckchen Süßstoff, er erleidet den gleichen Tod. Trotzdem lassen sich die Menschen dadurch nicht abschrecken. Hunger ist stärker als alle Angst.

Jedes Kommando wird von einem lettischen Abholer geführt. Am Tor steht ein Jude. Er ruft den Namen des verlangten Kommandos. Im Vorbeimarschieren zählt der

Jude die Anzahl der Ausrückenden. Dann geht es an der Kommandantur vorbei, wo einige SS-Autos parken, zum Ghettotor hinaus.

Es ist ein schweres Kommando, dem ich zugeteilt worden bin. Wir müssen nassen, frisch gebaggerten Kies aus Kähnen ausladen. Militärfahrzeuge kommen an und holen den Kies ab, der für militärische Bauten verwendet wird. Man hat mich aufgeklärt, daß dieses Kommando ein gutes Tauschkommando ist, das heißt, daß wir Gelegenheit haben, mit vielen Letten in Berührung zu kommen.

Wenn der Kahn leer ist, kommt ein Schlepper. Wir fahren mit dem Kahn hinaus auf die Düna zum Bagger. Mitten auf der Düna bietet sich dann ein interessantes Bild. Sobald unser Kahn längsseits des Baggers festgemacht ist, kommen viele Letten aus der Kajüte des Baggers hervor. Ein reger Handel beginnt jetzt mit den angekommenen Juden. Alles wird getauscht, vom Hosenknopf bis zum Damenmantel. Damenwäsche und Strümpfe sind besonders gut bezahlte Artikel. Ein Teil der Juden muß sich fast ganz ausziehen, um die Tauschgegenstände ans Tageslicht zu bringen. Wir Juden dürfen beim Ausmarsch aus dem Ghetto nichts als einen Rucksack oder einen leeren Brotbeutel bei uns tragen. Krause soll neulich gesagt haben, er kann seine Juden getrost nackt in die Stadt schicken, sie kommen bestimmt im Frack und Zylinder zurück.

Wenn der Kahn wieder gefüllt ist, endet auch der Handel. Die eingetauschten Lebensmittel sind am Körper versteckt worden, es fällt einem schwer, so beladen zu arbeiten. Bei uns ist um vier Uhr der Arbeitstag beendet. Sehr viele treten den Heimweg mit klopfendem Herzen an. Die Gefahr der Kontrolle am Ghettotor ist sehr groß. Lagerpolizei steht da und visitiert jeden einzelnen. Frauen nimmt man manchmal mit auf die Kommandantur, wo sie sich ausziehen müssen. Heute geht alles gut. Ungehindert marschieren wir durch das Tor. Ein jeder von uns strebt seiner Schlafgelegenheit zu.

Zu Hause angekommen, beginne ich zu kochen, eine Grützensuppe. Das Holz dazu habe ich mir für eine Hundertgrammscheibe Brot eingehandelt. Holz ist ein sehr kostbarer Artikel. Viele Juden, die Gelegenheit haben, Holz ins Ghetto zu tragen, leben davon. Sie gehen von Tür zu Tür und fragen: „Wer braucht Holz? Wer braucht Holz?" Manche lassen sich für das Holz auch gekochte Speisen geben. Ich werfe einige Brotkrumen in die Grütze, damit sie schön sämig wird, gebe noch etwas Talg hinzu, und das Abendessen ist fertig.

Abends gehe ich spazieren. Viele Männer und Frauen, Pärchen begegnen mir, verhältnismäßig gut gekleidet. Sie tragen teilweise noch ihre eigene Kleidung aus Deutschland. Mädchen in hellen, luftigen Kleidern stehen am Zaun, der das deutsche Ghetto von dem lettischen trennt. Sie warten auf ihren Lettenfreund, der nur mit einem Ausweis des Polizeichefs das deutsche Ghetto betreten darf. Die Lettenfreunde sind sehr beliebt, sie haben gute Verbindungen in der Stadt, bringen viel Butter und Speck mit, und für Butter und Speck kann man im Ghetto alles haben. Fast jedes Mädel hat einen solchen Freund, der heißt Iska, Joffe oder Abraschka und Chaim. Man freundet sich sehr schnell an, wird sich bald einig. Manche schließen auch Ghettoehen, sie lassen sich dann beim Ältestenrat einschreiben.

Zwischen den Zäunen liegt die Bergstraße, die Hauptstraße des Ghettos. Langsam gehe ich sie hinauf, bis ich an das Ghettotor komme. Links vom Tor und noch im Ghetto gelegen, befindet sich das Lazarett. Dort gibt es weißbezogene Betten. Die Kranken werden von fachkundigen Schwestern gepflegt, nur Medikamente sind meistens nicht vorhanden. Dr. Aufrecht, ein Kölner Jude, ist Chefarzt und Chirurg. Die Verpflegung im Lazarett ist die gleiche wie im Ghetto. Magenkranke bekommen das gleiche schwarze Brot und am Mittag eine Rhabarberblattsuppe. Man erzählt mir, daß nur wenige dieses Krankenhaus gesund verlassen. In den meisten Fällen ist es gleichbedeutend mit Tod. Dr. Aufrecht hat in vielen

Fällen die Folgen des Geschlechtsverkehrs abzutreiben, da den Juden das Sexualleben verboten ist. Es gibt erschreckend viele derartiger „Blinddarmfälle".

Gegenüber, schon außerhalb des Ghettos gelegen, sehe ich ein großes, stattliches Gebäude. In dicken, goldenen, hebräischen Lettern lese ich „Linas Hazedek". Es ist das ehemalige jüdische Krankenhaus. Jetzt dient es zur Desinfizierung von verlausten Kleidungsstücken.

Arbeitskommandos kommen ins Ghetto zurück. Am Tor werden sie von dem sie begleitenden Letten dem Wachposten übergeben, der sie zählt. Die Zahl stimmt, ab! Die Leute versuchen, möglichst schnell von der Hauptstraße fortzukommen, da die Gefahr der Kontrolle hier am größten ist. Auf Seitenpfaden und schmalen Gassen verschwinden sie schnell von der Bildfläche. Einer geht auf der Hauptstraße weiter. Krause tritt gerade aus der Kommandantur.

„Komm her! Was hast du in deinem Rucksack?"

„Holz", erwidert der Jude.

„Laß sehen!"

Der Jude packt seinen Rucksack aus, entleert ihn direkt vor der Kommandantur. Jüdische Polizei ist auch schon da, aber heute ist keiner einzusperren, es ist wirklich nur Holz. Krause geht weiter.

Als wir am nächsten Abend wieder ins Ghetto zurückmarschieren, sehen wir schon von weitem, daß im Ghetto etwas nicht in Ordnung ist. Eine lange Schlange wartet vor dem Ghettotor. Es ist dicke Luft. Nur langsam bewegt sich die Schlange vorwärts. Auf der Straße sieht es wüst aus. Da liegen dutzendweise Weißbrote, kiloweise Butter im Dreck. Geld fliegt, vom Wind aufgewirbelt, herum, dazwischen liegen Schnapsflaschen und Kartoffeln, alles ist da, was der Mensch begehrt. Aber alles wird weggeworfen und zertreten, denn wenn bei jemandem diese Sachen gefunden werden, hat er die längste Zeit gelebt. Zwanzig Papirossi (russische Zigaretten) habe ich mir eingehandelt, die habe ich unter der Mütze versteckt. Auch ein viertel Pfund Butter habe ich unter dem Gürtel auf dem Rücken verstaut. Diese Sachen muß ich durchbringen, sonst habe ich morgen nichts zu essen.

Die SS macht Stichproben. Alle, die etwas ausgestopft aussehen, visitieren sie, aber nur flüchtig, denn vor dem Ghettotor ist eine zu große Ansammlung entstanden. Es muß schnell gehen. Ich komme gut mit meiner Butter nach Hause. Erlanger bekommt die Hälfte davon ab, dafür gibt er mir Brot. Am folgenden Tag erzählt man sich, daß sie gestern einige Frauen verhaftet haben. Man hat ihnen die Haare geschoren und ihnen Schilder umgebunden, auf denen zu lesen stand: „Wir haben getauscht. Wer tauscht, dem geht es wie uns." So haben sie einige Stunden vor der Kommandantur stehen müssen. Jetzt sind sie im Bunker, man weiß nicht, was aus ihnen wird.

Auf einem Schild im Arbeitseinsatz lese ich: „Faustvorlesungen von Professor Weil, langjähriger Dozent an der Wiener Universität. Sonntagnachmittag, Hannover Haus 2, 4 Uhr." Als ich ankomme, ist dort nur ein kleiner Kreis versammelt. Professor Weil deklamiert einige Stellen aus dem „Faust", um sie dann sehr interessant zu erläutern. Er ist schon ein alter Mann, er hustet viel und macht im ganzen einen heruntergekommenen Eindruck. Anschließend entwickelt sich eine kurze Diskussion über das behandelte Thema. Beim Weggehen läßt jeder auf dem Stuhl etwas liegen, der eine ein paar Kartoffeln, der andere ein Stückchen Brot.

Auch Referate über jüdische Geschichte höre ich im Ghetto. Da spricht ein Lehrer über das Thema „Von der Zerstörung des Tempels bis zur Gegenwart". Es ist eine Folge von verschiedenen Referaten, die in der Schule der Berliner Gruppe stattfinden. Hier versammelt sich regelmäßig ein größerer Kreis, denn der Referent spricht interessant und lehrreich, er versteht, seine Zuhörer zu packen.

Leiser, der Ghettoälteste, inszeniert selbst „Jeremias" von Stefan Zweig. Karten für diese Vorstellungen sind nur sehr schwer zu erhalten, man muß sie wochenlang vorher im Büro des Arbeitseinsatzes bestellen. Wie man mir erzählt, spielt das Stück immer vor dicht besetztem Haus. Einige hervorragende lettische Künstler wirken mit, und sogar Kostüme sind vorhanden. Krause soll auch da gewesen sein, und es hat ihm scheints gut gefallen. Leider habe ich nicht die Möglichkeit, diese Vorstellung zu besuchen, da das Stück immer gegeben wird, wenn ich bei der Arbeit bin.

Neben dem Schild, das die Faustvorlesungen ankündigt, ist eine Bekanntmachung angeschlagen: „Der Jude Josef Strauss aus Düsseldorf ist wegen überführten Tauschhandels zum Tode verurteilt worden. Das Urteil ist vollstreckt. Der Polizeichef, gez. Haar."

„Wegen unerlaubtem Besitz von Devisen wurde der lettische Jude Chaim Hotzner, geb. am 11. 10. 1920, zum Tode durch Erschießen verurteilt. Das Urteil ist vollstreckt. Der Polizeichef, gez. Haar."

Die jüdische Polizei erscheint mir immer wie Marionetten. Vor einigen Tagen sah ich den Polizeichef Haar in der Prager Straße gehen. Zwei jüdische Polizisten kamen ihm entgegen, standen stramm und machten Meldung. Dann grüßten sie militärisch und gingen weiter.

Von Haar erzählt man sich eine sonderbare Geschichte. Augenzeugen wollen wissen, daß Haar dem Ghettokommandanten Krause das Leben gerettet hat. Ein lettischer Posten soll auf Krause angelegt haben, Haar sprang dazwischen und schlug dem Posten das Gewehr aus der Hand. Dafür ist er von Krause zum Polizeichef ernannt worden.

Man hat mich in ein anderes Kommando gesteckt; das Hafenkommando ist aufgelöst worden, man sagt uns, daß die Bauten fertiggestellt sind. In dem zerstörten Teil Rigas, hauptsächlich an der Dünabrücke, klopfen wir mit ungefähr zweihundert Juden Steine. Es ist eine eintönige, langweilige Beschäftigung, besonders im strömenden Regen ist es kein Vergnügen. Das in den Trümmern freigelegte Holz dürfen wir mit ins Ghetto nehmen. Ich hacke es immer ofenfertig klein, so bekomme ich mehr Brot dafür.

Abends finde ich einen Zettel vom Arbeitseinsatz vor, ich soll mich heute nacht um vier Uhr auf der Kommandantur einfinden. „Holzladen für die SS. Dauer der Abwesenheit: ungefähr vierzehn Tage. Der Arbeitseinsatz Hannover, gez. Steg."

Ich gehe in das Büro des Arbeitseinsatzes und sage, daß ich ja kaum erst zwei Monate im Ghetto bin, und bitte Steg, mich vorläufig im Ghetto zu lassen. Er sagt, daß er gerade die Leute, die aus Salaspils kommen, für das Holzkommando ausgesucht habe, weil es dort sehr viel zu essen gebe; ich käme rund und dick wieder.

Nachts finden sich zehn Leute auf der Kommandantur ein. Zwei SS-Unterscharführer kommen mit einem kleinen Sanitätsauto, in dem hinten für einen Kranken Platz ist, vorgefahren. Wir zehn werden da hineingepreßt. Am Bahnhof erwarten uns zwei andere SS-Männer. Wir fahren bis kurz vor Leningrad, sagt der eine zu unserem Kolonnenführer, ungefähr 400 Kilometer.

Ein Personenabteil wird für uns freigemacht, wir fahren wie Menschen. Die Ghettoverpflegung haben wir für vierzehn Tage mitbekommen, sie ist in einem Sack oben im Gepäcknetz verstaut. Die Fahrt ist endlos. An jeder kleinen Station hält der Zug. Manchmal schmeißen die im Nebenabteil sitzenden Unterscharführer einige Zigaretten über die Rückwand der Sitze in unser Abteil. Auch einige Brote geben sie uns.

Es ist eine eintönige Landschaft, durch die wir fahren. Nur flaches Land, ohne jede Erhebung, Wiesen, auf denen viel Vieh weidet, dann wieder unbebaute, brachliegende Felder.

Am Abend sind wir in Schwanenburg. Man sagt uns, daß der Zug nicht weiterfährt, wir müssen hier übernachten. Man findet eine leere Holzhütte direkt am Bahnhof gelegen, dort werden wir über Nacht eingesperrt. Etwas Stroh bekommen wir von einem benachbarten Bauern. Die ganze Nacht sitzen wir, eng aneinander gepreßt, auf dem Boden. Es wird frühzeitig kalt hier oben im Norden. Die eisige Luft dringt durch die Fugen der schlecht aneinander gefügten Bretter.

Morgens in aller Frühe geht die Fahrt weiter, diesmal in offenen Güterwagen. Die Landschaft wechselt. Schon einige Stunden fahren wir durch eine sehr waldreiche Gegend. Links und rechts der Schienen, soweit das Auge reicht, Wald, nichts als Wald. Der Wald zieht mich an, erinnert an Ruhe, an Geborgensein, an gemeinsame Spaziergänge, die weit zurückliegen.

Einer erinnert uns, daß heute *Jom Kippur*[25] ist. „Für uns ist jeden Tag Jom Kippur", meint ein anderer lakonisch.

Am Spätnachmittag kommen wir an der Endstation der Eisenbahn, Schiguri, einem kleinen Dorf, ungefähr hundert Kilometer von Leningrad entfernt, an.

„Über Nacht bleibt ihr in dem Waggon", sagt der größere der SS-Männer. „Morgen bringt uns eine Schmalspurbahn an die Arbeitsstelle. Übrigens, wer den Waggon nach Einbruch der Dunkelheit verläßt, wird unweigerlich erschossen. Hier ist Frontgebiet", fügt er erklärend hinzu. „Ihr wißt, für einen, der abhaut, müssen zehn andere dran glauben. Richtet euch danach."

Wir finden schnell Kontakt mit russischen Eisenbahnarbeitern. Sie kommen zu uns, wollen tauschen. Einer von uns hat schon im fahrenden Zug mit dem Schaffner ganz gute Geschäfte gemacht, jetzt blüht der Handel. Einer der Russen zeigt auf mein Hemd. „Chleb" (Brot), frage ich ihn. Er schüttelt den Kopf, versucht, mir etwas zu erklären. Schließlich findet er einen Ausweg. „Kikeriki", kräht er einige Male, und alles lacht. *„Skolko"* (wieviel), frage ich weiter. Er zeigt mit der Hand: zwanzig. *„Karascho, tovarischi"* (gut, Genossen), sage ich und ziehe mein Hemd aus, nachdem er mir die zwanzig Eier aus seiner Unterkunft geholt hat. Jetzt esse ich Eier, die ich schon ein Jahr nicht mehr gesehen habe, in allen Variationen. Einige trinke ich roh, andere werden im Kochgeschirr weich oder hart gekocht. Wir kochen vor unserem

Waggon auf zwei Ziegelsteinen. Einer hält immer Wache, damit wir nicht von unseren Unterscharführern überrascht werden. Der Handel geht lustig weiter. Hier im Urwald erhalten wir wenigstens gute Preise. Einer versucht mit allen ihm zur Verfügung stehenden Sprachen seinen alten Mantel zu verkaufen. Am meisten spricht er mit den Händen. Der Russe kauft endlich, gibt ihm ein Kilo Butter, drei Eier und ein großes Bauernbrot. Für den ist heute kein Jom Kippur.

Die Russen sind gutmütige, hilfsbereite Menschen. Sie deuten auf unseren Stern, wollen wissen, was der bedeutet. „Ivreh" (Jude), erklären wir ihnen. *„Ivreh Karascho"*, sagen sie und beginnen, Juden aus der russischen Politik aufzuzählen: „Litwinow, Karamasov, tosche Ivreh. Ivreh karosch. Partisan tam", und dabei deutet einer auf den Wald. Viele Partisanen, sagen sie. „Sie sind unsere Freunde."

Die Nacht ist wieder kalt und ungemütlich. Es fängt an zu regnen. Wir stecken den Kopf unter die Wolldecke und erwarten sehnsüchtig den Morgen.

Schon einige Stunden fahren wir durch den herrlichsten Wald. Ab und zu hat der Mensch Lücken geschlagen. Das Holz liegt aufgestapelt in der Nähe der Schienen. Unsere künftige Arbeit ist, es aufzuladen.

Mittags sind wir am Ziel. Auf dem Heuboden einer Scheune werden wir untergebracht, es ist ein kleiner, einsamer Bauernhof, der uns aufgenommen hat. Das Wohnhaus der Bauern, eine Scheune und ein Stall mit einigen Stück Vieh ist der ganze Besitz, der mühsam dem Walde abgerungen wurde.

Schon ganz kurz nach unserer Ankunft geht es im Laufschritt querfeldein über Wurzeln und Gräben zur Arbeit. „Ihr habt lange genug gefaulenzt, jetzt wollen wir euch mal zeigen, was gespielt wird."

Je zwei Mann bekommen zwei Stangen in die Hand. Die Holzscheite werden auf ihnen aufgetürmt, und dann geht es ungefähr fünfzig Meter weit über Gestrüpp und Wurzeln an die Schienen. Es ist verdammt schwer, weil es frisch geschlagenes Holz ist. Dazu die elende Treiberei der mit ihren Stöcken dabeistehenden SS-Leute. Hier im Urwald sind sie Könige, hier können sie mit uns machen, was sie wollen. Besonders der Kleinere hat es auf mich abgesehen. Er merkt, daß ich nicht ganz so kräftig bin wie meine Kameraden. Es macht ihm Spaß, immer einige zusätzliche Scheite Holz auf die Stangen zu legen, so daß ich fast unter der Last zusammenbreche. Es kommt vor, daß das schlecht auf den Stangen liegende Holz herunterrutscht. Dann ist er sofort da und bearbeitet uns mit seinen blankgeputzten Schaftstiefeln. Es ist Sklavenarbeit im ärgsten Sinne. Beim Aufladen auf die Waggons ist die Arbeit nicht so zu übersehen; es ist nur ein Glück, daß man sich dabei etwas ausruhen kann, noch dazu, wo der eine der zwei Unmenschen ab und zu auf die Jagd geht, so daß wir nur der Aufsicht des einen überlassen sind. Wir sehnen den Tag herbei, an dem wir diese sonst so friedliche Umgebung wieder verlassen können, die diese Ungeheuer uns zur Hölle machen.

Nachdem wir unsere Arbeit beendet haben, erkennen wir die Ursache der Hetzerei: Man wollte Zeit gewinnen, um uns noch auf eigene Rechnung an die umliegenden Bauernhöfe zur Kartoffelernte zu verkaufen. Dabei stehen die beiden SS-Männer hinter uns, passen auf, daß ja keine Kartoffel liegenbleibt, was bei dem schnellen Sammeln unvermeidbar ist. Wenn sie eine gefunden haben, rufen sie uns zurück, deuten mit der Spitze ihrer nicht mehr ganz so blank aussehenden Stiefel auf die am Boden liegende Kartoffel und treten uns in den Hintern, während wir im Begriff sind, die übersehene Kartoffel aufzulesen.

Meistens geben uns die gutmütigen Bauern etwas zu essen, während die SS mit vollgestopften Beuteln und Taschen hinter uns hergeht. Meine zweite Hose verkaufe ich noch schnell an die Bäuerin, bevor wir wieder abfahren. Zwei Kilo Butter, zwei große Bauernbrote und so viel gute Milch, wie ich trinken kann, gibt sie mir dafür. Ich weiß nicht, wohin mit der ganzen Butter. Solche fetten Brote habe ich schon lange nicht mehr gegessen. Aber lange kann man nicht so viel Fett essen, es wird einem schnell zuwider. Im Ghetto, so beschließe ich, werde ich eine neue Hose beim Ältestenrat beantragen. Die andere habe ich bei der Arbeit zerrissen, werde ich Fleischel sagen.

Auf der Rückfahrt ist mir schon bedeutend wohler. Wir fahren auf vollbeladenen Waggons aus dem Wald hinaus, als die Dämmerung hereinbricht. Wir liegen auf den Holzscheiten und träumen. Einige russische Gefangene gesellen sich zu uns, fangen an zu singen. Es ist Friede um uns. Der Rucksack mit der Butter liegt unter meinem Kopf, und ich habe die Wolldecke über mich gebreitet. Es ist eine herrliche Fahrt durch den schweigenden Wald. Ich bedauere es, als wir Schiguri wieder erreichen. Dort steht schon ein leerer Waggon für uns bereit. Wir werden an einen Fronturlauberzug angehängt. Schon am folgenden Morgen fahren wir auf dem Hauptbahnhof in Riga ein.

Wir freuen uns erst, als wir wohlbehalten mit unseren Rucksäcken in den schmalen Seitengassen des Ghettos verschwunden sind.

Es ist ein Sonntagmorgen. Man sieht Kinder an der Hand ihrer Eltern spazierengehen. Andere stehen an der Hauptstraße und erwarten ihre Angehörigen, die mit den Kommandos von der Arbeit ins Ghetto zurückkehren. Auf meinem Weg zu meiner Schlafgelegenheit sehe ich Juden, die mit dem Ausheben von Müllgruben beschäftigt sind; andere hacken Holz, um sich ihre Mittagsmahlzeit bereiten zu können.

Am Nachmittag mache ich einige Besuche. Stefan freut sich sehr, als er mich wiedersieht. Wir waren in Salaspils gute Kameraden. Viele Jungen und Mädel sind bei ihm versammelt. Man tanzt vor einem Grammophon; wer weiß, wo sie die modernen Tanzplatten herbekommen haben. Stefan holt aus Freude über meinen Besuch eine mit klopfendem Herzen ins Ghetto geschmuggelte Flasche Wodka hervor; wir stoßen an, trinken auf unsere

Freiheit. Eine sehr gemütliche Stimmung entsteht. Menschen finden zueinander, vergessen für einige wenige Stunden die Ausweglosigkeit ihrer Zukunft.

Oktober 1942

Am nächsten Morgen werde ich dem Kommando „SS-Dienststelle" zugeteilt. Eine Abteilung lädt das Holz aus den Waggons in die bereitstehenden Autos. Es wird auf dem Jungfernhof abgeladen, wo die SS ein Vorratslager errichtet. Nach zehn Monaten betrete ich den Jungfernhof zum zweiten Male. Ich bin erstaunt über die mustergültige Ordnung, die ich hier vorfinde. Sauber eingefaßte Wege und Grünanlagen geben dem Hof ein freundliches Aussehen. Dort, wo das Gepäck gestapelt war, befindet sich jetzt ein Feld mit ausgereiftem Kohl. Die auf dem Hof noch beschäftigten Juden sind mit der Einbringung der Kartoffelernte beauftragt – alles gesunde, kräftige Menschen. Einige jüdische Gespannführer kehren mit vollbeladenen Kartoffelwagen von der Feldarbeit zurück. Die Pferde werden zur Tränke geführt. Arbeitskommandos kehren von der Feldarbeit ins Lager zurück. Es ist Mittag.

Plötzlich steht Sascha vor mir, ein *Chawer* (Freund) aus Paderborn.

„Hallo, Jo, du hier! Ich hatte schon geglaubt, du lebst nicht mehr. Damals bist du doch mit nach Salaspils gegangen. Da sind nicht viele wiedergekommen. Los, erzähle mir, wie es dir ergangen ist. Doch ich will erst schnell meine Suppe fassen, gleich bin ich wieder da."

Wir sitzen auf zwei Holzscheiten, mit dem Rücken an das gestapelte Holz gelehnt. Sascha löffelt seine Suppe, ich erzähle ihm kurz, was ich in der Zwischenzeit erlebt habe.

„Ja, Jo, auch von hier gibt es viel zu erzählen. Damals, als du den Jungfernhof verließt, ernährten sich die Juden hier aus mitgebrachten Vorräten. Doch sie waren bald aufgebraucht. Verpflegung durch die SS bekamen wir nicht. Die SS fand eine Lösung, du wirst sicher davon gehört haben. Dünamünde heißt sie, angeblich an der Mündung der Düna in die Ostsee gelegen. Sicher kennst du die verschlossenen blauen Autos, die am Donnerstag, dem 26. März, hier angefahren kamen. Dann wurde aussortiert. Eine Kommission war hier, mit Krause und Lange an der Spitze. Ungefähr vierhundert Menschen sind hier geblieben, alles andere kam in das angebliche Fischerdorf. Sie wurden, bis die Autos kamen, in der großen Männerbaracke eingesperrt. Dann fuhren die Autos alle Viertelstunde. Carlebach sollte dort Lagerältester werden, zusammen mit Klehmann. Man erzählte den ausgewählten Juden, daß sie dort in Fischfabriken arbeiten und auch Fischnetze herstellen würden. Meine Eltern sind auch mitgegangen. Ich habe mich dann freiwillig gemeldet. Aber Seckt, unser Kommandant, hat mich nicht mitgelassen. Aber meine achtzehnjährige Schwester ist dabei, ich bin allein zurückgeblieben. Jo, hättest du dir so etwas träumen lassen? Nie hätte ich es für möglich gehalten. Aber was kann man machen? Uns geht es jetzt ganz gut. Seit dieser *Aktion* ist hier keiner mehr erschossen worden. Neulich hat Seckt mal einen beim Tauschen erwischt. Er hat gesagt, er hat schon Tausende auf dem Gewissen, ihm kommt es auf einen nicht mehr an. Doch er hat ihn laufen lassen . . ."

„Sascha, ich habe eine Bitte an dich. Zeige mir das Massengrab, ich möchte gerne *Kaddisch*[21] sagen. Meine Mutter liegt hier."

An der großen Männerbaracke vorbei, die jetzt zum Unterstellen von landwirtschaftlichen Maschinen benutzt wird, gehen wir hinaus auf das freie Feld. An einem Kartoffelfeld bleibt Sascha stehen.

„Wenn du ungefähr zwanzig Meter in das Feld gehst, kommst du an das Grab, der Boden hat sich dort etwas gesenkt."

Über schon braun werdende Kartoffelstauden hinweg komme ich an die mir beschriebene Mulde. Kartoffeln sehe ich, weiter nichts als Kartoffeln, mir scheint, als ob sie in der Mulde besser gediehen ... Ich sage *Kaddisch: yiskadal, vyiskadasch, schmeh rabo.*[26]

Auf dem Weg zurück ins Lager erzählt mir Sascha, daß dort ungefähr siebenhundert Menschen liegen.

Die Arbeit in der SS-Dienststelle ist sehr schwer. Alles hat im Laufschritt zu geschehen, jeden SS-Mann hat man zu grüßen. Immer heißt es „schnell, schnell" und „los, los, ist der Waggon noch nicht leer. Ihr Sauhunde bewegt euch ja wie die Schnecken. Du, Kleiner, dir mach ich aber gleich Beine, wenn du dich nicht schneller bewegst. Und du, Itzig, treibst dich den ganzen Morgen schon auf dem Lokus herum, das paßt dir wohl so." Es knallt.

Shabbath, 14. Oktober 1942

Wie immer sind wir morgens angetreten. Wir stehen auf dem Appellplatz, warten auf den Abholer von der SS. Plötzlich zieht eine Hundertschaft SS feldmarschmäßig ausgerüstet, Maschinenpistolen in der Hand, in das Ghetto ein. Die lettische jüdische Polizei wird zusammengetrieben. Man sperrt sie in der Kommandantur ein. An allen Straßenkreuzungen steht SS. Das Ghetto ist von einer anderen Hundertschaft lettischer SS umstellt. Alle das Ghetto verlassenden Kommandos werden nach Waffen durchsucht. Es heißt, man hat im lettischen Ghetto einige Waffenlager entdeckt. Alle Juden, bei denen man Tauschartikel oder sonst etwas Verbotenes findet, werden unter Bewachung auf den lettischen Appellplatz geführt. Sie knien dort im Sand und müssen die Hände in die Höhe halten. Besonders hat man es auf lettische Jugendliche abgesehen, aber auch viele alte Männer sehe ich im Vorbeimarschieren dort knien. Nachdem auch das deutsche Ghetto durchsucht worden ist, werden alle auf dem lettischen Appellplatz zusammengetriebenen Juden unter starker Bewachung aus dem Ghetto hinausgeführt. Nur ihre Kleidung ist zur Entlausung zurückgekommen.

Im Ghetto spielen sich unterdessen wüste Szenen ab. Die lettische jüdische Polizei, alles blutjunge, kräftige Menschen, werden von der SS auf einen freien Platz im Ghetto geführt. Es sind ungefähr fünfzig Juden. Ein Grab ist bereits für sie gegraben. Doch sie wehren sich ihrer Haut. Sie gehen unbewaffnet auf die SS los und werden im Kampf erschossen. Einer versteckt sich in einem Kamin, man findet ihn beim Heraustreten, und dann ist es auch um ihn geschehen. Es soll auch bei der SS einige Verletzte gegeben haben. Das lettische Ghetto wird unter deutsch-jüdische Verwaltung gestellt; auch für den Arbeitseinsatz der lettischen Juden wird ein deutscher Jude bestimmt. Die Elite der lettischen Jugend ist vernichtet.

Am nächsten Tag ist das Leben im Ghetto wieder normal. Die Arbeitskommandos rücken wie gewöhnlich aus, das Ghettoleben in seiner Trostlosigkeit geht weiter. Bei der jetzt einsetzenden Kälte merkt man die schlechte Ernährung doppelt, dazu noch die mangelhafte Kleidung und das schlechte Schuhzeug. Es gibt jetzt auch schon Läuse im Ghetto, denn ohne Seife und genügend heißes Wasser kann der Mensch sich bei diesen Arbeitsbedingungen nicht sauberhalten. Viele Menschen sterben eines natürlichen Todes infolge der Unterernährung. Ich bin deshalb ganz erfreut, als ich vom Arbeitseinsatz den Befehl erhalte, mich am 22. Oktober auf dem Appellplatz zur Abfahrt nach Libau einzufinden.

Libau

Langsam bewegt sich ein kleiner Zug von ungefähr hundertundsechzig Juden, Männern, Frauen und Kindern dem Rigaer Bahnhof zu. Bepackt mit ihrer letzten Habe ziehen sie durch die noch menschenleeren Straßen der Stadt. Es ist kalt. Die Frauen haben sich ihre Kopftücher fest um den Kopf gewickelt, ihre Hände sind in Männerhosen vergraben, einen Rucksack mit dem Nötigsten tragen sie auf dem Rücken. Wir dürfen nur einen Satz Unterwäsche und zwei Paar Strümpfe mitnehmen. Beim Ausmarsch aus dem Ghetto heißt es, die SS werde kontrollieren. Es ist nur eine Finte, aber nach den letzten Vorfällen im Ghetto sind wir etwas vorsichtiger geworden.

Drei Güterwagen stehen am Bahnhof bereit, je sechzig Menschen werden in einen hineingepfercht, die Türen von außen verriegelt. Beim Verriegeln sagt der Postenführer: „Ihr wißt doch, für einen zehn."

Es ist furchtbar eng in den Wagen, alles flucht und schimpft in vielen Sprachen durcheinander. Da sind lettische, russische, polnische, tschechische und eine kleine Anzahl litauischer und deutscher Juden. Alles spricht in der Muttersprache, es ist ein wüstes Kauderwelsch. In einer Ecke fangen einige an zu singen, sie singen jiddische Lieder, immer mit dem Refrain „Mädele, heb of dein Kleidele, zeig was du hast." Einige Wiener Juden singen mit bewundernswerter Ausdauer das Postkutschenlied. Alles singt oder schreit, dazwischen dröhnt das Geratter der quietschenden Güterwagen, es ist ein Höllenspektakel. Einige russische Juden singen patriotische russische Lieder, alles singt laut mit „Moskwa maja lubimaja". Ich habe das Gefühl, daß alle Herzen höher schlagen, denn in der Ferne, ganz weit noch, steht die russische Front.

Die Nächte sind furchtbar, ganz eng aneinander gekauert sitzen wir da, um uns gegenseitig durch unsere Körper zu wärmen, denn es zieht durch die Türen und Ritzen der Seitenwände. Neben mir sitzt ein Wiener Mädel. Sie sagt mir, nachdem wir uns eine kurze Zeit unterhalten haben, daß sie katholisch erzogen worden ist. Sie hätte in Wien die Klosterschule besucht. Schon als Kind sei sie getauft worden. Und in der heraufbrechenden Dämmerung des Tages zeigt sie mir ihr kleines goldenes Kreuz, das sie an einem Kettchen um den Hals trägt. Mich stören die ganzen katholischen Keuschheitsgelübde wenig; sie sitzt neben mir und wärmt sich, meinetwegen kann sie irgendeiner mohammedanischen Sekte angehören, wir verstehen uns trotzdem gut. Sie schneidet mir mein Brot und streicht mit Talg darauf; heißen Kaffee hat sie auch in einer Thermosflasche, es fährt sich so ganz angenehm. Bloß der auf der anderen Seite sitzende Litvak stört mich, er hat zuviel Zwiebel und Knoblauch bei sich, das paßt gar nicht zu meiner gehobenen Stimmung.

So fahren wir zwei Tage und zwei Nächte, zwischendurch stehen wir stundenlang auf kleinen Stationen, dann werden die Wagen geöffnet, damit wir uns erleichtern können. Mit Hygiene hat das Ganze nichts zu tun. Jedenfalls sind wir froh, als wir endlich am Ziel sind und uns wieder aufrichten können, denn der Rücken schmerzt vom vielen Sitzen.

Wir ziehen durch die noch dunklen Straßen Libaus. Die Häuser in der Bahnhofstraße sind zum größten Teil zerstört. Zum ersten Mal sehe ich die Folgen des Krieges. Ein neben mir gehender Tscheche meint, die Häuser seien wie unser Leben: zerstört, und was übriggeblieben ist, sind Ruinen, auch das paßt auf uns, wir seien menschliche Ruinen. Es ist in der Tat ein Zug des Elends, der da durch den grauen Morgen wandert. Unsere Kleidung und unser Schuhzeug sind zerrissen und zerfetzt. Wir machen den Eindruck von ganz verkommenen Menschen. Dazu sind wir übernächtigt, ungewaschen und unrasiert. Auch die Posten schreiten langsam und müde daher. Sie gehen auf dem Bürgersteig, ohne wie sonst zu schreien und zu treiben. Man merkt es ihnen an, daß auch sie erschöpft sind.

Je näher wir dem Ghetto kommen, um so mehr Juden begegnen uns, die sich schon während der frühen Morgenstunde zur Arbeit begeben. Sie tragen auf der Brust und auf dem Rücken den *Magen David* (Davidstern). Mir fällt auf, daß sie sich ohne Posten außerhalb des Ghettos bewegen dürfen. Nur ein jüdischer Kolonnenführer ist mit ihnen.

Bald ist das Ghetto erreicht, umgeben von einem hohen Stacheldrahtzaun, der jedem den Zutritt in das Innere des Ghettos verwehrt. Große Schilder sind angebracht, auf denen zu lesen ist, daß es schärfstens verboten ist, mit den Insassen in Berührung zu treten. Bei Zuwiderhandlungen macht der Posten von der Schußwaffe Gebrauch. Das Ghetto macht einen sauberen Eindruck, die Straßen sind gefegt, es erinnert nichts an die Armut von Riga.

Sobald die einheimischen Juden uns Neuankömmlinge bemerken, beginnt ein geschäftiges Leben und Treiben hinter dem Zaun. Schon nach kurzer Zeit reichen sie uns heißen Kaffee durch die Quadrate des Stacheldrahtzauns. Manche verteilen ihre Frühstücksbrote unter uns. Sie sind gut belegt mit Butter und Käse. Es ist alles so selbstverständlich. Dabei fällt mir ein junges Mädel auf, von mittlerer Größe, schlank und graziös in seinen Bewegungen. Sie läuft hinter dem Zaun hin und her, reicht diesem und jenem aus verschiedenen Bechern heißen Kaffee, als ob es jeden Tag ihre Aufgabe sei, armen, heimatlosen Juden eine Erfrischung zu reichen. Doch ihre Züge sind ernst und vergrämt, von einem tiefen, verhaltenen Weh zeugend.

„Möchtest du auch eine Tasse Kaffee?" spricht sie mich in fließendem Hochdeutsch an, nachdem sie einige Augenblicke vorher sich mit einem russischen Juden fließend auf Russisch unterhalten hatte. Ich bin gebannt von dem tiefen Blick ihrer braunen Augen, die mich schier durchbohren wollen.

„Du bist ein deutscher Jude?" fragt sie weiter, nachdem sie mir eine Tasse Kaffee gereicht hat.

Ich bejahe. Ein verhaltener Groll bricht aus ihr hervor.

„Ihr seid es ja, die uns dieses Unglück gebracht haben", stößt sie zornig hervor. „Und jetzt kommt ihr auch noch hierher, um uns unsere Ruhe zu nehmen."

Ich will etwas auf diese Anschuldigungen erwidern, aber schon ist sie in einem der angrenzenden Häuser verschwunden. Durch die nun folgende Einordnung von uns werde ich abgelenkt, aber auf einen solchen Empfang war ich nicht vorbereitet.

Jeder, der durch das Ghettotor geht, erhält eine Nummer, gleichzeitig werden wir in verschiedene Arbeitsgruppen eingeteilt und in einem separat liegenden Haus untergebracht. Die Zimmer sind ganz wohnlich, einige Feldbetten, ein Ofen, ein Tisch und ein paar Stühle sind die Einrichtung. Ich liege mit zwei Wienern zusammen und je einem Jungen aus Köln und aus Kassel. Im Hof entdeckt einer einen Holzstall, noch dazu gefüllt, und bald prasselt ein lustiges Feuer in unserem kleinen eisernen Ofen. Unser Kolonnenführer, Einstein, der uns noch aus Salaspils gut bekannt ist, erscheint, um uns einen Befehl des Ghettokommandanten, Polizeiwachtmeister Kerrscher, zu übermitteln. Vorläufig, so heißt es, ist es allen aus Riga angekommenen Juden verboten, das lettische Ghetto zu betreten.

Einstein wirkt auf mich recht harmlos. Er hat viel von dem Stolz eines Lagerältesten eingebüßt. Mit einem Empfehlungsschreiben von dem Kommandanten Nickel in Salaspils kam er ins Ghetto. Man wollte ihn los sein, so schickte man ihn als Kolonnenführer der deutschen Juden nach Libau. Als er das zweite Mal in unser Zimmer kommt, fällt ihm wie zufällig ein Topf mit Wasser von der angelehnten Tür auf den Kopf. Ohne zu schreien oder zu schlagen zieht er ab.

Die einheimischen lettischen Juden bringen uns Suppe in großen Milchkannen, dazu Brot und Kartoffeln. Alle Augenblicke klopft es. Junge hübsche Mädel stehen draußen und fragen, ob wir etwas zu essen haben wollen oder ob uns etwas an Kleidung fehlt.

„Schämt euch nicht“, erklärt ein großes, blondes Mädel, „sagt uns, was ihr braucht. Soweit wir haben, werden wir euch geben. Heute kommt ihr zu uns, morgen können wir schon zu euch kommen. In Skeden, wo die neuntausend anderen Libauer Juden liegen, sind wir sowieso alle gleich.” Dann verteilt sie heiße Milch an uns und geht.

Das Libauer Ghetto ist ein Frauenghetto. Siebenhundert Frauen und zweihundert Männer sind übriggeblieben von den Pogromen beim Einzug der Deutschen. Sie hatten sich zum Teil versteckt und waren rein zufällig am Leben geblieben, wie mir Chaim, ein aus Leningrad gebürtiger junger Mensch, berichtet.

Am folgenden Morgen beginnen wir die Tätigkeit in der Zuckerfabrik, wo wir in drei sich ablösenden Schichten arbeiten. Alle anderen Juden sind mit dem Ausladen der Zuckerrüben aus den Güterwagen in die wassergefüllten Kanäle beschäftigt. Von dort aus werden die Rüben in die Fabrik geschwemmt, kleingeschnitzelt und am laufenden Band in die fünf Tonnen großen Behälter befördert. Durch Erhitzen wird den Schnitzeln der Zucker entzogen, die Überreste werden auf Loren aus der Fabrik gefahren und in bereitstehende Güterwagen verladen. Sie werden als Viehfutter verwendet. Der Saft wird durch Kochen weiter eingedickt, Sirup entsteht als Abfallprodukt, und ganz unten läuft der kristallklare Zucker am laufenden Band in die bereitgehaltenen Säcke.

Ich arbeite an der Rübenpresse, mit zwei anderen Letten zusammen, nur mit Turnschuhen und einer Turnhose bekleidet. Unsere Aufgabe ist, die Schnitzel in die Behälter zu füllen und zu kochen. So geht es ununterbrochen acht Stunden lang, bis die nächste Schicht zur Ablösung kommt. Wir haben vollwertige Arbeit zu leisten. Die Behandlung durch die Letten ist korrekt.

In den ersten Tagen nimmt keiner von uns Zucker mit ins Ghetto, man muß erst sehen, was sich tut. Doch bald ist es so, daß die beim Zucker beschäftigten Juden alle anderen mit Zucker beliefern, obwohl das natürlich strengstens verboten ist. Schon nach einigen Tagen wird ein lettischer Jude beim Diebstahl erwischt. Von der Fabrikleitung wird er irrtümlich, wie der Direktor der Zukkerfabrik sich ausdrückt, statt dem Ghettokommandanten dem SD[27] gemeldet. Am nächsten Tag wird er im Ghetto verhaftet, und einige Tage später stirbt er.

Doch unser lettischer Kolonnenführer findet einen anderen Weg. Man beginnt, die am Ausgang der Fabrik stehenden lettischen Posten zu bestechen – Damenstrümpfe und Unterkleidung gibt man, manchmal auch Geld, und dann schleppen alle ungehindert jeden Tag einige Pfund Zucker aus der Fabrik. Im Ghetto wird er für 40 Mark das Pfund verkauft oder gegen Butter und andere Lebensmittel eingetauscht. Da die Verpflegung überhaupt besser ist als in Riga, fehlt es uns an nichts.

Auch die Presse, an der ich arbeite, ist sehr nahrhaft. An einem Hahn kann man den schon eingedickten Zuckersaft in Gläser und Flaschen ablassen. Viel trinken kann man davon nicht, aber er kräftigt und ist nahrhaft. Noch einen anderen Vorteil hat die Fabrik: Nach der Arbeit können wir herrlich warm duschen, so daß wir verhältnismäßig sauber und gepflegt die Fabrik verlassen können. Zehn Minuten haben wir über ein freies Feld an die Eisenbahnstation zu laufen, dann fahren wir zwanzig Minuten mit dem Zug, um dann noch eine halbe Stunde vom Bahnhof ins Ghetto zu marschieren.

Im Ghetto gibt es jeden Tag neue Aufregung. Auf der Straße hat man eine von der Arbeit heimkehrende Frau verhaftet. Sie hinterläßt zwei Kinder im Alter von vier und sechs Jahren. Am folgenden Tag – ich befinde mich gerade auf dem Weg zur Nachmittagsschicht von vier bis zwölf Uhr – sehe ich, wie ein Auto mit SD ins Ghetto einfährt. Der Ghettoälteste, Israelit, ein ehemaliger Großkaufmann, und sein Stellvertreter, Kiganky, werden gerufen.

„Israelit“, schreit der berüchtigte Hanke vom SD ihm entgegen, „bring mir die zwei Kinder von der Rubinstein.“

Ich sehe Israelit in einem nahegelegenen Hause verschwinden und sofort mit zwei warmgekleideten Kindern an der Hand wieder herauskommen. Als die Kinder die drei Männer vom SD sehen, fangen sie an zu schreien und zu weinen.

„Onkel Israelit“, bitten und betteln sie, „Onkel Israelit, wir wollen nicht weg, wir wollen hier bleiben.“

Brutale Hände ergreifen die Kinder und schleudern sie wie Gummibälle in das geöffnete Auto des SD. Einige beim SD beschäftigte Juden berichten uns später, daß man die Mutter, ihre zwei Kinder auf dem Arm haltend, nackt hinausgeführt und erschossen hat.

November 1942

Man hat vor dem Haus, in dem wir leben, eine Gulaschkanone (Feldküche) aufgefahren. Durch zusätzliche Spenden an Nährmitteln, Kartoffeln und Fleisch von den Libauer Juden erhalten wir, wenn wir von der Arbeit zurückkommen, eine wirklich nahrhafte, kräftige Suppe. Außerdem kriegen wir Schwerarbeiterzulage. Wenn man aufpaßt beim Ausgeben der Kartoffeln, die reichlich im Ghetto vorhanden sind, kann man sich einige Eimer voll auf sein Zimmer tragen, ohne daß der gutmütige lettische Austeiler auch nur ein Wort sagt. Es gibt eine „Bude", so nennen die lettischen Juden ihre Ausgabestelle von Lebensmitteln, in der wir jede Woche 180 Gramm Butter, 90 Gramm Zucker und 2500 Gramm Brot empfangen. Nährmittel, Fleisch und Kartoffeln werden in der gemeinsamen Suppe verwendet. Im allgemeinen lebt fast keiner von dieser Ration; alles macht Geschäfte, besorgt sich zusätzliche Lebensmittel.

Schon in Riga habe ich bemerkt, daß die auf der Kleiderkammer empfangene Schlafdecke in Wirklichkeit ein zu einem Schlafsack zusammengenähter Mantelstoff ist. Ich verkaufe ihn an den Ghettoschneider und erhalte von ihm eine andere Decke. Außerdem bekomme ich 10 Kilogramm Butter und so viel Nährmittel und Kartoffeln, wie ich brauche. Später erfahre ich, daß dieser Mantelstoff dem Ghettokommandanten Kerrscher geschenkt wurde.

Überhaupt ist die wirtschaftliche Lage des Ghettos in Libau grundverschieden von dem Rigaer Ghetto. Es ist offiziell erlaubt, daß Letten in das Ghetto kommen und sich bei den erstklassigen jüdischen Schneidern ihre Kleidungsstücke anfertigen lassen. Auch jüdische Schuhmacher nähen Maßstiefel nicht nur für die lettischen Einwohner Libaus, sondern auch für die hohen Offiziere der Wehrmacht und der SS. Dabei ist vorgekommen, daß der deutsche Stadtkommandant von Libau dem jüdischen Schuhmacher, der ihm ein Paar ausgezeichnet sitzender Schaftstiefel angefertigt hatte, leutselig auf die Schulter klopfte und sagte: „Jude, du kannst solange leben, wie du willst.“

Durch die in das Ghetto kommenden Letten erhalten die jüdischen Facharbeiter alles, was sie brauchen, und haben noch die Möglichkeit, einen großen Teil anderer Juden mitzuversorgen. Außerdem kennen sich die meisten noch von vor der Ghettozeit, so daß freundschaftliche Bande zwischen ihnen bestehen. Der Arbeitslohn für die angefertigten Kleidungsstücke ist an den Ghettokommandanten zu zahlen.

Wir dürfen jetzt auch in das lettische Ghetto. Kerrscher hat erlaubt, daß wir uns in allen Teilen des Ghettos frei bewegen dürfen. Als ich eines Abends auf dem Weg zur „Bude” bin, um mir meine Ration zu holen, sehe ich das Mädel, das mich bei unserer Ankunft so nett empfangen hat. Sie ist gerade damit beschäftigt, einen großen Balken Holz zu zerschlagen. Ich trete auf sie zu und frage sie, ob ich ihr bei der Arbeit helfen kann, sie sei ja auch so liebenswürdig bei unserer Ankunft gewesen. Nur eine ablehnende Handbewegung ist die Antwort.

„Wir hier in Libau“, sagt sie nach einem Augenblick, „sind gewöhnt, unsere Arbeit selbst zu tun.“

„Warum bist du eigentlich immer so abweisend und schroff?” frage ich, durch diesen Ton gereizt. „Du kennst mich doch gar nicht und weißt nur, daß ich aus Deutschland komme.“

„Ja“, erwidert sie, „ich kenne dich nicht persönlich, aber ihr Deutschen in eurer Gesamtheit seid alle Schuld an unserem Elend.“

„Deinen Haß auf die Deutschen kann ich gut verstehen, denn auch ich hasse sie von ganzem Herzen, aber du kannst den Haß doch nicht auf die Menschen ausdehnen, die selbst von diesem Unglück betroffen sind.” Dabei nehme ich ihr die Axt aus der Hand, um das Stück Holz zu zerschlagen. Sie steht dabei und schaut mir zu, ohne auf das von mir Gesagte einzugehen. Wir nehmen dann beide einen Arm voll Holz, um ihn ins Haus zu tragen. Es war jetzt wie ein stilles Einvernehmen, das zwischen uns beiden herrschte. Wir haben zusammen gearbeitet, so war es für sie selbstverständlich, auch den Abendbrottisch für uns beide herzurichten. Eine kurze Zeit sitzen wir uns schweigend gegenüber, dann hebt sie das Gespräch wieder an.

„Daß du aus Deutschland stammst, also dort geboren bist, dafür kannst du nichts. Aber ich vermute in dir die gleichen Eigenschaften, die die Deutschen haben, die jetzt unsere Mörder und Unterdrücker sind. Du kannst doch gar nicht anders sein“, fährt sie fort. „Du hast mit ihnen auf der gleichen Schulbank gesessen, die gleichen Kinos und Theater besucht. Dein Auftreten ist das eines Jecken (Deutschen), wie soll ich da nicht annehmen, es mit einem Deutschen zu tun zu haben? Daß du nun zufällig Jude bist, ist eine reine Erziehungsfrage. Übrigens“, meint sie ironisch, „hat Hitler dich vermutlich erst zu einem Juden gemacht. Wenn er es euch nicht gesagt hätte, daß ihr Juden seid, dann wärt ihr alle schon in ganz kurzer Zeit im deutschen Volke aufgegangen, und es hätte in Deutschland keine Juden mehr gegeben. Was ist das für ein Jid, der nicht mal Jiddisch spricht?” meint sie lächelnd.

Ich habe ihr aufmerksam zugehört, weiß, daß alles, was sie sagt, auf Wahrheit beruht, doch kann man es nicht verallgemeinern. Mein Elternhaus in einer kleinen Stadt Norddeutschlands war streng orthodox, so erzähle ich ihr, nachmittags besuchte ich die Religionsstunde, etwas Hebräisch habe ich auch gelernt, doch damit war das jüdische Leben in der nur einige hundert Juden zählenden Gemeinde erschöpft, und was vor Hitler war, daran kann ich mich kaum noch erinnern.

„Hier“, nimmt sie das Gespräch wieder auf, „gab es, bevor die Deutschen kamen, ungefähr 12000 Juden. Ich besuchte das jüdische Gymnasium, ging in das jüdische Theater, sah Filme mit jüdischem Inhalt, alles um mich herum sprach Jiddisch. Libau war eine jüdische Stadt, bis die Deutschen kamen. Und dann haben unsere Jungens die Stadt verteidigt, du wirst doch wissen, daß man hier einige Tage gekämpft hat. Sehr viele von uns sind gefallen, na, die zerstörte Stadt sagt dir ja genug. Die Deutschen haben hier Stukas eingesetzt, unsere Verteidigung brach zusammen. Und dann waren sie da, die Deutschen, mit ihrer Gründlichkeit und Exaktheit. Das erste war, daß wir vorn und hinten einen Stern zu tragen hatten. Dann kam Ausgehverbot. Wer trotzdem die Straße betrat, wurde kassiert, kam nie wieder. Jeden Tag war ein anderer Ausweis nötig. Meistens standen die Deutschen an den Brücken, nahmen alle mit ungültigem Ausweis sofort fest. Da fuhr ein eigenartiges Gefährt durch die Straßen Libaus, ein Schlitten, dessen Glocken lustig klingelten. Damit wurden alle Juden nach Skeden gebracht – was da passiert ist, weißt du ja.

Man erzählte den Juden, daß sie evakuiert würden. Alles sollte sich Verpflegung mitnehmen, doch die Fahrt dauerte nur eine knappe halbe Stunde. Tolle Geschichten sind da passiert. Da steht ein alter jüdischer Mann in der Mühlenstraße hier. Er sieht das Gefährt an sich vorüberfahren. ‚He', ruft er den Kutscher und die auf dem Kutschbock sitzenden Posten an, ‚gestern habt ihr meine ganze Familie geholt, nehmt mich doch mit, ich will auch dorthin, wo sie sind.' Man tat ihm den Gefallen.

Eine Frau, die jetzt noch im Ghetto lebt, war schon in Skeden. Kurz vor der Einfahrt in das umzäunte Gebiet fing alles an zu schreien, die Pferde wurden wild, die Posten hatten genug mit sich selbst zu tun, sie ist dabei entkommen.

Ich könnte dir stundenlang weitererzählen, aber ich sehe gerade, daß es schon fast zehn ist, und du mußt machen, daß du rüber kommst. Wenn du nach zehn Uhr hier auf der Straße bist, steckt man dich in den Bunker. Mach's gut! Wir sehen uns ja wieder."

Auch ich wünsche ihr eine gute Nacht und gehe.

Einstein kommt sehr oft in unser Zimmer, um sich mit uns zu unterhalten. Mir erscheint er in dieser Umgebung ganz anders als in Salaspils. Dieser Tyrann von damals kommt mir jetzt vor wie ein richtiger Spießbürger. Wiederholt kommen wir ins Gespräch miteinander; er erzählt mir, daß er früher in einer kleinen württembergischen Stadt Oberhemden fabrizierte.

„Wenn ich hier mal hinauskommen sollte", meint Einstein, „werde ich weiter meine Oberhemden herstellen."

Wenn ich ihm Vorwürfe mache und ihn an seine schlechte Haltung in Salaspils erinnere, wenn ich ihm vorhalte, daß er sehr viele Juden auf dem Gewissen hat, dann wird er nervös und unruhig und beginnt zu schreien wie in Salaspils. „Was verstehst du denn davon? Ich habe keinen Menschen auf dem Gewissen, sondern habe vielen das Leben gerettet."

Wenn er so spricht, lachen wir ihn immer aus, dann zieht er mit geballten Fäusten ab. Aber Libau ist kein Vernichtungslager, das hat auch Einstein schon gemerkt.

Dezember 1942

Es ist nur ein Glück, daß die Arbeitsschichten jede Woche wechseln, sonst wäre die Nachtschicht nicht lange zu ertragen. Sie beginnt um 12 Uhr nachts und dauert bis 8 Uhr morgens. Am Tag kann man nicht schlafen, es ist immer Krach und Gepolter im Haus. Keiner nimmt auf den anderen Rücksicht. Außerdem ist es nachts auch sehr kalt, einige von uns haben schon Erfrierungen an den Händen und Füßen. Dr. Weinreich, der Ghettoarzt, hat uns sagen lassen, daß der Rigaer Transport zu viele Kranke hätte. Jeden Tag muß er die Anzahl der Kranken dem Ghettokommandanten melden. Wir haben auch einen Arzt aus Riga mitgebracht, Dr. Hirschfeld. Man sagt von ihm, daß er jeden krank schreibt, der genug Speck und Butter mitbringt.

10. Dezember 1942

Die Nacht ist sehr dunkel, als wir aus der Zuckerfabrik ins Ghetto zurückmarschieren. Unsere Kolonne besteht aus ungefähr dreißig Juden. Der Kolonnenführer geht, wie üblich, an der rechten Seite seiner Kolonne. Es ist ein sehr mühseliges Marschieren. Die Straßen und Felder sind vereist. So ist es schwer, die Anordnung zu befolgen und immer im Gleichschritt zu gehen. Wir legen den Weg an die Bahn mehr im Gleiten und Rutschen als im Marschieren zurück, und schon mancher von uns hat die Bekanntschaft mit dem eisigen Boden gemacht. Der Zug kommt wie gewöhnlich zu spät, so müssen wir ungefähr eine Stunde auf freiem Feld stehen. Der Wind pfeift uns nur so um die Ohren. Gegen ein Uhr kommt dann endlich die Bahn angeklingelt. Nun ab und nichts als nach Hause, das ist wohl der Wunsch eines jeden einzelnen von uns, aber es soll für viele wieder einmal anders kommen, da wir ja unberechenbaren Mächten untertan sind.

Nach einer halben Stunde kommen wir in Libau an, formieren uns in Dreierreihen und beginnen den verhängnisvollen Marsch ins Ghetto. Es ist unheimlich, in dieser Nacht zu marschieren, durch stockdunkle Straßen, über Glatteis, unter dem Geklapper der Holzpantinen. Der Mond ist von dunklen Schneewolken verdeckt. Nur ab und zu blitzt der Scheinwerfer eines Wachtpostens auf, um aber sofort nach dem Erkennen der Marschierenden wieder zu verlöschen. Wir sprechen fast kaum miteinander, alle sind abgespannt und müde, jeder geht seinen eigenen Gedanken nach. Den größten Teil des Weges haben wir bereits zurückgelegt, wir befinden uns gerade auf der Ostseebrücke, als uns das Unglück erreicht. Plötzlich ruft es 'Halt!'. Ein Arm greift aus dem Dunklen in die Reihen der Marschierenden, ein Faustschlag trifft meinen Vordermann ins Gesicht, der diesen Hieb seinerseits kräftig erwidert. Jetzt fällt ein Schuß, und gleich darauf eilt die Kolonne im Laufschritt davon. Wir sammeln uns wieder am Ghettotor, um unsere Nummern abzugeben, die wir beim Ausrücken zur Arbeit erhalten. Acht Mann fehlen uns, ihnen war es anscheinend nicht gelungen, zu entkommen. Auch mein Freund, ein tschechischer Jude, war unter ihnen. Meistens gingen wir nebeneinander, doch dieses Mal wollte es das Schicksal anders. Wir beide sprachen immer über die Sternenbilder, die in manchen klaren Winternächten besonders gut zu erkennen waren. Seine Gedanken weilten überhaupt in den Sternen. Er glaubte fest an seine Freiheit. „Es steht in den Sternen", sagte er mir einmal.

An Schlaf ist in dieser Nacht nicht mehr zu denken. Mit Unruhe erwarten wir den Morgen, der uns Gewißheit über das Schicksal unserer Kameraden bringen muß. Und sie kommt erschreckend pünktlich. Um acht Uhr läßt der Ghettokommandant uns antreten. Er sagt, er habe soeben einen Anruf erhalten, in dem ihm mitgeteilt wurde, daß die fehlenden acht Männer wegen Widerstandes beim Haltbefehl des SD erschossen worden sind. Er könne nichts daran ändern, setzt er hinzu, wir wüßten ja, daß er diesen Befehl nicht erteilt habe. Damit ist der Morgenappell beendet, wieder sind acht Menschen in den Tod gegangen, mit ihnen auch mein Sternenfreund.

Einige Tage später kommt meine Bekanntschaft vom Ghettozaun, Mucia, zu mir. Sie bittet Ossie, einen 22jährigen Wiener Juden, und mich, mit hinüber zu Sachs zu kommen, dort wäre es abends immer so gemütlich, wir könnten uns dort etwas unterhalten. Außerdem kämen noch einige andere Mädel, es würde bestimmt sehr nett.

Bei Sachs erinnert nichts daran, daß wir uns im Ghetto befinden. Ein sehr gut möbliertes Wohnzimmer, mit einer kleinen Couch, zwei Sesseln und einem Rauchtisch gibt dem Ganzen ein sehr wohnliches Aussehen. Eine kleine Stehlampe wirft einen matten Schein auf die am Tisch sitzenden Mitglieder der Familie. Täubchen und Bessy, zwei andere Mädel, werden uns noch vorgestellt, und bald beginnt eine angeregte Unterhaltung. Über alles wird gesprochen, hauptsächlich dreht sich die Unterhaltung natürlich um unsere Situation. Wir alle sind der

Meinung, daß nur geringe Aussichten bestehen, diese Zeit zu überleben. Wenn es nach Kerrscher ginge, meint Mucia, meine nette Zaunbekanntschaft, würde keinem von uns ein Haar gekrümmt. Aber er ist ja nur eine Puppe, die SS holt sich ihre Leute, und er kann nur dem abfahrenden Auto nachschauen, wie es mit den zwei Kindern der Fall war.

Inzwischen ist der Tisch gedeckt worden, es gibt schwarzen Tee und Kartoffelpuffer. Wir kommen auf ein anderes Thema, man spricht vom Theater, erwähnt große Schauspieler, erzählt von den großen kulturellen Leistungen des kleinen Lettlands vor Ausbruch des Krieges.

„Hier gab es alles, russische, deutsche, amerikanische und englische Filme; in den baltischen Staaten traf sich die Kultur des Ostens und des Westens. Es ist nur eigenartig, daß besonders wir Juden immer mehr der westlichen Kultur zuneigten. Deutsch war Hauptfach in der Schule, wir lasen deutsche Bücher, natürlich neben Gogol, Dostojewski und Tolstoi, aber im allgemeinen sind wir mit den deutschen Schriftstellern besser vertraut als mit den russischen."

„Sieh dir den russischen Film an", sagt Rosel, ein großes blondes Mädel, die jetzt fast allein die Unterhaltung führt in ihrer lebhaften Art. „Die meisten waren ausgesprochene Tendenzfilme. Und dennoch werde ich einen dieser Filme nie vergessen." Rosel wird noch aufgeregter, man merkt ihr an, daß sie in diesem Film lebt. „Jo, kennst du 'Cirk'? Aber woher sollst du ‚Cirk' kennen; in Deutschland kannst du ihn ja nicht gesehen haben. Ich will dir den Inhalt erzählen. Irgendwo in der Welt", so beginnt Rosel, die inzwischen aufgesprungen ist, „heiratet ein schwarzer Mann eine weiße Frau. Das Kind, das dieser Ehe entspringt, ist ein Mischling. Überall, wo sie hinkommen, lehnt die Umwelt diese Menschen ab, man meidet sie, macht sich über sie lustig. So siehst du in diesem Film, wie sie durch die Welt ziehen, überall verfolgt und verspottet. Und die Musik dazu mußt du hören." Sie beginnt, das Wiegenlied aus „Cirk" zu singen, leise und zart klingt die reine Stimme durch den Raum, ergreift uns, reißt uns mit. „Und dann kommen sie nach Rußland", nimmt Rosel die Erzählung wieder auf. „Dort lacht man und jubelt ihnen zu. ‚Uns ist es egal, ob du grün, braun oder gelb bist, die Hauptsache: du bist ein Mensch, ein Mensch.'"

Anschließend singt Ossie:

„Ich hab kein Heimatland,
ich habe nichts auf dieser Welt,
mein Ziel ist unbekannt,
der blaue Himmel ist mein Zelt.
Ich kann nicht glücklich sein,
ich kenne keinen Sonnenschein,
warum bin ich so ganz allein auf dieser Erde?

Ich hab kein Heimatland,
ich habe nichts auf dieser Welt,
ich zieh von Land zu Land
und bleibe dort, wo man mich hält.
Ich kann nicht glücklich sein,
Ich kenne keinen Sonnenschein,
warum bin ich so ganz allein auf dieser Erde?"

Rosel beginnt, ihr Fotoalbum zu zeigen, alte Bilder aus der Schule, Klassenaufnahmen. Manchmal deutet sie mit dem Finger auf diesen oder jenen: „Der lebt noch, und die auch. Von diesen ist keiner mehr da." Ein Bild liegt vor mir, welches eine Klasse mit ihrem Schullehrer zeigt, Mädel und Jungen, ungefähr sechzehn Jahre alt. „Liegen alle in Skeden", setzt Rosel erklärend hinzu. Es war eine blühende Jugend.

„Hier, guckt euch Fanny an", sie deutet mit dem Finger auf ein Bild. „Die ist nackt aus Skeden entflohen, man hat hinter ihr her geschossen. Sie hat Glück gehabt, jetzt ist sie hier im Ghetto."

An diesem Abend gehe ich noch mit Mucia spazieren, das heißt, wir gehen die Straße auf und ab, immer wieder denselben Weg. Der Schnee knirscht unter unseren Füßen, die Nacht wird kalt. Ich habe meinen Arm um Mucia gelegt, nur Ruhe und Friede ist um uns. Die Posten, die ihre Runde um das Ghetto machen, stören uns nicht. Auch sie scheinen ihren eigenen Gedanken nachzuhängen. Nur manchmal klopfen sie mit den Füßen gegen einen Pfosten des Zauns, um den Schnee von den Sohlen zu lösen. Einige verspätete Heimkehrer sind noch auf der Straße zu sehen, doch bald ist die Gasse leer, wie ausgestorben. Wir sprechen fast gar nicht, wir träumen von Dingen, die sich kaum je erfüllen werden. Plötzlich sehe ich eine Sternschnuppe fallen.

„Wünsch dir etwas, Mucia, aber schnell", rufe ich aus. „Ich wünsche mir die Freiheit, und du?"

„Ich wünsche mir, eines natürlichen Todes zu sterben", erwidert Mucia, „denn eine Freiheit gibt es für uns nimmermehr."

Ich bin entsetzt. Auf diese Antwort war ich ganz und gar nicht vorbereitet gewesen. Ich versuche, ihr das auszureden.

„Mucia, du weißt doch sicher aus der Geschichte, daß wir Juden immer durch schwere Zeiten gegangen sind, aber nie ist es gelungen, unser Volk ganz zu vernichten. Einige werden bestimmt überbleiben bei diesem Massenmorden, vielleicht auch wir, du und ich."

„Ein Phantast bist du, Jo. Erstens hat man noch nie mit so modernen Mitteln an der Vernichtung von Menschen gearbeitet, und zweitens sind wir ja bereits vernichtet, wir, die wir hier spazierengehen, sind ja bereits Überlebende. Das jüdische Volk, die breite Masse, liegt schon im Hochwald von Riga oder in Skeden. Außerdem kann ich nicht begreifen, warum ich leben soll, und meine ganzen Bekannten und Freundinnen aus der Schule mußten sterben. So was gibt es nicht, Jo, du weißt doch selbst, die Deutschen sind in ihrer Arbeit zuverlässig. Sie sind im Morden genauso gründlich wie bei der Herstellung ihrer technischen Errungenschaften. Glaubst du an Nisim (Wunder), Jo? Ich nicht mehr. Noch was anderes muß ich dir erzählen: In Skeden werden bereits neue Massengräber geschachtet. Für wen sie gedacht sind, ist meiner Ansicht nach nicht schwer zu erraten. Glaube mir, nur ein Wunder kann uns retten, denn es gab noch nie ein Volk, das so hilflos der Vernichtung gegenüberstand wie wir. Da hat sich neulich eine Frau aus unserem Haus ein Bein gebrochen. Es war in irgendeiner Straße der Innenstadt. Sofort ist ein Unfallwagen von der städtischen Feuerwehr gekommen. Sie ist sorgfältig verbunden worden, im Krankenhaus wurde sie gut behandelt und gepflegt. Zwei Tage später kam dasselbe Auto von der Unfallstation, behutsam trugen dieselben Männer sie in den Wagen. Dann wurde sie zum SD gefahren, und was dort passiert ist, weißt du ja."

Wieder gehen wir schweigend nebeneinander her. Meine Gedanken sind immer damit beschäftigt, einen Ausweg aus dieser Not zu finden. Ich denke an dieses und jenes, an Flucht, verwerfe aber alle Gedanken und komme zu keinem Resultat. Mir scheint es unmöglich, daß ein Mädel wie Mucia sterben soll. Wieso und weshalb? Und warum sollte ich sterben? Meine Gedanken schwirren durcheinander. Ich höre Mucia reden:

„...die Gräber werden schon gegraben, Jo, und für wen ist doch nicht schwer zu erraten."

„Hast du deine Uhr noch, Mucia?" unterbreche ich das Schweigen. „Ich glaube, es wird Zeit, daß ich dich nach Hause bringe. Die U-Bahn brauchen wir hier ja nicht."

Mucia versucht zu lächeln, aber es will ihr nicht recht glücken.

„Meine Uhr hat man mir schon am zweiten Tag, nachdem die Deutschen kamen, abgenommen, aber ich glaube auch, es wird Zeit."

„Also mach's gut, Mucia, und schlaf gut. Versprich mir, daß du heute nacht von besseren Dingen träumst, als wir besprochen haben, ja?"

„Ich will mir Mühe geben, Jo. Gute Nacht, und schlaf auch du gut."

Mit schnellen Schritten verschwindet Mucia in ihr Haus.

Dezember 1942

In der Fabrik wird uns mitgeteilt, daß der Arbeitseinsatz für die Juden mit dem Abschluß der Zuckerproduktion beendet ist. Das Arbeitskommando geht nach Riga zurück.

Schon seit Mitte Dezember ist für uns in der Fabrik keine Beschäftigung mehr; wir alle müssen in den kalten Nächten draußen arbeiten. Wir laden Torf für die Heizungsanlage der Fabrik. Es ist kein Vergnügen, sich nachts den Dezembersturm um die Ohren brausen zu lassen. Außerdem haben wir nicht die Möglichkeit, während der Nacht etwas Heißes zu trinken. So begrüßen es sehr viele, daß wir bald nach Riga zurückkehren sollen.

Als wir eines Morgens von der Arbeit ins Ghetto zurückkommen, steht der Ghettoälteste, Israelit, am Tor. Jeder hätte sich sofort zu entscheiden, ob er nach Riga zurück oder in Libau bleiben wolle. Das Hafenamt benötigt ein Arbeitskommando von fünfzig Juden zum Kohlenbunkern. Wenn sich nicht genügend freiwillig melden, müßte er die Leute bestimmen. Er habe die Liste sofort dem Kommandanten zu übergeben.

Mein Entschluß ist schnell gefaßt. Ich sehe schöne Abende bei Sachs voraus, Spaziergänge mit Mucia, doch an die kalten Winternächte am offenen Meer denke ich nicht. Nach einer Besprechung mit dem Ältestenrat, Kekanski, erklärt dieser sich bereit, beim Kommandanten die Genehmigung zu erwirken, daß jede der bleibenden Gruppen einen Abgesandten nach Riga schicken könne, um Kleidung zu holen. Das wenige, was wir mitnehmen durften, ist zerrissen, so daß wir ohne Ersatz die Arbeit am Hafen nicht verrichten können. Der Kommandant genehmigt den Vorschlag, und so fährt am 22. Dezember mit den nach Riga zurückkehrenden 96 Juden je ein Abgesandter der lettischen, litauischen und deutschen Juden. Von der Bestimmung, daß ich für die deutsche Gruppe fahren soll, bin ich nicht begeistert, aber es hilft nichts. Die Fahrt ist angenehmer, als ich vorausgesehen hatte. Nachdem der Ghettokommandant sich von Einstein mit den Worten verabschiedet hat, daß er hoffe, ihm das Leben in Libau so angenehm wie möglich gemacht zu haben, verläßt der kleine Zug das Ghetto, begleitet von den Segenswünschen der zurückbleibenden Juden. Die Fahrt verläuft angenehm. Wir werden in zwei Personenwagen an den Nachtschnellzug nach Riga angehängt. Schon am nächsten Morgen sind wir da, doch können wir den Bahnhof vorläufig nicht verlassen, weil wir einen Abholer aus Riga erwarten müssen. Inzwischen teilen die am Bahnhof beschäftigten Juden ihre heiße Suppe mit uns. Sie sagen, sie haben genug zu essen. Offensichtlich haben sie Freude daran, uns etwas abzugeben.

Riga

Einige Pferdefuhrwerke aus dem Ghetto sind gekommen. Wir können unser Gepäck aufladen, und in langsamem Marsch geht es durch die schneebedeckten Straßen Rigas dem Ghetto zu. Eine Kontrolle findet nicht statt. Alles atmet erleichtert auf, denn es wäre für die zuckergefüllten Rucksäcke nicht gut gewesen. Ein jeder von uns weiß ja, daß ein Pfund Zucker im Ghetto 80 Mark kostet.

Wir müssen vor der Kommandantur stehenbleiben. Ghettokommandant Krause erscheint, hinterher trippelt diensteifrig der Ghettoälteste Leiser. Krause sieht aus wie ein Schlächter, seine klobigen Beine stecken in einem Paar Langschäftern. Etwas Grausames geht von diesem Menschen aus, als er langsam an unserer Front vorbeigeht, einen jeden kritisch musternd. Mir läuft es kalt über den Rücken, als er vor einem stehenbleibt, auf seinen Rucksack deutet und fragt:

„Hast wohl gut eingekauft, Bürschchen, was?"

Aber er geht weiter, ohne sich den Rucksack öffnen zu lassen. Unser Begleiter aus Libau macht ihm Meldung, daß er den Auftrag hat, drei Mann wieder zurück nach Libau zu bringen.

„Was", sagt Krause, „glauben Sie denn, daß wir hier Vergnügungsreisende sind?"

Leiser nickt zustimmend mit dem Kopf. „Wir sind doch kein Ferienverein", setzt er hinzu.

Ein jüdischer Polizist öffnet ihm diensteifrig die Tür zur Kommandantur, der andere an der Tür grüßt militärisch; so entschwindet Krause unseren Blicken.

Einige Minuten später stehe ich vor der Tür des Ghettoältesten Leiser.

„Herein", ruft eine scharfe Stimme.

Leiser sitzt hinter einem großen Diplomatenschreibtisch. Er trägt einen graumelierten Sportanzug, passende Krawatte und festanliegendes, zurückgekämmtes Haar. Über seine Brillengläser hinweg funkelt er mir argwöhnisch entgegen.

„Sie wünschen?" fragt er mich.

„Ich komme im Auftrag der in Libau verbliebenen deutschen Juden", fange ich an zu sprechen. „Wir bitten um weitere Kleidung und Schuhzeug, da unsere mitgenommene Ausrüstung durch die harte Arbeit in der Zuckerfabrik zerrissen und zerfetzt ist."

„Sagen Sie doch gleich, daß Sie alle Ihre Sachen verkauft haben und daß Sie jetzt kommen, um sich neue Tauschobjekte zu holen", fährt er mich scharf an. „Glauben Sie denn, ich bin so dämlich, daß ich das nicht wüßte? Wo kämen wir wohl hin, wenn jeder Hans und Franz dahergelaufen käme mit dem Antrag, er brauche für seine fünfzehn Leute neue Kleidung. Übrigens sind Sie ja noch ganz gut in Zeug", fährt er fort. „Wie kommt es denn, daß Sie Kleidung haben und die anderen nicht?"

„Das ist auch das einzige, was ich besitze", erwidere ich. „Und Sie werden verstehen, daß man so nicht an den Hafen arbeiten gehen und Kohle bunkern kann."

Ich versuche ihm klarzumachen, daß wir warme Kleidung benötigen für den Nachtdienst am Hafen. Außerdem sei ja in der Kleiderkammer eine Kartothek, aus der ersichtlich ist, was jeder einzelne von uns bereits bekommen hat.

„Haben Sie eine Aufstellung, was Sie benötigen, und die Namen der Leute?" fährt er etwas versöhnlicher fort.

Ich gebe ihm die in der Eile im fahrenden Zug gemachte Aufstellung.

„Da haben wir es ja", fängt er wieder an zu schreien. „Fünfzehn Leute sind Sie da, und siebzehn Zahnbürsten benötigen Sie. Sind schon wieder zwei zum Verkaufen."

Ich überlege mir, daß Krause auch nicht anders sprechen könnte.

„Entschuldigen Sie, Herr Leiser, da ist mir ein Irrtum unterlaufen. Natürlich benötige ich nur fünfzehn Zahnbürsten, ich bitte Sie, das Versehen zu entschuldigen."

„Sie scheinen ja auf ganz großen Touren zu fahren", fährt er in seiner ironischen Art fort, „kommt dahergelaufen und will mich sogar betrügen."

Er kommt mir jetzt vor wie ein Richter und ich mir wie ein Schwerverbrecher. Er sieht sich die Aufstellung weiter durch.

„Natürlich", fängt er wieder an, „braucht jeder einen Anzug und ein paar Schuhe, das könnte Ihnen so passen, was? Ich werde gleich mit der Frau Fromm von der Kleiderkammer sprechen. Alle, die einmal die aufgeschriebenen Sachen bekommen haben, bekommen gar nichts. Von mir aus können Sie nackt in Libau herumlaufen. Hätten Sie Ihre Sachen nicht alle verkaufen sollen!"

Damit bin ich entlassen. Ich bin mir nicht ganz klar, ob ich bei Krause oder beim jüdischen Ghettoältesten gewesen bin, aber die Gewißheit bleibt mir, daß auch für diesen Herrn die Stunde schlagen wird.

Oben in der Kleiderkammer geht es schon etwas versöhnlicher zu. Dort herrscht die übliche Bürokratie. Kartothekkarten werden gezogen und Vergleiche mit der von mir übergebenen Aufstellung gemacht. Inzwischen kommt ein Bote von Leiser zu mir, der mir mitteilt, daß heute nacht um eins unser Zug abfährt. Es ist schon halb vier, und ich habe weder was gegessen noch irgendwelche Fortschritte in der Bekleidungsfrage gemacht. Also erstmal hinunter zur Zentralstelle der Lebensmittelausgabe. Dort drückt man mir, nachdem ich meinen Fall vorgetragen habe, einen Knust Brot von ungefähr 400 Gramm und 20 Gramm Margarine in die Hand. Für das andere hätte ich wohl doch kein Interesse, dabei deutet er auf die am Boden liegenden verfaulten roten Rüben.

In der Kleiderkammer ist man inzwischen weitergekommen. Man übergibt mir unterschriebene Zettel, auf denen steht, was ich für jeden einzelnen empfangen darf. Das Aussuchen geht jetzt schnell, Koffer werden mir auch zur Verfügung gestellt, und um halb sieben stehe ich mit drei gut gepackten Koffern vor der Kommandantur. Die Koffer werden in der Polizeiwache deponiert. Jetzt habe ich Zeit, meine eigenen Angelegenheiten zu erledigen.

Als ich zu Erlanger komme, ist das ganze Zimmer schon voll. Alles wartet auf mich. Es hat sich im Ghetto schnell herumgesprochen, daß heute nacht jemand nach Libau fährt, man kommt mit allen möglichen Aufträgen zu mir.

„Chawer (Freund), kannst du mir mitnehmen dieses Zettele ... Chawer, vor Jahren hat dotten gewohnt a Familie Jankelsohn, weißt du, ob die dort sind?“

Mir schwirrt es in den Ohren. Bald stecken meine ganzen Taschen voll kleiner Zettel, und immer neue Menschen kommen mit anderen Wünschen.

Erlanger warnt mich, nicht zu viele Briefe mitzunehmen, ich wüßte doch, daß auf Briefschmuggel Todesstrafe steht. So bitte ich Erlanger, die Tür von innen abzuschließen, damit ich einige Stunden schlafen kann. Um zwölf Uhr schon bullert einer an die Tür, fragt, ob hier Katz wohnt. Auf meine bejahende Antwort sagt er, daß er den Befehl habe, mich zur Kommandantur zu bringen, da ich nachts nicht allein auf der Straße sein darf. Meine beiden Freunde sind auch schon anwesend, und einige Minuten später fährt ein hochbeladenes Pferdefuhrwerk zum Ghettotor hinaus. Wir gehen langsam, von einem lettischen Posten begleitet, durch die nächtlichen, menschenleeren Straßen Rigas hinter dem Wagen her.

Wieder in Libau

Bei unserer Ankunft in Libau herrscht große Freude. Unser Gepäck wird sofort abgefahren und im Ghetto verteilt. Die Hälfte der Einwohner des Ghettos sind bei uns in den Zimmern versammelt.

„Chawer, host du gebracht a Briefele vor mir? ... Chawer, du mußt doch kennen Jankel, sicherlich wird er euch haben aufgetragen a Gruß..."

Bald sind meine Taschen leer. Ich komme erst wieder zur Besinnung, als ich bei Sachs sitze und heißen Tee trinke. Im Ghetto hat sich in meiner Abwesenheit nichts ereignet. Man erzählt sich nur, daß die Deutschen die Absicht haben, das Ghetto aufzulösen. Welche wollen wissen, daß alle Juden nach Riga geschickt werden sollen. Doch man ist skeptisch. Rosel sagt, sie verwechselten Riga mit Skeden. Auch Mucia ist gekommen. Sie sieht heute sehr abgespannt aus. Sie erzählt mir, daß sie den ganzen Tag an der Kreissäge arbeitet und Holz für Holzgas-Kraftfahrzeuge zuschneidet. Es kostet viel Nerven, sagt sie, damit man sich nicht in die Hände schneidet. So verabschiede ich mich schon sehr früh, um ins Bett zu gehen.

Januar 1943

Schon einige Tage sind wir damit beschäftigt, Kohlen auszuladen. Unsere Arbeitszeit ist von abends sechs bis morgens um sechs – eine verdammt lange Zeit. Die Juden werden immer in die Tiefe der Schiffe geschickt und haben die Kohlen von den Seitenwänden in die Mitte des Bunkers zu schaufeln, so daß der Kran die Kohlen greifen kann. Es ist eine ganz gespenstische Arbeit. Die Bunker sind nur mangelhaft beleuchtet. Die Schatten der Arbeitenden oder auf ihre Schaufeln gestützt Dastehenden sind an den Seitenwänden sichtbar. Das Ganze ist traumhaft unwirklich, aber die Stimme des lettischen Vormannes, der mit kleinen Kohlestückchen nach uns wirft, und die eisige Kälte in den Bunkern rufen uns in die Wirklichkeit zurück. Man benötigt nicht viel Phantasie, um sich in die Zeit der Pharaos zurückversetzt zu glauben. Morgens schleppen wir immer große Stücke Kohle mit ins Ghetto, denn das Heizmaterial ist sehr knapp geworden. Anstatt Zucker verkaufen wir jetzt Kohle, und sie wird gut bezahlt – eine Mark das Kilo. Es kommt immer auf den Posten an, der am Ausgang des Hafenreviers steht. Ist er guter Laune, so läßt er uns mit unserer Kohle passieren, wenn nicht, schmeißen wir die Kohle weg. Manchmal liegt die ganze Hafenstraße voll davon.

Für Kohle habe ich schon meine Stammkundschaft. Jeden Abend, bevor ich wieder zur Arbeit antreten muß, gehe ich zu Frau Feivelsohn. Wir machen das nicht geschäftlich, sondern wenn sie was zu essen hat, gibt sie mir etwas davon ab, wenn nicht, ist's auch gut. Frau Feivelsohn hat zwei kleine Kinder im Alter von drei und fünf Jahren; ihr Bruder arbeitet am Schlachthof. Er ernährt die ganze Familie.

Eines Morgens, als ich gerade von der anstrengenden Nacht eingeschlafen bin, kommt ein Mann zu uns ins Zimmer gestürzt. „Chawerim, Chawerim, unser Ghetto ist arum geringelt von SS. Fünfzig sind areingekimmen, steht auf, Chawerim, und tut euch an eure Kleider. Wir werden hobben große Zores. (Angst).“

Wir schlafen weiter und lassen uns nicht aus der Ruhe bringen. In den Häusern der lettischen Juden werden Haussuchungen gemacht. Alles, was die SS an Wertsachen findet, konfisziert sie. Dann ziehen die SS-Männer wieder ab, ohne Menschen mitzunehmen.

Am Abend komme ich wieder zu Frau Feivelsohn. Sie setzt mir einen großen Teller voll gebratener Leber vor, dann fängt sie an zu erzählen.

„Als die Reschoim (Christen) heute morgen huben arum geringelt unser Ghetto, hub ich gedacht, wir werden gehen unseren letzten Weg. Ich hob genimmen meine zwei klenen Kinderlech, hob ihnen angetan die besten Wollsöcklech und ihre neuesten Kleiderlech. Ich hob gedacht, meine Kinderlech sollen gehen warm und schön in den Tod."

Die Leber auf dem Teller wird kalt. Ich sage ihr, daß ich eben erst gegessen habe, und verabschiede mich. Ich konnte es nicht mehr länger mitanhören.

Die nächsten Tage verlaufen sehr ruhig. Wir arbeiten am Hafen, aber viele Schiffe können wegen des starken Sturmes nicht einfahren. So haben wir einige Tage Ruhe und erholen uns etwas und bringen unsere Sachen in Ordnung. Es ist immer unbestimmt, wann wir zur Arbeit müssen. Manchmal wird noch um sieben Uhr abends im Ghetto angerufen. Dann müssen wir schon eine halbe Stunde später zur Arbeit ausrücken.

Da ist ein großer Frachter aus Deutschland angekommen, mit einer Zementladung. Am Tage arbeiten die Letten dort, in der Nacht die Juden. Als wir abends wieder hinkommen, sagt der Vormann, morgen früh müßten die fünftausend Säcke ausgeladen sein. Wie wir das machten, sei ihm egal, aber vorher gäb's keinen Feierabend. Dieses Zementausladen ist eine ungesunde Arbeit. Bald sind wir von oben bis unten mit feinem Zementstaub bedeckt, das Zeug setzt sich in die Poren und juckt am ganzen Körper. Drei Kräne sind im Gang. Ich arbeite mit vierundzwanzig anderen unten im Bunker. Wir stapeln die Zementsäcke auf die vorhandenen Hieven, dann kommt das lettische Kommando „Sargas Roome, Sargas". Die Winde beginnt dann langsam zu arbeiten und die Ladung hochzuziehen. Dabei kommen wir mit deutschen Seeleuten in Berührung, obwohl es ihnen strengstens verboten ist, mit uns zu reden. Auch ein Lübecker ist unter der

Mannschaft an Bord. Er kommt zu mir und fragt, wie mein Name ist. Es stellt sich heraus, daß er meine ganze Familie kennt. Früher hätte er immer bei uns Leder gekauft.

„Scheiße", sagt er, „nicht nur für euch, auch für uns. Oder glaubst du, daß es Vergnügen macht, immer mit diesem Pott auf der verminten Ostsee herumzuschwimmen? Gestern sind erst wieder zwei Kähne abgesoffen. Wir müssen genauso den Arsch hinhalten wie ihr. Lange dauert es sowieso nicht mehr, der Bart ist bald ab."

Als ein Offizier sichtbar wird, verdrückt er sich. Später kommt er wieder. Er sagt, der Offizier sei ein ganz großer Nazi, bei dem müsse man sehr vorsichtig sein, aber dem Kerl würden sie auch noch mal den Arsch aufreißen. Ob ich etwas brauche, fragt er mich.

Ich erzähle ihm, wie es uns geht. Er nimmt mich mit in seine Kajüte, gibt mir zu essen, was er hat, Butterbrote mit Käse, er holt wirklich alles her. Ich gebe ihm eine Adresse in Lübeck, wenn er wiederkommt, soll er mir etwas Kleidung von dort mitbringen. Er verspricht es mir, doch leider sehe ich ihn nie mehr wieder. Das Schiff ist auf eine Mine gelaufen, und was aus ihm geworden ist, weiß ich nicht.[28]

Wir sind erst am folgenden Morgen gegen elf mit unserer Arbeit fertig. Übermüdet marschieren wir ins Ghetto zurück. Schnell sich etwas gewaschen und ins Bett, bis das Telefon im Ghetto wieder klingelt, um uns zu neuer Arbeit zu rufen.

Februar 1943

Ich habe mich von der Arbeit im kalten Bunker verdrückt, sitze in einem warmen Maschinenraum, mir gegenüber ein deutscher Schiffsjunge, vielleicht siebzehn Jahre alt. Auf den Trallen im Maschinenraum läßt es sich ganz gut sitzen, das Summen der Maschinen stört nicht, es ist eine gute Atmosphäre zum Schlafen. Der Schiffsjunge gibt mir eine Zigarette, wir rauchen. Er erzählt mir dieses und jenes, ich spräche gutes Deutsch, meint er.

„Dich hat man jetzt aus Deutschland herausgeschmissen", stellt er fest, „was willst du eigentlich noch auf der Welt? Du weißt doch, daß du schon lebendig begraben bist. Wo du jetzt bist, kommst du nie wieder heraus, ihr werdet ja doch alle kaltgemacht."

„Ob ich wieder hinauskomme, weiß ich nicht", erwidere ich, „aber eins weiß ich bestimmt: es ist noch nicht aller Tage Abend."

Wie ich das meine, fragt er, doch ich habe Angst, es ihm näher zu erklären, es ist zu gefährlich.

Man nimmt uns Juden nur zur schwersten und ungesundesten Arbeit. Da sind einige Kähne mit Kali angekommen. Wir müssen das Kali unten im Schiff in Säcke füllen. Nach der Arbeit sehen wir aus wie die Schneemänner, von oben bis unten weiß am ganzen Körper. Die Letten sehen uns zu und lachen, sie verladen oben die gefüllten Säcke in bereitstehende Waggons. Im allgemeinen, sagen die Letten, kommen viel weniger Schiffe als üblich. Das hängt mit der politischen Lage zusammen. Die Deutschen sollen schwere Verluste gehabt haben, erzählt uns einer. Dann dreht er sich um, ob ihn auch keiner hört. Radio Moskau hat gestern gesagt, jetzt trauern die Deutschen wegen der verlorenen Schlacht bei Stalingrad drei Tage lang; bald werden sie von uns einen solchen Schlag bekommen, daß sie ewig trauern.

Solche Mitteilungen tun uns gut, sie heben unser Selbstvertrauen, geben uns neuen Mut und lassen uns die Hoffnung nicht verlieren.

Ein Jude ist beim Kohlebunkern verunglückt. Er stand auf einem Kohlenhaufen; als die Kohle plötzlich nachgab, rutschte er ab und schlug mit dem Kopf gegen den eisernen Kran. Mitten in der Nacht bringen wir ihn noch in das städtische Krankenhaus. Vier Mann tragen ihn auf einer Bahre. Sie erzählen, als sie wiederkommen, daß man seine Kopfwunde sofort genäht habe, es bestünde die Aussicht, daß er mit dem Leben davonkommen würde. Einige Tage später erhalte ich von dem Kommandanten die Erlaubnis, ihn zu besuchen. Zum ersten Mal nach einem Jahr gehe ich wieder allein auf der Straße. Kerrscher hat mir einen Ausweis mitgegeben, der es mir erlaubt, den kürzesten Weg allein zu gehen.

In der Kolonne empfindet man es nicht so, wenn man die Fahrstraßen benutzt, aber wenn man alleine geht, dann fühlt man, daß man ausgeschlossen ist von der menschlichen Gesellschaft. Die Straßen sind schlecht gepflastert, Pfützen und Abfälle erschweren das Gehen auf dem Kopfsteinpflaster. Wie es sich dort oben auf dem Bürgersteig wohl geht, denke ich andauernd. Es muß doch schön sein, dort oben gehen zu dürfen. Als ich in eine kleine Seitenstraße komme und mich niemand sieht, kann ich nicht widerstehen. Nur ein kleines Stückchen gehe ich auf dem Kantstein entlang, mir ist, als ob ich etwas Verbotenes täte, also schnell wieder hinunter und weiter durch die Pfützen und den Dreck.

Im Krankenhaus ist man sehr freundlich. Eine Schwester zeigt mir das Zimmer des Chawers. Sie versucht mit mir Lettisch zu sprechen, ich antworte ihr mit einigen russischen Brocken. Anscheinend machen ihr meine russischen Sprachkenntnisse Vergnügen, denn sie lacht bei jedem Wort, das ich sage. Aber dennoch hat ein Mensch zu einem Menschen gesprochen.

Meinem Chawer geht es gut; ich bin sehr erfreut, ihn munter vorzufinden. Er erzählt mir, daß man ihn gut behandelt, offenbar hat man Mitleid mit ihm. Die Schwester, die mich hergeführt hat, bringt ihm alles, was er haben will. Sie habe zu ihm gesagt, das täte sie aus Nächstenliebe. Auch die andern in dem Zimmer liegenden Letten würden ihm immer etwas abgeben, wenn sie von ihren Angehörigen etwas gebracht bekämen. Der Arzt hätte ihm gesagt, daß er in einigen Tagen wieder ins Ghetto zurück könnte. Wir alle freuen uns, als er wirklich bald wieder ins Ghetto kommt; es ist ein Wunder, daß ihn der SD nicht geholt hat.

Man munkelt, daß wir bald aus Libau fortkommen werden. Bei der Arbeitseinteilung hätte der Vormann gesagt, daß man die Juden nicht mehr braucht. So rechnen wir täglich mit dem Befehl zur Abfahrt.

Abends besuche ich Mucia. Ich finde sie im Bett liegend, den ganzen Kopf verbunden, so daß nur das Oval ihres Gesichtes hervorguckt. Sie scheint eingeschlafen zu sein, doch plötzlich zuckt sie zusammen, schlägt die Augen auf, und ein Lächeln des Erkennens huscht über ihre Züge.

„Es ist gut gegangen, Jo", fängt sie leise an zu sprechen. „Mir ist bei der Arbeit ein Stück Holz an den Kopf geflogen. Eine kleine Fleischwunde nur, sagt der Arzt. Guck mich doch nicht so entsetzt an, es ist wirklich nicht schlimm. Nimm lieber dieses Buch und lies mir etwas vor. Es ist Kästner, in Deutschland ist er sicher verboten, ich habe dieses Buch als einziges mit ins Ghetto genommen. Lies ‚Wenn wir den Krieg gewinnen würden', ich höre es so gern."

Ich lese ihr das ganze Gedicht vor und noch einige andere. Mucia hört mir andächtig zu, bis sie mit einem glücklichen Lächeln auf ihren Zügen langsam einschläft.

Der Befehl zum Abtransport nach Riga ist gekommen. Schon in zwei Stunden müssen wir abmarschbereit sein. Kerrscher sagt, er habe Befehl, uns noch heute abzutransportieren. Schnell die paar Habseligkeiten in den Rucksack verstaut, dann gehe ich hinüber zu Sachs, um mich zu verabschieden. Rosel drückt mir noch einige Medikamente in die Hand. Auch ein paar Adressen ihrer Angehörigen in Übersee gibt sie mir.

„Wenn du leben solltest, Jo, so schreibe ihnen, daß du mich hier gesprochen hast, und wie es uns erging."

Ich verspreche es ihr. Dann gehe ich zu Frau Feivelsohn.

„Hier, mein Jingele, hob ich dir gemacht a paar Butterbrote, ich hob gehört, ihr müßt aweg. Bleib schön gesund, mein Jingele, und schick mir a Briefele mit den Jidden, die immer zur Entlausung der Kleidung aus Riga kommen."

Mir tut es leid, von hier fortzugehen. Frau Feivelsohn ist eine brave jüdische Frau.

Mucia ist noch nicht wieder von der Arbeit zurück, als ich mich von ihr verabschieden will. Rosel sagt mir, daß sie jeden Moment kommen muß. Ich bin gerade dabei, mir meinen Rucksack aufzuschnallen, als Mucia in der offenen Tür erscheint.

„Hier, Jo, nimm das von mir zum Abschied, aber öffne es erst, wenn du in Riga bist."

Dann gibt sie mir einen Kuß auf die Wange und läuft davon. Ich sehe sie nie wieder.

Wieder in Riga

Wir können gleich nach unserem Einmarsch ins Rigaer Ghetto in unsere Quartiere abrücken, und der erste Mensch, den ich in Riga sehe, ist Einstein, der mir in der Berliner Straße entgegenkommt. Er trägt eine breite Binde mit der Aufschrift „Wohnungseinsatz" am Arm. Ich sage ihm, daß ich gerade zu ihm wolle, da meine Schlafgelegenheit bei Erlanger belegt ist. Ja, sagt er, er hätte etwas Passendes für mich. Zwar ist es mit drei alten Frauen in einem kleinen Raum, aber daran würde ich mich schon gewöhnen.

„Komm", sagt er und geht mir voran in das Berliner Haus Nr. 2. Als wir oben im 6. Stockwerk angekommen sind, ruft er: „Frau Kiewe, Frau Kiewe." Aus einer der Türen kommt eine Frau von ungefähr fünfzig Jahren.

„Es tut mir leid", sagt Einstein, „aber ich muß Ihnen diesen jungen Mann in Ihr Zimmer legen, ich habe leider nichts anderes frei ... Keine Widerrede." Damit schneidet er der Frau gleich das Wort ab. „Es geht nicht anders, ich habe keine andere Möglichkeit, und damit basta."

Dann zieht Einstein ab. Ich bin inzwischen hinter Frau

Kiewe in ihre Küche getreten. Durch die offenstehende Tür sehe ich ein kleines Zimmer. An den Längsseiten stehen je zwei Betten, dazwischen ist ein schmaler Gang.

„Ich weiß gar nicht, wie wir das hier machen können", sagt Frau Kiewe, „und was Frau Engel wohl sagen wird."

Ich versuche, sie inzwischen zu beruhigen, indem ich ihr erzähle, daß sich schon alles arrangieren läßt, wenn einer sich nach dem andern richtet. Es muß eben solange gehen, bis ich etwas anderes gefunden habe. Auch Frau Engel hat sich inzwischen zu uns gesellt, und etwas später kommt auch ihre Schwester. Wir einigen uns, daß am Abend zuerst die drei Frauen ins Bett gehen; bis sie ausgezogen sind, halte ich mich in der Küche auf.

Frau Kiewe wird schon etwas liebenswürdiger und fängt an, mein Bett zu beziehen, während Frau Engel meint, daß sie jetzt wenigstens jemand zum Holzhacken haben. Dann fragen sie mich, ob ich mit ihnen essen will, was ich dankend ablehne.

Am nächsten Morgen melde ich mich wieder beim Arbeitseinsatz. Er fragt mich, ob ich als Gärtner in der Ghettogärtnerei arbeiten wolle, dort würde noch einer gebraucht. Einige Tage später beginne ich dort zu arbeiten. Es ist nur ein ganz kleiner Garten. Richard Horn, der ehemalige Obergärtner des deutschen Hachscharahkibbutz Winkel (landschaftliches Ausbildungslager für Palästina), führt die aus drei Männern und drei Frauen bestehende Kolonne.

April 1943

Es fängt an, mir schlecht zu gehen, da meine Arbeitsstelle noch nichts einbringt. Zwar ist viel Gemüse und Salat ausgesät, aber es gedeiht in der Gärtnerei sehr schlecht, da wir keinerlei Düngemittel zur Verfügung haben. Als der erste Salat schließlich da ist, bekommen Krause und Leiser zuerst ihren Teil, ein anderer geht an das Lazarett, und der Rest wird unter uns verteilt. Ich tausche meine

Ration gegen Brot; einige Köpfe Salat bringe ich auch Frau Kiewe. Sie freut sich darüber wie ein Kind, frischen Salat hätte sie schon lange nicht mehr gegessen. Überhaupt ist Frau Kiewe eine sehr gute Frau. Sie sieht in mir immer ihren in England lebenden Jungen. „Wenn ich zu dir gut bin", sagt sie , „wird vielleicht auch mein Kind eine gute Seele finden." Manchmal, wenn ich von der Arbeit komme, sitzt sie vor dem Bild ihres Sohnes und weint. „Ich werde ihn doch nicht mehr wiedersehen", sagt sie und trocknet sich die Tränen. Frau Kiewe stopft mir meine Strümpfe und wäscht mir meine Hemden aus. Immer wenn ich etwas zu essen habe, bekommt sie ihren Teil ab.

Mitte April bekomme ich eine Einladung von dem Herrn Ältestenrat Fleischel. Als ich hinkomme, sind schon ungefähr zwanzig andere junge Menschen dort versammelt. Herr Fleischel hält eine kurze Rede, in der er ausführt, daß es ihm mit der gütigen Hilfe des Herrn Ghettoältesten Leiser gelungen ist, für alleinstehende junge Männer ein sauberes Heim zu schaffen. Alle hier Anwesenden sind für dieses Heim ausgesucht worden. Er hofft, daß wir uns darüber freuen. Am 20. April wird er selbst in Anwesenheit des Herrn Leiser und der anderen führenden Herren das Heim in der Moskauer Straße 21 eröffnen.

Das Heim ist wirklich ganz gut eingerichtet. Alle Betten sind weiß überzogen. Ein gemeinsamer Waschraum ist hergerichtet worden, auch ein Aufenthaltsraum ist vorhanden. Für die Einweihung sind überall alte Teppiche gelegt worden, ein großer runder Tisch steht in der Mitte des Raumes, rundherum Stühle. Wir zwanzig sind inzwischen eingezogen. Alle sind freudiger Erwartung. Auch wir haben jemand bestimmt, der ein paar passende Worte sagen soll. Es heißt, daß es Kuchen und Kaffee geben wird, der von der Prominenz gestiftet wurde. Frau Kiewe hat mir extra mein einziges weißes Hemd gewaschen. So stehen wir da und erwarten die Herren.

Zuerst kommt Frankenberg, der Polizeipräsident des

lettischen Ghettos. Er läßt sich geräuschvoll auf einem der Stühle nieder. Einige Fürsorgeschwestern des Lazaretts erscheinen. Ältestenrat Plessner aus der Kasseler Gruppe ist auch gekommen. Langsam füllt sich der Raum, man sieht den Herrn Polizeipräsidenten Haar im Gespräch mit dem Wohnungseinsatz Einstein. Neben ihm sitzt Samuel, der Ältestenrat der Dortmunder Gruppe, er unterhält sich mit der Zentralfürsorgerin, Frau Cohn. Alle Herren des Arbeitseinsatzes sind da, alle haben vor sich ein kleines Päckchen liegen. Es geht ziemlich geräuschvoll zu. Wir alle warten auf Herrn Fleischel und Herrn Leiser.

Mit einem Mal geht die Tür auf. Ich denke, ich sehe nicht recht: Ein großer schwarzer Pelzkragen wird sichtbar, eine schlanke Gestalt schlängelt sich durch die aufgehaltene Tür wie eine Diva. Hinter Frau Fleischel erscheint ihr Mann und Herr Ghettoältester Leiser. Alles ist ruhig. Herr Fleischel nimmt das Wort. Er möchte diesen Anlaß nicht vorübergehen lassen, so sagt er, ohne nochmals Herrn Leiser und allen anderen freiwilligen Helfern für ihre Mitarbeit an diesem Heim zu danken. Besonders auch Frau Fromm von der Kleiderkammer verdient seinen Dank für die Lieferung der Bettwäsche. Er glaubt, daß es allen Anwesenden recht ist, wenn er diesem Haus einen Namen gibt, der an die alte Heimat erinnert.

„So will ich denn dieses Heim 'Herrenhausen' nennen, als Erinnerung an das schöne Schloß in Hannover, dem Geburtsort vieler im Ghetto anwesender Juden."

Frau Meier, die Reinmachefrau des Heims, hat inzwischen Kaffee gekocht. Jeder der Herren packt sein vor ihm liegendes Päckchen aus. Sie tauschen ihren Kuchen untereinander aus, sprechen ein paar höfliche Worte miteinander, dann verabschieden sich mehrere Herren und gehen. Einige Kuchenkrümel bleiben auf dem Tisch zurück. Dann versucht auch unser Chawer, ein paar Worte zu sprechen, doch seine Worte gehen in der einsetzenden Musik der Ghettomusikanten unter. Herr Fleischel führt seine Frau zum Tanz, Leiser tanzt mit Frau Cohn. Einige Ghettokünstler singen ein paar Lieder, dann ist die Feier beendet. Es war ein sehr spaßiger Abend.

Zu Frau Kiewe kommt immer ein ungefähr 25jähriger Mann. Sie kennt ihn noch aus Berlin, aus der Zeit, in der es ihm noch gut ging. Jetzt ist er sehr heruntergekommen. Frau Kiewe erzählt mir den Grund: Plötzlich an einem Shabbath im Frühjahr 1942 lud man alle jungen Männer, die sich zufällig auf der Straße befanden, auf ein Auto und fuhr sie ab. Es waren ungefähr fünfzig Männer, erzählt Frau Kiewe, nur drei sind von ihnen wiedergekommen, und die drei sind fast verrückt. Sie mußten im Hochwald Massengräber ausschachten. Wenn sie dann am folgenden Morgen wieder an ihren Arbeitsplatz kamen, waren die Gräber gefüllt und nur mit einer dünnen Schicht Sand bedeckt. Um die Gräber herum lagen Personalpapiere und allerhand andere Sachen, die die zum Tode geführten Menschen weggeworfen hatten. Täglich wurden auf dem Kommando die Leute, die nicht mehr ganz kräftig waren, erschossen und das Kommando dann immer wieder aus dem Ghetto aufgefüllt. „Krause zwei“, hieß es, fügt sie hinzu. Von „Krause eins“, das die gleiche Arbeit machen mußte, ist überhaupt keiner wiedergekommen. „Ich helfe dem armen Deubel, wo ich kann“, fügt Frau Kiewe hinzu, „aber viel ist mit ihm nicht mehr los.“

Im Ghetto haben sich einige Fußballmannschaften gebildet. Es gibt die Prager und die Dortmunder Mannschaft, Berlin, Hannover und Wien stellen eine andere. Die Ghettopolizei spielt auch mit, und zwei Auswahlmannschaften des lettischen Ghettos. Gespielt wird auf dem Platz, wo im letzten Jahr die lettische Polizei erschossen wurde, doch wen kümmert das heute noch? Der Platz wurde etwas gereinigt, zwar gibt es kleine Unebenheiten, aber es läßt sich darauf spielen. Polizeichef Haar macht den ersten Anstoß. Es spielt Berlin-Hannover-Wien gegen Dortmund um die Ghettomeisterschaft. Auch ich spiele mit, doch fällt es mir schwer. Zuletzt habe ich in Paderborn gespielt, unter ganz anderen Bedingungen. Jetzt liegen Salaspils und der Kaiserwald dazwischen. Es ist kein Wunder, daß man nicht mehr so kann, wie man will. Dortmund gewinnt ganz knapp.

Den Fußballplatz umsäumen einige tausend Menschen, alles schreit und feuert die spielenden Mannschaften an. Wenn der Platz nicht so schlecht wäre, könnte man glauben, daß man sich irgendwo in der Freiheit befände. Berlin-Hannover-Wien trägt eine weiße Hose und weißes Hemd, während Dortmund blau-weiß gekleidet ist. An diesen Sonntagnachmittagen herrscht Leben im Ghetto. Nur kommt es vor, daß bei einigen Mannschaften Spieler fehlen, die im Laufe der Woche auf Außenkommandos geschickt oder erschossen wurden. Dann spielt eben ein anderer. Die beste Mannschaft ist eine lettische, in der einige ehemalige internationale lettische Fußballspieler mitwirken. Doch schnell ist der Sonntag vorbei, und am Montagmorgen beginnt wieder die Arbeit.

Anschließend an unseren Garten befindet sich eine kleine Wiese. Morgens arbeite ich, und wenn dann die Arbeit in der kleinen Gärtnerei getan ist, lege ich mich in die warme Frühjahrssonne. Die Kinder der Dortmunder Gruppe mit ihrer Kindergärtnerin sind auch immer da. Sie spielen dort im Kreis oder machen Ballspiele. Überhaupt sind die Ghettokinder klug. Manche gehen immer am Nachmittag an den Zaun, um auf ihre Eltern zu warten. Sie nehmen dann den Eltern die mitgebrachten Lebensmittel ab und verschwinden damit, so schnell ihre kleinen Beine sie nur tragen können.

Baloshi, Mai 1943

Nachmittags um fünf Uhr, als ich gerade beim Tabakpflanzen bin, kommt der Laufjunge des Arbeitseinsatzes zu mir. Ich hätte sofort ins Büro zu kommen.

„Sie müssen gleich weg“, empfängt mich Steg. „Packen

Sie Ihre Sachen, das Auto wartet schon. Wir brauchen einen Gärtner, und es ist kein anderer da. Dort, wo Sie hinkommen, sind schon fünfzehn andere Juden."

Nur nicht so eilig, denke ich und gehe hinauf zu Frau Kiewe, um ihr die Neuigkeit zu erzählen. Auch meine Lebensmittelkarte will ich dort abholen, denn gerade heute ist Brotempfang. Es klopft.

„Herein“, ruft Frau Kiewe.

Ein Oberscharführer kommt auf mich zu und fragt, ob ich Katz heiße.

„Ja“.

„Dann komm“, sagt er.

Vor dem Haus steht ein kleiner, hinten geschlossener Lieferwagen. Der Oberscharführer öffnet die Tür, dann biegt er seinen rechten Daumen etwas nach hinten – damit deutet er an, daß ich dort hineingehen soll. Mit einem Mal fliegt ein Koffer zu mir in den Wagen, den andere für mich in „Herrenhausen" gepackt haben. Fleischel kommt selbst und wirft zwei Wolldecken und einen alten Sommermantel hinein. Bevor sich die Tür schließt, reicht mir Frau Kiewe noch zwei Butterbrote zu, und ab geht es, hinaus aus dem Ghetto, über die Dünabrücke in Richtung Mitau.

Mir ist nicht wohl zumute. Die ganze Sache kam zu plötzlich. Ich gucke mich in dem kleinen Wagen etwas um. Aha, stelle ich fest, der Herr Oberscharführer hat eingekauft. Da gibt es Zigaretten, Schnaps und Tabak. Einen Juden hat er sich auch noch mitgenommen, denke ich mir. Durch ein kleines Fenster kann ich auf die Landstraße hinausgucken. „6 Kilometer bis Mitau“. Über die zwei Brücken der Aar fahren wir in Mitau ein. Der Wagen hält. Wieder das Zeichen mit dem rechten Daumen, der mir dieses Mal andeutet, daß ich herauskommen soll. Der Oberscharführer geht mir voran in ein kasernenartiges Gebäude, öffnet eine Tür.

„Morgen früh hole ich dich ab“, sagt er. Damit bin ich mir allein überlassen. Ich gucke mich in dem Raum um. Ungefähr hundert Militärbetten stehen dort, alle zur Zeit unbelegt. Ich bin also der einzige Schläfer hier. Die Tür geht auf, einige Holländer kommen herein, fragen, wo ich herkomme und wohin ich gehe. Ich erzähle ihnen, was ich weiß.

„Ach, Baloshi", meint einer, „Scheiße, Scheiße, Scheiße." Er wiederholt das Wort dreimal. Seinem Nebenmann erklärt er, daß er dort schon mal an dem Bau eines Gewächshauses geholfen habe. Sie gehen wieder weg, um aber schon nach einigen Minuten mit Butter, Käse, Marmelade und noch vielen anderen Eßwaren zurückzukehren.

„In Baloshi kannst du es gebrauchen", erklärt mir der eine.

Am nächsten Morgen um sieben Uhr klopft es. Ich habe sowieso die ganze Nacht nicht geschlafen, bin schon angezogen. Wieder öffnet sich die Tür des Lieferwagens, bald haben wir die freie Landstraße erreicht. Ein Schild zeigt, daß es in Richtung Libau geht. Nach ungefähr einstündiger Fahrt fängt der Oberscharführer an, die Menschen, die uns mit Pferd und Wagen entgegen kommen, zu grüßen. Daraus entnehme ich, daß wir bald da sein müssen. Er scheint hier gut bekannt zu sein. Kurz danach biegt der Wagen rechts ab, ein kleines Stückchen Feldweg, dann ein Schild „SS- und Polizeigut Baloshi".

„Raus aus dem Wagen, aber los!" kommandiert eine mir noch unbekannte Stimme. Ich suche mein Zeug im Wagen zusammen und gehe hinter dem SS-Mann her.

„Hanauer, Hanauer", fängt der an zu brüllen. Ein älterer Mann kommt angelaufen. „Der da", und dabei deutet der SS-Mann auf mich, „fängt in einer Stunde an zu arbeiten. Zeig ihm, wo er schläft."

Ich betrete einen Hühnerstall. Ein paar zusammengeschlagene Militärbetten, ein aus ungehobelten Brettern hergestellter Tisch, zwei wackelige Bänke sind das ganze Inventar. Dazu hängt Stroh von der Decke des Raums, und die Seitenwände sind mit Hühnerkot beschmutzt.

„Da oben ist noch ein Bett frei", sagt Hanauer. „Du bist schön hereingefallen. Zwölf Stunden arbeiten wie ein Pferd, und zu fressen gibt es nichts. Na, du wirst schon sehen. In einer Stunde hole ich dich. Zieh dir ein bißchen leichtes Zeug an. Es ist warm heute."

Als ich meinen Koffer auspacke, merke ich, daß die Hälfte fehlt, aber daran läßt sich nichts ändern. Hanauer holt mich, geht mit mir zum Obergärtner und fragt ihn, was ich machen soll.

„Salat schneiden", ist die Antwort.

Plötzlich steht Levi, der Sanitäter aus Salaspils, vor mir.

„Jo, du hier! Da bist du aber schön hereingefallen. Doch jetzt arbeite, der große Willi kommt, ein ganz gefährlicher Hund."

Der Salat, den ich schneide, ist geschossen. Levi sagt mir, von der SS hier versteht keiner was von der Gärtnerei.

„Die wollen hier Gemüse fabrizieren..., na, du wirst schon sehen."

Dann wird der Salat gewaschen und an die inzwischen vorgefahrenen Autos getragen. Mittags gibt es einen Liter ganz dünne Erbsensuppe. Alle fünfzehn Juden essen zusammen in unserem Hühnerstall, zehn Männer und fünf Frauen. Nachmittags müssen wir alle Erdbeeren ausjäten.

„Das Feld muß heute fertig werden, und daß ihr mir sauber arbeitet und keine jungen Triebe herausreißt, sonst sollt ihr Gesindel was erleben."

Wir arbeiten und arbeiten – das Feld nimmt gar kein Ende. Ab und zu kommt der große Willi mit seinem kleinen Haselnußstöckchen, mit dem er sich immer gegen seine Schaftstiefel schlägt, und treibt die etwas in der Reihe Zurückgebliebenen zur Eile an. Dann wühlt er noch mit den Füßen in dem Unkrauthaufen und sucht irrtümlich herausgezogene Triebe. Bei Weiss, einem achtzehnjährigen Wiener Juden, findet er was und schlägt ihm mit voller Wucht die Faust ins Gesicht.

„Dich Hundesohn will ich schon kriegen", sagt er. Levi erklärt mir, der große Willi müsse aus Oberschlesien stammen, denn er spricht auch polnisch. Gegen zehn Uhr abends sind wir mit dem Feld fertig. Müde und abgespannt gehen wir schlafen. Morgens um sechs Uhr läutet es, um halb sieben muß alles zur Arbeit antreten.

Der Hof ist ungefähr eintausend Morgen groß. Außer uns Juden sind noch zehn russische Kriegsgefangene und einige Deputatarbeiterfamilien auf dem Gut beschäftigt. Morgens gibt es 300 Gramm Brot und einen halben Liter Magermilch. Dann ist Arbeitseinteilung.

„Kannst du mit Pferden umgehen?" schreit mich da einer von der Seite an.

„Nein, Herr Unterscharführer."

Später erzählt mir Dr. Franz Schweitzer, ein Nürnberger Jude, daß es der kleine Willi ist, ein Bauernsohn aus Schleswig-Holstein.

„Nein?" fragt der kleine Willi. „Dann wirst du es lernen. Komm mit."

Vor meinen Augen beginnt er, ein Pferd anzuschirren.

„So mußt du das machen, den Zaum machst du hier fest, und einen solchen Bogen benutzt du. Hast du kapiert?"

„Nein, Herr Unterscharführer."

„Was? Du willst wohl nicht kapieren, wenn ich es dir so schön zeige." Er knallt mir eine. „Hast du jetzt kapiert?"

„Jawohl, Herr Unterscharführer."

„Also du fährst Heu in die Feldscheune. Weißt du, wo sie ist?"

„Nein, Herr Unterscharführer. Ich weiß auch nicht, wo ich das Heu laden kann."

Er nimmt die Zügel des Pferdes, schwingt sich hinauf.

„Komm", ruft er mir zu.

Mir bleibt nichts anderes übrig, als hinter ihm herzulaufen. Er reitet einen steilen Weg hinauf auf den Boden der Scheune.

„Hier steht ein Wagen, dort ist das Heu. Daß du mir deine sechs Fuder hinausgefahren kriegst, sonst weißt du ja, was dir blüht, Bürschchen."

Mit Müh und Not bekomme ich das Pferd angespannt, es will immer anders als ich will. Andauernd überlege ich, wie ich bloß den steilen Berg mit dem vollen Wagen wieder herunterkomme. Schließlich hilft mir ein Russe dabei. Er nimmt das Pferd vorne am Zaum, und ich halte es mit dem Zügel kräftig zurück. Auf dem Weg in die Scheune kommt mir der kleine Willi entgegen, fragt mich, die wievielte Fuhre ich jetzt mache.

„Was, die erste, du Sauhund? Du fährst mir die sechs Fuhren hinaus, und wenn du die ganze Nacht durchfährst."

Das Pferd will einfach nicht. Alle hundert Meter steht es, es will einfach nicht weiter. Mein ganzes Geschrei hilft gar nichts. Es steht da und guckt sich die schöne Gegend an. Schließlich nehme ich es am Zaum und ziehe es vorwärts. Doch so viel Kraft, das Pferd zu ziehen, habe ich auch wieder nicht. Also mit einem Stock draufgeschlagen, daß die Schwarte kracht. Da legt der Gaul sich doch in die Zügel, ruckt an, ich falle fast vom Wagen herunter, und dann reißt das Geschirr. Es ist zum Verzweifeln. Gegen zwölf Uhr habe ich dann eine Fuhre Heu gefahren. Nachmittags geht es schon etwas besser, ich fahre noch vier Fuhren, dann ist für mich Feierabend. Als der kleine Willi mich fragt, wieviel Touren ich gefahren habe, sage ich sechs.

„Dann hau ab", sagt er.

So geht es jetzt tagein, tagaus, von morgens früh bis abends spät. Einen Sonntag gibt es auf Baloshi nicht. Die Russen brauchen sonntags nur einen halben Tag zu arbeiten, während die Juden den ganzen Tag beschäftigt werden. Da kommt es vor, daß der große Willi uns am Sonntagmorgen etwas früher als gewöhnlich aus unserem Hühnerstall heraustreibt und uns im strömenden Regen Kohl ausjäten läßt. Am nächsten Tag schmeißt er die Kohlpflanzen dann weg. Mittags geht er hämisch lächelnd an uns vorbei. Offensichtlich freut er sich über unser Unglück.

Der schlimmste von allen ist aber der Oberscharführer, der mich aus Riga geholt hat, ein tschechischer Freiherr von Kurau. Frau Schapiro, die mit ihrem Mann und ihrer Tochter zu uns fünfzehn gehört und im Herrenhaus in der Küche arbeitet, erzählt häufig, wie der Freiherr den großen und kleinen Willi aufhetzt.

„Ihr müßt auf die Hunde mehr draufschlagen", sagt er immer, „dieses Gesindel ist zu faul."

Dann kommen die beiden wieder heraus und lassen ihre Wut an uns aus, um ihrem Herrn und Meister zu gefallen.

Am schlimmsten hat Dr. Schweitzer unter ihnen zu leiden. Er ist Chemiker, hat noch nie körperliche Arbeit getan und soll nun plötzlich wie ein langjähriger Gärtner Zwiebeln pflanzen. Er kann es nicht, obwohl er sich die größte Mühe gibt. Wie sinnlos schlägt der große Willi auf ihn ein. Mir kommt es manchmal so vor, als ob sie im Herrenhaus besprächen, wen sie am nächsten Tag vermöbeln wollen, immer ist jemand anderes dran, meistens aber Schweitzer, bei dem sie fühlen, daß er geistig über ihnen steht. Sie merken bei ihm, daß sie es mit einem Intellektuellen zu tun haben. Schapiro, aus Bamberg, ist auch Lehrer, aber er paßt sich besser an, er ist auch geschickter in der gärtnerischen Arbeit als Dr. Schweitzer mit seinen langen, fast zarten Händen. Schweitzer erzählt mir eines Abends, daß er in Nürnberg eine große Fabrik besessen hat. Er habe noch eine wertvolle Sammlung alter Bücher in Deutschland bei einem Freund zurückgelassen. Später, wenn er wieder frei sein wird, will er diese Sammlung weiter ergänzen. Manchmal erkundige ich mich nach seiner Studienzeit, wo er studiert hat und an welcher Universität er seinen Doktor gemacht hat. Franz versteht so nett und interessant zu erzählen, so daß man manchmal bei der Feldarbeit vergißt, unter welch grausamen Bedingungen wir doch arbeiten. Studiert hat er in Erlangen, dann kamen die Nazis, dann hat er seinen Doktor in französischer Sprache in Paris gemacht.

„Später, Jo", sagt er oft, „wenn der ganze Spuk mal

vorbei ist, kommst du zu mir und besuchst mich mal, ja?" Ich verspreche es ihm. Aber meistens ist er niedergeschlagen, im doppelten Sinne, dann sagt er: „Hier werde ich niemals mehr herauskommen, niemals mehr."

Die Frühjahrsbestellung bringt uns besonders harte Arbeit. Die Herren von der SS haben sich vorgenommen, in Baloshi eine Gemüsefabrik zu errichten. Sechs riesenhafte Gewächshäuser werden gebaut, zweitausend Mistbeetfenster angelegt, man könnte glauben, daß sie für alle Ewigkeit bauen. Aber die Berichte, die wir von den Holländern von der Ostfront erhalten, sagen, daß die Deutschen sich an allen Fronten im „siegreichen" Rückmarsch befinden. Ein großer neuer Pferdestall wird auch gebaut; die dort beschäftigten lettischen Arbeiter sagen, wenn der Stall fertig ist, werden die Russen wohl da sein.

Schon wochenlang tun wir nichts anderes als Tomaten pflanzen, 400.000 Tomatenpflanzen haben wir zu setzen, morgens um halb sieben geht es in die Tomaten, abends um acht nach Hause.

Ein russischer Kriegsgefangener ist geflüchtet. Die Folge ist, daß unser Hühnerstall und die Baracke der Russen mit Stacheldraht umzäunt werden. Die Russen erzählen uns: „Jurka weg, Jurka damoj nach Kasan."

Er war ein kluger Junge, dieser Jurka. Wenn wir manchmal abends von der Feldarbeit zusammen zum Gut zurückkehrten, pflegte er mir in seinem gebrochenen Deutsch die neuesten Frontberichte mitzuteilen. Wer weiß, wo er sie her hatte. Sein Schlußwort war immer: „Germanski kaputt." Dabei trat er mit dem Fuß so kräftig auf den Boden, als ob er ganz Deutschland zermalmen wollte.

Zwei neue SS-Männer sind auf den Hof gekommen: Hans, ein langer Hamburger, und Harald, ein dänischer SS-Mann. Beide sind ausgesprochene Barbaren. Hans macht sich einen Spaß daraus, mich einige Male in der Woche nachts um zwölf aus dem Bett zu jagen. Mit einem Mal schreit jemand durch die offene Tür: „Katz, Katz, bist du noch nicht auf, du Hund?" Schlaftrunken springe ich aus dem Bett, werfe schnell den alten Sommermantel über und schlüpfe in die zerrissenen Schuhe hinein. Draußen wirft Hans mir schon die Zügel an den Kopf. Ehe ich mich versehe, sitze ich auf dem Bock. Der Hengst, der Stalluft wittert, ruckt an, und in schnellem Trab geht es dem Stall zu. Manchmal glaube ich zu träumen, wenn ich so um Mitternacht durch die Gegend fahre. Dann schnell das Pferd ausgeschirrt, etwas Heu und Hafer in die Krippe getan und zurück ins Bett.

„Bett" ist zuviel gesagt, es ist ein einfacher Strohsack, mit unzähligen Flöhen, die einen die ganze Nacht nicht schlafen lassen, obwohl wir alle paar Wochen das Stroh wechseln. Morgens schütteln wir immer die Flöhe von den Decken. Ich lege mich sehr oft mit einigen anderen auf dem Heuboden schlafen, es ist in dem Stall einfach nicht mehr auszuhalten. Als der große Willi es merkt, ist es aus.

Die ersten zurückgeführten Viehtransporte treffen bei uns ein. Wir treiben das Vieh von der Bahnstation, die einige Kilometer entfernt ist, auf das Gut. Auch einige hundert Gänse sind dabei, doch Ställe für die Tiere sind nicht vorhanden. Schweitzer und Weiss müssen die Gänse hüten; nachts werden sie in einen viel zu kleinen Stall gesperrt. Frau Schapiro erzählt, die im Herrenhaus mögen schon keinen Gänsebraten mehr. Es ist nur ein Glück, daß etwas auf dem Gut wächst. Karotten werden gezogen, Kohlrabi geschnitten, wir essen uns meistens an dem rohen Gemüse auf dem Felde satt, denn die andere Nahrung reicht bei weitem nicht aus.

Als wir eines Tages vom Jäten auf das Gut zurückkommen, sagt Schweitzer, er macht dieses Leben nicht mehr länger mit. Er geht nicht mehr zur Arbeit, er läßt sich nicht mehr von dem Dänen schikanieren. Am folgenden Tag muß ich auch mit zum Rübenausjäten. Es ist grausam, was sich hier abspielt. Der rechte Flügelmann ist ein alter lettischer Landarbeiter, geschickt und schnell in der Arbeit und gut ernährt. Dann kommen wir Juden. Jeder hat zwei Reihen vom Unkraut zu reinigen. Hinter uns steht der Däne, mit einem Stock in der Hand, immer den Letten zur Eile antreibend. Die Folge ist, daß wir Juden einfach nicht in diesem Tempo mitkommen, am wenigsten Schweitzer, den wir mit Mühe und Not überredet haben, wieder zur Arbeit anzutreten. Schweitzer hat recht. Unter diesen Bedingungen kann man nicht arbeiten. Wenn man nicht immer mit dem Letten auf einer Linie ist, wird man getreten und geschlagen. Offenbar ist der Däne auch noch pervers. Er läßt uns die Hosen herunterziehen und schlägt mit seinem Stock mit voller Wucht auf uns ein. Wenn man schreit, schlägt er so lange, bis man aufhört. Der Däne hat eine satanische Freude daran, uns so zu peinigen. Er weiß, wir sind auf freiem Feld, hier ist unser Leben in seiner Hand. Wer hört unser Schreien und Jammern? Niemand! Er hat sich eine neue Methode ausgedacht: Er kommt von hinten an uns heran und tritt uns in den Hintern. Da wir in gebückter Stellung arbeiten, fällt man nach vorn.

„Steh auf, Jude", kommandiert er dann. „Du hast mich ja eben ausgelacht, stimmt das?" Dabei schlägt er einem mit seinem dünnen Stöckchen ins Gesicht.

„Nein, Herr Rottenführer, ich habe nicht gelacht."

„Willst du Haltung annehmen, wenn du mit mir sprichst, Bürschchen?" Dabei boxt er einen mit der Faust ins Gesicht. „Du hast ja doch gelacht. Warum lügst du?" Jetzt bearbeitet er einen kräftig mit seinem Stock, so daß man vor Schmerzen aufschreit. „Hast du nun gelacht oder nicht?"

Der Geschlagene, der sich Erleichterung davon erhofft, sagt schließlich, er hat gelacht.

Jetzt der Däne: „Warum lügst du mich denn an? Du hast ja gar nicht gelacht. Mach die Hose runter, du hast mich angelogen, du Hund."

Er schlägt so lange auf einen ein, bis man sich vor Schmerzen auf dem Boden windet. Auch mir ist es einige Male so gegangen.

Mittags sagt Schweitzer, er geht auf keinen Fall mehr zur Arbeit, sollen sie mit ihm machen, was sie wollen.

Die erste Frage des Dänen beim Wiederantreten zur Arbeit ist: „Wo ist Schweitzer?"

„Der ist krank", meldet ihm Hanauer.

„Den werden wir gleich wieder gesund machen", mischt sich der große Willi ein, der das Gespräch mitangehört hat.

Schweitzer liegt im Bett und schläft. Anscheinend hat er ein Schlafmittel genommen. Die beiden schlagen auf ihn ein, binden ihm ein Seil um den Fuß und zerren ihn hinter sich her durch den Unrat des Gutshofes an die Tränke. Sie schmeißen ihn hinein. Durch das kalte Wasser kommt er wieder etwas zur Besinnung und krabbelt auf allen Vieren aus dem Wasser heraus, doch wieder schlagen die beiden wie besessen auf ihn ein. So finden wir ihn abends, als wir von der Arbeit kommen. Wir tragen ihn ins Haus, er atmet nur noch ganz schwach. Rosel Stern, ein Mädel aus Nürnberg, pflegt ihn aufopfernd mit den wenigen Mitteln, die sie zur Verfügung hat.

Hans kommt in den Stall und sieht, daß Rosel sich um Franz bemüht. Am nächsten Tag haben die Herren von der SS sich eine neue Schikane ausgedacht: Schweitzer, der kaum gehen kann, muß mit Rosel die Latrine reinigen. Nachher müssen die beiden sich in den Kotkübel hineinstellen, sich umarmen und sagen: „Wir haben uns so lieb." Die fünf Herren der SS stehen um sie herum und lachen.

Einige Tage später wird Schweitzer nach Riga gebracht, wo er an den erlittenen inneren Verletzungen stirbt.

Der Sommer vergeht sehr schnell. Schon sehr früh wird mit der Heuernte begonnen. Überall dort, wo die Arbeit am schwersten und der Staub am größten ist, arbeiten die Juden. Beim Heueinfahren packen wir das frische Heu in die Scheune. Kein Russe oder Lette arbeitet dort, weil es sehr stark staubt. Der große Willi entscheidet: „Das machen die Juden."

Den lettischen Gespannführern macht es auch Spaß, die Juden bis aufs Blut zu quälen. Eine Gabel nach der andern kommt hoch, ohne Unterbrechung. Wenn ich vorne arbeite, lasse ich immer die Hälfte wieder herunterfallen, das reizt sie, dann fangen sie an, die gleichen Schimpfworte zu gebrauchen wie die SS.

Die Getreideernte ist leichter. Wir stellen die Garben auf oder laden die Erntewagen. In der Freiheit müßte es eine wunderbare Arbeit sein, aber hier wird einem die Freude durch die Hetzerei der Unmenschen genommen. Die Kartoffelernte ist wieder sehr schlimm. Zwei Rodemaschinen sind in Betrieb; wenn man das zugeteilte Stück fertig gesammelt hat, muß man gleich auf die andere Seite springen und dort weiter sammeln. So geht es von morgens bis abends. Hinter uns steht der Däne und paßt auf, daß ja keine Kartoffel liegen bleibt. Er bohrt mit seinem Stock oder seinen Stiefeln im Boden herum und empfindet eine teuflische Freude, wenn er eine Kartoffel findet.

„Du sabotierst wohl", schreit er. „Für jede Kartoffel, die ich finde, bekommst du eine geklebt, du Hund."

Er macht seine Drohungen wahr. Abends gefällt es ihm dann, uns singend ins Gut zurückmarschieren zu lassen. Er selbst geht wie ein General voran. Meistens singen wir „Ich hatt' einen Kameraden". Er merkt nicht, daß wir dabei alle an Schweitzer denken.

September 1943

Es fängt an, kalt zu werden. Unser Schuhzeug ist schon längst zerrissen; wir binden uns Lappen um die Füße, wie wir es bei den Russen sehen. Auch warme Kleidung haben wir nicht, keine Handschuhe für die beginnende Zuckerrübenernte. Morgens, wenn wir auf die Felder kommen, liegt schon Reif. Wir reißen ein Stück von unseren Schlafdecken ab und nähen uns Handschuhe. Strümpfe haben wir auch schon lange nicht mehr – keine Seife, keine Rasierklingen. Wir sehen aus wie die Vagabunden, verkommen und verlaust.

Erst jetzt erfahren wir von den Holländern, daß Italien schon vor langer Zeit kapituliert hat. Man erzählt uns, daß die Engländer auf Sizilien kämpfen. Wer hätte uns das erzählen sollen? Auch die Russen hatten in der letzten Zeit keine Verbindung mehr mit der Außenwelt, so waren wir über die politischen Ereignisse gar nicht mehr informiert. „In einem halben Jahr geht ihr alle nach Hause“, sagen die Holländer.

Plötzlich ist der Däne verschwunden. Frau Schapiro hat im Herrenhaus ein Gespräch mitgehört. Der Däne ist aus der SS ausgeschlossen worden, wegen Homosexualität. Das ist für uns keine Neuigkeit.

Die Arbeit wird weniger; alle Erntearbeiten sind beendet; wir hoffen, daß wir bald wieder ins Ghetto zurückkommen. Wir arbeiten jetzt alle im Holzstall, schlagen Holz für den Winter. Der lange Hans ist auf eine neue Idee gekommen. Er läßt jetzt jeden Morgen um vier Uhr zwei Juden den Kuhstall ausmisten, bevor die normale Arbeitszeit beginnt.

„Dafür habt ihr ja Feierabend, wenn es dunkel wird“, sagt er.

Hanauer bittet den großen Willi, uns doch aus dem Rigaer Ghetto Kleidung und Schuhzeug mitzubringen.

„Du hast doch noch was an“, sagt der große Willi und geht weiter.

Der Oberscharführer, der mich aus Riga geholt hat, ist wegen seiner hervorragenden Leistung bei der Bewirtschaftung des Gutes zum Untersturmführer befördert worden. Das wird im Herrenhaus gebührend begossen. Wir sind uns einig, daß diese Herren den Krieg in der Etappe auf diese Art noch lange aushalten können.

Es wird November, und wir sind immer noch da. Es ist bitter kalt geworden. In unserem Hühnerstall steht kein Ofen. Nachts frieren wir so arg unter unseren dünnen Wolldecken, daß wir abends Angst haben, uns niederzulegen. Alles ist erkältet, manche haben sogar Fieber. Doch Kranke gibt es hier auf Baloshi nicht, entweder Arbeitende oder Tote.

4. Kapitel
Kaiserwald
November 1943 – Herbst 1944

Mitte November, bei der Arbeitseinteilung, verkündet der große Willi plötzlich: „In einer halben Stunde kommt ein Auto und holt euch ab. Du und du“, dabei zeigt er auf Levi und Schapiro, „ihr bleibt mit euren Frauen hier.“

Wir sind alle froh, aus dieser Hölle fortzukommen, denn wir wissen ja nicht, was vor uns liegt. Ein Auto kommt, eine Kuh wird aufgeladen, wir Juden sitzen an den Seitenwänden des offenen Lastwagens um die Kuh herum.

„Die da“, sagt der große Willi zum Chauffeur, „kommen ins Ghetto.” Dabei lacht er so breit über sein vollgefressenes Gesicht, daß ich sofort merke, daß da etwas nicht stimmt. „Du weißt ja, wo du die Kuh hinbringst.“

Während der Fahrt benimmt sich die Kuh durchaus nicht anständig, es ist unangenehm, eine solche Reisegefährtin zu haben.

„Sie hat Durchfall“, sagt Hanauer.

In Riga wird erst die Kuh in einem SS-Lazarett abgeliefert. Dann fährt das Auto an der Düna vorbei den Weg ins Ghetto. Bald ist die Moskauer Straße erreicht. Aber kein Licht ist im Ghetto, wir sehen keine Menschen. Das Ghetto liegt tot und verlassen da. Uns schaudert. Am Tor steht noch ein Posten und läßt uns passieren. Vor der Kommandantur stehen einige Juden, die auf etwas zu warten scheinen.

„Wo kommt ihr her?” fragt Leiser, der aus dem Haus getreten ist. Hanauer erklärt es ihm.

„Ihr geht gleich weiter ins KZ Kaiserwald.“

Wir bitten ihn, uns doch eine Nacht im Ghetto zu lassen, nachdem wir erfahren haben, daß das Ghetto am 2. November aufgelöst worden ist.

„Keine Stunde länger", sagt Leiser. „Reden Sie nicht", fährt er mich an. „Kleidung und Schuhzeug kriegen Sie alles im KZ."

Ein Bekannter aus Hamburg erzählt mir, daß schon Ende Oktober keine Kommandos mehr auf Außenarbeit gegangen sind. Am 2. November sei dann Generalappell gewesen. Jeder Jude mußte vor Krause treten und seinen Namen, sein Alter und sein letztes Arbeitskommando angeben. Krause machte dann die übliche Daumenbewegung: die eine führte in bereitstehende Lastwagen, während die nicht für den Transport bestimmten Juden auf dem Appellplatz stehen blieben.

„Weißt du, wo der Transport hingegangen ist?" frage ich ihn.

„Du fragst aber noch naiv", lacht er bitter. „Na, der eine etwas früher, der andere etwas später, diesen Weg gehen wir ja doch alle."

Eine Zugmaschine mit zwei Anhängern ist gekommen. Zehn Mann Wache, alle mit geschultertem Gewehr, springen von dem Wagen herab.

„Alles in Fünferreihen antreten, aber los!" kommandiert der Postenführer. „Richte dich aus, Itzig, damit ich sehen kann, wo du stehst", schreit er einen von uns an. Dann kommandiert er „Stillgestanden! Mützen ab!"

Ein Hauptscharführer ist aus der Kommandantur herausgetreten. Er macht die Meldung: „Achtundachtzig Juden zum Abtransport in den Kaiserwald angetreten."

Der Hauptscharführer winkt ab.

„Mützen auf, rührt euch!" kommandiert der Postenführer. „Rauf mit euch auf die Autos, aber schnell."

Inzwischen ist es dunkel geworden. Schon nach ganz kurzer Fahrt tauchen Wachtürme auf, und Scheinwerfer beleuchten den doppelten Stacheldrahtzaun. Das ganze Lager erscheint mir taghell. Das übliche „Mützen ab", und dann die Worte des Postenführers:

„Das klappt noch gar nicht, das müssen wir wohl hier erst noch üben, das muß auf einen Schlag gehen."

So stehen wir eine halbe Stunde vor dem Tor des KZ und üben. Dann macht der Postenführer dem am Tor stehenden Posten Meldung, das Kommando „Im Gleichschritt marsch" kommt, und es geht durch verschiedene Stacheldrahtzäune innerhalb des Lagers, dann nimmt uns das Wohnlager auf.

Plötzlich steht da eine Figur im blauen Matrosenanzug und schief sitzender Kapomütze vor uns.

„Also hört mal her, Jungens", sagt er, „hier machen wir nicht viel Worte. Alles, was ihr so an Wertsachen, Geld, Personalpapieren oder Adressen, Bildern und so weiter bei euch habt, müßt ihr bei dem dort abgeben. Wer's nicht tut, dem geht es schlecht, der kann schon jetzt seine Knochen numerieren lassen. Habt ihr mich verstanden?"

„Jawohl."

„Euer Gepäck", setzt er seine Rede fort, „schmeißt ihr auf einen Haufen. Keiner nimmt mir etwas mit, habt ihr mich verstanden?"

„Jawohl."

Der zu uns sprechende Lagerälteste sagt, er habe kein Jawohl verstanden. „Das müssen wir erst mit euch üben. Habt ihr mich verstanden?" wiederholt er.

Diesmal klingt das Jawohl lauter.

„Das ist noch gar nichts", sagt der Lagerälteste. „Wenn das nicht besser wird, könnt ihr hier ein paar Stunden stehen und kriegt nichts zu fressen. Habt ihr verstanden?" wiederholt er noch einmal.

„Jawohl", brüllen wir alle aus voller Kehle.

„Das geht schon besser", sagt der Lagerälteste. „Morgen früh üben wir weiter."

Einige andere verwegene Gestalten sind auf der Bildfläche erschienen. Ihre Kapomützen sitzen ihnen auf einem Ohr; mir ist so, als wollten sie jede Minute auf uns einschlagen. Doch sie bilden nur eine Kette, damit ihnen keiner entwischt.

„Alles jetzt rein in die Baracke dort", kommandiert eine besonders kräftige Figur. „Besinn dich nicht zu lang, Hein, bist noch nicht drin, sonst mach ich dir Beine."

Alles drängt und schiebt, jeder will der erste in der Baracke sein, denn die Herren Kapos fangen hinten an zu treiben. Ehe ich mich besinne, werde ich mit einemmal von oben bis unten abgetastet, das Bild, das mir Mucia zum Abschied in Libau geschenkt hatte, und die Adressen von Rosel habe ich bis jetzt in der Hand gehalten. Ich lasse alles fallen, denn ich sehe, wie die ersten beginnen, sich auszuziehen. Durch den Strom der von hinten drängenden Menschen werden wir nach vorwärts gedrückt.

„Zieh deine Klamotten aus, Kleiner", schreit mich einer an. „Wir wollen heute noch fertig werden. Schmeiß alles dort auf den Haufen."

Jetzt erst sehe ich, was hier eigentlich los ist. Ein Baderaum mit einigen Duschen ist in dem Nebenzimmer, da gibt es eine Minute kaltes Wasser, einige Häftlingsärzte kommandieren: „Arschbacken auseinander", dann heißt es „Raus hier", und der nächste Schub kommt. Im Nebenraum ist es eisig kalt, alles steht nackt da und friert. Plötzlich schmeißt einem einer eine Unterhose und ein Hemd an den Kopf, ein anderer drückt dir eine Hose und eine alte Jacke in die Hand, dann wirft dir jemand ein paar Holzschuhe und ein paar Babysöckchen zu, und draußen steht man wieder, angetan wie ein Graf, meint ein polnischer Jude. Wenn es nicht bitter ernst wäre, könnte ich Tränen lachen. Da steht ein alter Mann vor mir, der krampfhaft seine viel zu weite Hose festhält. Von seiner Figur gehen zwei in die Hose hinein. Seine Jacke kann er fast als Mantel tragen, jeden fragt er: „Chawer, hast du nicht a Stückel Band?", aber keiner hat. Ich habe eine Kinderhose bekommen, sie geht mir nur bis an die Knöchel, aber dafür sitzt sie oben ganz fest. Dazu habe ich ein braunkariertes Sportjackett erwischt, es paßt einigermaßen. Auch auf den Holzschuhen kann ich ganz gut gehen, jedenfalls sind sie besser als meine alten zerrissenen Lederschuhe.

„Alles mitkommen!" werden wir da wieder angeschrien. Wir werden aus dem Wohnlager herausgeführt, kommen an eine Baracke. Ich lese „Schreibstube und Arbeitseinsatz".

Einer nimmt meine Personalien auf, wo geboren, Staatsangehörigkeit, Rasse. Dann schiebt er mir eine Nummer zu.

Donnerwetter, denke ich, das ist aber ein komischer Zufall. In Libau war meine Nummer 579, hier habe ich die Nummer 13079 erhalten. Beinahe dieselbe Quersumme, rechne ich aus, und die 79 auch noch, das muß ein gutes Omen sein. Zwar bin ich nicht abergläubisch, aber meine Nummer beruhigt mich. An irgend etwas muß man sich ja klammern.

Alles, was registriert ist, kann mitkommen. Wir werden wieder ins Wohnlager zurückgebracht.

„Hannes, Hannes", fängt der uns führende Kapo an zu schreien. „Zugänge für deinen Block."

Ein großer blonder Mann steht vor uns, mit aufgekrempelten Hemdsärmeln und fest anliegenden zurückgekämmten Haaren – der Prototyp eines Germanen.

„Da hast du mir aber ein paar nette Muselmänner ausgesucht, X", spricht er den uns führenden Kapo an. „Ich weiß wirklich nicht, wo ich diese Weihnachtsgänse noch hinlegen soll."

„Befehl vom Obersturmbannführer", sagt X. „Alle Zugänge kommen in Block eins."

Alles drängt sich hinter dem Germanen in den Block. Der steigt auf eine Bank, so daß er alle überblicken kann.

„Mal herhören, mal herhören!" fängt er an, das Geschrei in der Baracke zu übertönen. Die um ihn Herumstehenden rufen „Ruhe, Ruhe für den Blockältesten!"

„Wir haben achtzig Zugänge bekommen", fängt der Blockälteste an zu sprechen. „Ich will heute abend keinen mehr sehen, der wie ein Fragezeichen in der Koje liegt. Sonst passiert ein Unglück. Ich appelliere an euren Kameradschaftsgeist, Jungens."

Die Schreierei geht wieder los. „Wer darf haben Brot?

Wer will kaufen einen Hering? Chawer, darfst du haben Butter?"
„Was kostet?" fragt der Angesprochene.
„18 Mark."
„Zu teuer, gerade konnt ich kaufen für 16."
Der Verkäufer geht weiter. „Wer darf haben Butter?" hört man ihn am nächsten Tisch ausrufen.
„Du hast auch Brot zu verkaufen?"
„Ja, kannst haben a Viertele, 6 Mark."
„Für das kleine Viertele 6 Mark? Bist wohl meschugge, 4.50 Mark geb ich dir."
„Gut, gib aher."
Der Käufer nimmt das Brot, holt ein Taschenmesser aus der Tasche, fängt an zu essen. Aus einer anderen Tasche nimmt er eine Butterdose und beginnt, sein Brot zu streichen. Ich gehe in der Baracke herum und suche Bekannte. An einem Tisch sehe ich Honig, den ich zuletzt in Salaspils gesehen habe. Wir freuen uns miteinander.
„Bei mir in der Koje ist noch Platz", sagt Honig. „Kannst dich mit hinein legen."
Ich bin froh, erstmal einen Schlafplatz gefunden zu haben, denn ich bin hundemüde.
„Du siehst schlecht aus. Wo hast du denn die ganze Zeit gesteckt?" fragt Honig.
Ich erzähle ihm, wie es mir in dem letzten halben Jahr ergangen ist.
„Das ist noch gar nichts", meint Honig. „Das Schlimmste steht uns noch bevor."
Ich liege zwischen einem Dünaberger Arzt und Honig. Wie die Heringe liegen wir nebeneinander. Da kein Platz für die Kleidung vorhanden ist, müssen wir das Zeug zu einem Paket zusammenpacken, die meisten binden ihren Gürtel herum. Die Schuhe haben in einer Linie ausgerichtet vor den Kojen zu stehen. Ich höre noch, wie einer aus einer Zeitung den Heeresbericht vorliest. Shitomir soll angegriffen worden sein. Einer meint, die Jeckes gehen jetzt endgültig unter die Erde. Leider wir auch, kommentiert ein anderer. Dann schlafe ich ein.

Es läutet.

„Alles aufstehen, alles aufstehen!“ ruft der Stubendienst. „Seid ihr noch nicht draußen, ihr Weihnachtsmänner, ich muß euch wohl erst wieder Bewegung machen.“

Das ist die Stimme des Blockältesten. Alles steht so schnell wie möglich auf, denn wen er noch liegend vorfindet, auf den schlägt er unbarmherzig ein. Alles muß mit nacktem Oberkörper in den 50 Meter entfernten Waschraum gehen; wehe, wenn ein Kapo einen angezogen im Waschraum erwischt. Die nächste Etappe ist dann das Revier. Die meisten gehen sich gar nicht waschen. Honig sagt, es ist besser, sich nicht zu waschen, als sich in dem zugigen Waschraum die Schwindsucht zu holen. So waschen sich viele auf dem Kommando.

Der Kaffee schmeckt nach Sacharin; getrunken wird er aus den Eßschalen. Nur die Kapos haben eigene Becher.

Alles hinaustreten, alles hinaustreten, Appell, Appell. Eine Minute später läutet es. Still gestanden, die Augen links, Mützen ab, kommen die Befehle. Der Rapportführer schreitet starren Blickes die Front ab. Mützen auf, Arbeitskommandos antreten. Alle Zugänge treten um 7 Uhr auf dem Appellplatz an.

Es ist jetzt ungefähr 6 Uhr morgens. Die Dämmerung bricht herein. Schon um 4 Uhr wurde zum Aufstehen geläutet. Es ist ein sehr langer Tag, überlege ich mir. Mit einem Mal steht Stefan vor mir.

„Jo, wann bist du denn angekommen? Ich habe dich ja noch gar nicht hier gesehen.“

Ich erzähle ihm, daß ich gestern abend eingetroffen bin.

„Du siehst schlecht aus, Jo, bist du krank?“

„Ja. Mir ist die kalte Dusche gestern abend nicht bekommen. Ich glaube, ich habe hohes Fieber.“

„Weißt du was, du gehst jetzt sofort ins Revier und läßt dir Schonung geben“, schlägt Stefan mir vor. „Aber lege dich dort nicht hin – manchmal wird das Revier ganz plötzlich ausgeräumt, und du weißt ja, was mit den Kranken dann geschieht. Wenn du deinen Schonungsschein hast, kommst du zu mir in die Baracke. Dann sehen wir weiter."

Vor der Revierstube stehen ungefähr 30 Leute. Schubweise wird man in das Untersuchungszimmer hineingelassen. Ein Sanitäter mißt das Fieber. Alles über 39 ist arbeitsunfähig. Bei mir zeigt das Thermometer 39.5.

„Willst du im Revier aufgenommen werden?" fragt mich der Sanitäter.

„Nein", gebe ich ihm zur Antwort. „Vielleicht haben Sie einige Aspirin für mich, dann wird es von selbst wieder gut."

Er gibt mir zwei Tabletten, und ich gehe hinüber zu Stefan mit einem Schein, daß ich zwei Tage arbeitsunfähig bin. Stefan ist eine gute Seele. Sofort gibt er mir zu essen, heißen Kaffee hat er auch für mich vorbereitet. „Wenn du fertig bist mit dem Essen, kannst du dich hinter den Ofen legen. Ich stelle dann diesen Ofenschutz davor, damit die SS dich nicht sieht, wenn sie hier hereinkommt."

„Wer lebt eigentlich noch von den Leuten, die mit uns nach Salaspils marschiert sind? Erinnerst du dich an den Marsch?" frage ich ihn. „Dir hat man gleich bei der Ankunft deine Langschäfter und dein ganzes Rasierzeug gestohlen. Du hast dich dann immer mit meinem rasiert."

„Und ob ich mich erinnere! Aber von den Leuten leben, glaube ich, nur noch du und ich. Loeb war mal hier", erzählt Stefan, „der ist aber mit nach Dundangen gegangen, dort soll es schlimmer sein als in Salaspils. Meistens kommen die Leute als Skelette hier wieder her, dann steht schon ein Lastwagen bereit, und ab geht es in den Hochwald. Man hat mir erzählt, dort werden Panzerschneisen gebaut. Die Leute leben in Finnenzelten, nur mit etwas Stroh auf dem eisigen Boden. Nebenbei verrichten die SS-Leute ihr Geschäft in dem Bach, aus dem die Juden ihr Wasser für die dünne Suppe schöpfen. Jo, ich sag dir, Salaspils war ein Paradies dagegen."

In der Werkstatt hat jetzt die Arbeit begonnen. Alles hämmert und klopft. Ich habe mich hinter den Ofen gelegt. Die Wärme tut mir gut, die Aspirin-Tabletten treiben, und bald bin ich in Schweiß gebadet. Stefan kommt ab und zu und frottiert mich ab. Ich frage ihn, ob er keine Beschäftigung für mich in der Werkstatt hätte.

„Erst sei wieder gesund, dann werden wir weitersehen."

Draußen geht es jetzt wüst zu. Unter der Aufsicht von polnischen Kapos müssen alle Zugänge im Laufschritt Loren schieben. Hinten, fast 500 Meter vom Lager entfernt, ist ein großer Sandberg, von dort wird der Sand im Laufschritt ins Lager gefahren. Stefan sagt mir, hier sollen Grünanlagen gepflanzt werden. Zwischen den Arbeitenden geht Obersturmbannführer Sauer spazieren. Er trägt einen langen grauen Ledermantel, Schaftstiefel und Sporen. Zu den Arbeitenden sagt er kein Wort, nur die polnischen Kapos hetzt er mit ein paar lässig hingeworfenen Worten auf.

„Wenn die Juden nicht besser arbeiten, kann ich dich nicht gebrauchen."

Das ist Wasser auf die Mühlen für die Kapos; dann wird draufgeschlagen, daß die Schwarte knackt, um dem Herrn und Meister zu gefallen. Ich bin mir klar, daß, wenn ich diese Arbeit machen soll, ich das Frühjahr nicht mehr erleben werde. Unter diesen Arbeitsbedingungen und den Schikanen kann man es beim besten Willen nicht aushalten.

Stefan sagt, wenn ich wieder gesund bin, hat er vielleicht eine Arbeit im Innendienst für mich. Es werden noch einige Dachdecker gesucht; er will mit dem Dachdeckermeister Nähte sprechen. Nähte kommt; er ist ein großer, kräftiger Mann. Beim ersten Wort, das er spricht, höre ich, daß er aus Köln stammt.

„Ja, selbstverständlich kannst du bei mir arbeiten, wenn du wieder gesund bist", sagt er mir. „Bei mir arbeitest du dich nicht tot, da geht es immer langsam voran. Jetzt bei dem einsetzenden Schneetreiben können wir sowieso nicht arbeiten, da müssen wir mal sehen, wie wir die Zeit totschlagen."

Abends sehe ich, wie die Arbeitskommandos von der Arbeit zurückkehren. Der Kolonnenführer gibt am Tor des Wohnlagers dem dort stehenden Posten die Anzahl der Häftlinge an. Der zählt noch mal durch, dann heißt es: „Ab in die Blocks."

Das Frauenlager ist vom Männerlager durch einen doppelten Stacheldrahtzaun getrennt. Männer stehen in der Nähe des Zaunes und unterhalten sich mit ihren Frauen oder Mädeln. Manchmal wird auch etwas über den Zaun in das andere Lager geworfen, obwohl es strengstens verboten ist. Totenköpfe sind am Zaun befestigt, die jeden warnen, sich dem Zaun ganz zu nähern.

Plötzlich sehe ich Rosel Sachs aus Libau.

„Hallo, Rosel", rufe ich sie an, „wie kommst denn du hierher?"

Rosel ist wenig erstaunt. Sie sagt, auf mich hat sie schon lange gewartet.

„Wo ist Mucia?" ist meine nächste Frage.

„Mucia ist mit fast allen anderen jungen Mädeln in die AEG gekommen. Nur ich allein von den Libauern bin hier geblieben."

„Was machen Frau Feivelsohn und ihre zwei Kinder?" setze ich das Gespräch fort.

„Die sind, nachdem wir hier zwei Tage waren, weiter gekommen, alle alten Leute, sicher kennst du auch die meschuggene Sophie, die euch gegenüber gewohnt hat; alle sind fort."

Ich muß immer nur daran denken, ob Frau Feivelsohn ihren Kindern auch die besten und wärmsten Sachen angezogen hat.

„Jo", fängt Rosel wieder an, „weißt du schon, daß man sonntags manchmal zwei Stunden in das Frauenlager hinüber darf? Kommst du mich dann besuchen? Auch Jakob kommt, ein politischer Häftling, den mußt du unbedingt kennenlernen." Rosel erzählt mir noch, daß sie im hintersten Teil des dritten Blocks liegt.

Es läutet Appell. Im Nu steht alles ausgerichtet in Fünferreihen da. Bloß der Rapportführer läßt auf sich warten. Als er kommt, sagt er zu X:

„Was das wieder für eine Saurichtung ist. Das kannst du heute abend mit denen mal ein paar Stunden üben."

Der Appell ist schnell vorbei. Alles bleibt stehen, heißt es. Namen werden verlesen. Alle Aufgerufenen treten morgen früh vor der Schreibstube an.

„Wer von diesen versucht, trotzdem mit auf Kommando zu gehen, kann morgen abend sein blaues Wunder erleben", sagt Schlüter, der Häftling der Schreibstube.

„Alles wegtreten."

Dann pfeift es wieder dreimal.

„Alles wieder antreten, marsch, marsch! Steht ihr noch nicht, ihr Hampelmänner? Das muß schneller gehen, und was ist das wieder für eine Richtung? Man merkt, daß ihr alle nicht beim preußischen Kommiß gewesen seid."

Antreten und wieder wegtreten, so geht es ungefähr zwei Stunden lang. Es ist schon fast neun Uhr, als wir dann endlich in die Blocks dürfen. Brotfassen. Ich bin dem Tisch Nummer zwei zugeteilt worden. Je vier Mann erhalten ein Brot. Jeder achtet sorgfältig darauf, daß auch richtig geteilt wird. Am Nebentisch ist ein wilder Streit entstanden, einer behauptet, das Brot sei ungerecht geschnitten worden. Manchmal gibt es auch einen Löffel verdünnte Marmelade als Zubrot.

Am Tisch unterhält man sich darüber, was wohl mit denen werden wird, die aufgerufen worden sind. Die Pessimisten sagen, daß sie sicher nach Dundangen kommen werden, andere meinen, da wird nur ein neues Kommando zusammengestellt. Auch bei uns am Tisch ist einer der Aufgerufenen. Er sagt, ihm sei es schon ganz egal, so oder so sind wir ja doch alle kaputt.

Hinten in der Ecke fängt einer im Marschtempo an zu singen:

„Glaube nicht, du gehst den letzten Weg,
Es wird kimmen unsere masseldicke Schoh
Es ist a Wunder, wenn wir sind noch do..."

„Nachtruhe, Nachtruhe, alles schlafen gehen", ruft der Stubendienst. „Los, los, in die Klappe mit euch, ihr Langschläfer."

„Fußappell", ruft einige Minuten später der Blockälteste. Alles streckt jetzt die Füße zur Koje hinaus.

„Ich will sehen, ob eure Weißquanten sauber sind." Viele fangen jetzt an, ihre Füße etwas mit Spucke abzureiben. Wen er mit schmutzigen Füßen antrifft, der wird aus der Koje herausgeschlagen und muß barfuß über den Appellplatz in den Waschraum laufen, um sich seine Füße zu waschen. Das ganze ist wie im Irrenhaus.

Dezember 1943

Am nächsten Morgen kommt schon in aller Frühe ein Lastauto mit fünfzig vollkommen verhungerten Menschen an. Die meisten von ihnen können gar nicht mehr gehen, sie werden von den Sanitätern des Reviers in den Krankenbau gebracht. Die anderen wanken, gestützt auf Freunde oder Bekannte, denselben Weg. Das Auto nimmt die gestern Aufgerufenen mit. Die Pessimisten haben recht behalten.

Ich habe jetzt Gelegenheit, mich einmal im Lager umzugucken. Körperlich fühle ich mich schon bedeutend wohler, wenn der verdammte Hunger bloß nicht wäre! Stefan hat mir gesagt, manchmal werden Träger gebraucht, die Kartoffeln aus den am äußeren Stacheldrahtzaun liegenden Mieten in die Küche tragen. Dabei könnte man gut organisieren. Mittags komme ich mit den Taschen voll Kartoffeln in die Klempnerei. Stefan kocht sie mir schnell unten im Feuerloch des Ofens, damit die SS-Leute sie nicht sehen, wenn sie hereinkommen. Satt, so stelle ich immer wieder fest, sieht die Welt doch ganz anders aus.

Das KZ Kaiserwald ist ein sehr kleines Lager. Es gibt nur drei Männer- und drei Frauenbaracken, ein gemeinsames Revier, eine Kleiderkammer und die außerhalb des

Zauns gelegenen Werkstätten. An die Kleiderkammer ist eine Schneiderei angegliedert. Dann ist eine Lagertischlerei vorhanden, und eine Schlosserei; einige Radiotechniker haben eine kleine Werkstatt, und dann gibt es die Dachdecker, zu denen ich von morgen ab gehören werde. Außerhalb des Wohnlagers ist noch eine Zerlegungsabteilung für elektrische Geräte einer Nachrichtenabteilung der Wehrmacht. Dort arbeiten hauptsächlich Frauen, die Akkumulatoren oder Radioapparate in ihre Bestandteile zerlegen zum Zwecke der Wiederverarbeitung. Im Frauenlager befinden sich noch die Wäscherei und die Küche – das ist das ganze KZ Kaiserwald, in dem ungefähr 5.000 Juden leben.

Dachdeckermeister Nähte meldet dem Häftlingsarbeitseinsatz Schlüter, daß er sich noch einen Mann dazu genommen hat. Er gibt meinen Namen und die Nummer an, und damit bin ich Dachdecker geworden. Im ganzen sind wir fünf Mann, Nähte, sein Sohn Alfred, Erich Pisk, ein Wiener Jude, dann Männe Stern aus Stuttgart und ich. Wir alle sitzen um den Teerofen herum, um uns zu wärmen, denn es ist in der Frühe noch sehr kalt. Nähte sagt, das geht so nicht mehr weiter, wir müssen über den Winter eine Bude haben, sonst erfrieren wir alle; wenn wir auf dem Dach arbeiten müssen und keine Möglichkeit haben, uns richtig durchzuwärmen. Männe sagt, er habe außerhalb des Lagers alte Barackenteile gesehen, daraus könnten wir uns eine Bude hinter der Kleiderkammer bauen, dort würde sie am geschütztesten liegen. Gesagt getan. Nähte meint, wer viel fragt, bekommt viel Bescheid. Wir machen es einfach: mehr als die Bude wieder abreißen können sie ja nicht.

Wir holen uns die Teile, Nähte meldet fünf Dachdekker zum Holzholen für den Teerofen; statt dessen nehmen wir die Barackenteile mit ins Lager. Bald steht wirklich eine kleine Bude da. Ein Rohr wird durch das Dach geführt, und bald raucht ein Ofen mehr im Kaiserwald. Zwar hat die Bude keine Tür, aber dennoch liegt sie windgeschützt, und vor allen Dingen ist sie den Blicken der Außenstehenden entzogen. Warm haben wir es jetzt, aber von Hitze wird man nicht satt. Nähte sagt mir und Männe, wir sollen mit ihm kommen; in der Küche seien heute eine große Anzahl Kalbsfüße abgeladen worden, wir wollen mal sehen, ob wir nicht einige erwischen können.

Nähte wirkt wie ein biederer Handwerker; man traut ihm nicht zu, daß er organisieren geht. Der Küchenchef, ein dicker, vollgefressener Häftling, kommt auf uns zu und fragt, was wir wollen. Er wolle sich nur ansehen, wo es durchgeregnet hat, sagt Nähte.

„Hier", zeigt ihm der Küchenchef, „und dort."

Dabei gehen wir durch die ganze geräumige Küche. Überall liegen Kalbsfüße herum, teilweise sind sie schon von den Haaren gereinigt. Auf uns beide achtet man nicht weiter, wir gehen, fachmännisch an die Decke starrend, hinter den beiden her. In Momenten, wo wir uns unbeobachtet glauben, steckt jeder blitzschnell einige Kalbsfüße unter die Jacke. Es geht gut, die Köche sind eifrig mit dem Feuern ihrer Herde beschäftigt, keiner achtet auf uns. Als wir wieder draußen sind, hat jeder drei Kalbsfüße organisiert. Männe hat sogar einen Rinderfuß dabei. Schnell wird der Teerpott vom Ofen genommen, heißes Wasser gekocht und die Füße nochmals gebrüht. Nähte ist Fachmann, er hackt sie auseinander, und bald ist eine kräftige Suppe fertig. Während des Kochens steht einer Wache. Wenn ein unliebsamer Besuch sichtbar wird, nehmen wir schnell den Topf mit der Suppe vom Ofen und verstecken ihn in einem extra dafür vorbereiteten Loch in der Erde, stellen schnell den Teerpott wieder auf, und bald erfüllt der Teergestank wieder unsere ganze Bude.

Alle sind sehr erstaunt, als der Polizeipräsident des Ghettos auch im KZ erscheint. Alle anderen von der Prominenz haben sich schnell bei der Auflösung des Ghettos noch eine gute Kasernierung ausgesucht. Zwar unterstehen diese Außenlager auch dem KZ, aber dennoch sind die Bedingungen dort bedeutend besser. Der Ghettoälteste Leiser ist mit einigen anderen Prominenten im Arbeitslager Lenta kaserniert, dort arbeiten hauptsächlich Handwerker; die Arbeitsbedingungen sind gut, und den Kommandanten nennt man den König der Juden. Welche wollen wissen, daß er selbst Jude ist, andere behaupten, die Juden hätten es dort so gut, weil sie alle sehr reich seien und deshalb den Kommandanten gut schmieren könnten. Der Zentralarbeitseinsatz Schulz aus dem Ghetto, auf den viele im KZ warten, um ihn totzuschlagen, ist in einem Armeebekleidungslager. Diese Herren haben es wieder verstanden, sich vor dem KZ zu schützen. Nur Haar ist erschienen und beginnt eine verhängnisvolle Rolle zu spielen.

Anscheinend ist er mit einem Empfehlungsschreiben von Krause ins Lager gekommen, denn er bekommt sofort eine Binde „Lager-Arbeitseinsatz". Als Männe langsam über den Appellplatz geht, kommt Haar auf ihn zugesprungen und fragt ihn, wieso er sich hier herumtreibt. „Marsch an deine Arbeit!" kommandiert er.

Männe kommt ganz ärgerlich in die Bude, schimpft auf Haar und sagt: „Der Hund hat uns hier gerade noch gefehlt."

Herr X, der bisher Kolonnenführer eines Außenkommandos war, ist auch mit der Beaufsichtigung des Innendienstes beschäftigt. Von ihm erzählt man sich einige interessante Geschichten. Im Lager ist er als Schwerverbrecher mit dem schwarzen Winkel[29] gezeichnet. Man sagt, er sei ein professioneller Autodieb gewesen und schon seit sechs Jahren im KZ. Über Buchenwald und Dachau sei er nach Riga gekommen. Dann wurde er Kolonnenführer wegen seiner hervorragenden Leistungen im Totschlagen von Juden. In seinem Kommando hat er die weniger kräftigen Juden ins Wasser geschmissen, und wenn die Menschen wieder hoch kamen, hat er sie mit einem Brett immer wieder untergetaucht, bis sie ertranken. Das kam jede Woche ein paar Mal vor. Herr X ist jetzt der Kollege von Herrn Haar, doch verstehen sich die beiden nicht gut. X wittert in Haar eine unliebsame Konkurrenz. Haar spielt sich im Lager auf und kommandiert herum, so daß sich X zurückgesetzt fühlt. Eines Abends veranstalten die Bonzen des Lagers ein Saufgelage. Den Schnaps hat man sich durch Mittelsmänner auf Außenkommandos besorgen lassen, und so geht es in der Bude des Lagerältesten hoch her. Auch Haar ist dabei. Mitten in der Nacht, so erzählt man sich, geht Haar mit X zur Latrine. Doch nur X allein kommt wieder. Haar ist in die Latrine gefallen und ertrunken, wird am anderen Tage im Lager erzählt.

Doch X hat auch menschliche Eigenschaften und Gefühle. Er liebt hübsche junge jüdische Mädchen. Es ist ein offenes Geheimnis im Lager, daß die kleine Sonja aus dem zweiten Block die Freundin von X ist. Sie flattert in einem leichten Dirndlkleidchen im Frauenlager herum, pflegt und putzt sich und braucht nicht auf Außenkommando zu gehen. Dafür hat X gesorgt. Doch er bleibt nicht lange bei derselben. Heute nimmt er die eine mit in sein abgeschlossenes Zimmer, morgen eine andere. Die Mädel fühlen sich wohl in den machtvollen Armen des Neros, heut ist heut, und wie lange wir noch leben, wissen wir doch nicht, nehmen wir eben mit, was wir bekommen können, und wenn der Mann auch X heißt und täglich Menschen mordet. Nebenbei sorgt X selbstverständlich dafür, daß seinen Täubchen nichts zu essen fehlt, denn wozu ist der Küchenchef sein bester Freund?

Neben X führt auch der Lagerälteste ein machtvolles Dasein. So gut wie es ihm im KZ geht, kann es ihm in der Freiheit niemals gegangen sein. An lukullischen Genüssen fehlt ihm durchaus nichts. Die reichen Juden, von denen er weiß, sind ihm tributpflichtig, und er weiß von allen, – wofür hat er denn seine Zuträger? Wehe, wenn einer sich dem widersetzt und nicht freiwillig ab und zu ein Kilo Butter oder einige Schachteln Zigaretten zum Lagerältesten hinbringt! Der verschwindet wie rein zufällig nach Dundangen. Morgens geht er meistens wie ein kleiner König auf dem Appellplatz spazieren. Die Arme auf dem Rücken verschränkt, mit blank geputzten Stiefeln und glattrasierten Wangen geht er in seinem Königreich daher. Für sein leibliches Wohl sorgt außerdem noch ein Diener, der die groben Arbeiten in dem Zimmer des Lagerältesten verrichtet. Er selbst hat weiter nichts zu tun, als seine machtvolle Figur im Lager spazieren zu führen. Ab und zu schlägt er mal im Vorbeigehen jemandem in die Fresse, das ist eine Art Morgengymnastik für ihn. Ab und zu besucht er auch mal die Kleiderkammer, wo er sich von den Kleidern, die den Juden bei ihrer Ankunft abgenommen wurden, aussucht, was er mag.

Auch zu uns in die Dachdeckerbude ist er einmal gekommen. Es stand keiner Wache, so daß wir sein Kommen nicht bemerkten. Wie rein zufällig schmeißt er mit der einen Hand den auf dem Ofen stehenden Suppentopf um und teilt mit der anderen blitzschnelle Kinnhaken aus. Meistens trifft er ins Leere, denn Männe und ich verschwinden sofort. Aber ich erwische noch einen Tritt beim Hinauslaufen. Dann geht er weiter auf seinem Inspektionsgang, zieht vor jedem ihm entgegenkommenden SS-Mann seine Kapomütze bis zur Erde und nimmt dann in strammer Haltung die Befehle der SS entgegen, welche er durch seine Untergebenen X oder Hannes, den blonden Germanen, an die Juden weiterleiten läßt.

Hannes, der Barackenälteste der Baracke eins, ist nicht ganz so brutal. Von ihm sagt man, daß er wegen Zuhälterei im Lager ist; andere wollen wissen, daß er eine große Bankräuberei in Hamburg ausgeführt hat. Aber das erste Gerücht scheint mir der Wahrheit näher zu liegen. Sein ganzes Auftreten und Benehmen ist das eines Luis (Zuhälters) vom Hamburger Hafen.

Zu ihnen gesellt sich noch der Häftling der Schreibstube, Schlüter, von dem man authentisch weiß, daß er Fassadenkletterer und Bankräuber war. Das sind die hauptsächlichen mit der Führung der Juden beauftragten Häftlinge. Dann gibt es noch einige untergeordnete Kreaturen, die aber nur auszuführen haben, was diese großen Vier anordnen.

Eine lobenswerte Ausnahme macht Jakob. Ich lerne

ihn am Sonntagnachmittag bei Rosel kennen. Er ist sympathisch, klug und überzeugt von seiner marxistischen Weltanschauung. Jakob ist der einzige wirklich politische Häftling des Lagers. Wir kommen sehr schnell ins Gespräch. Er erzählt mir nebenbei, daß er schon zehn Jahre durch die verschiedensten Lager gegangen ist, aber diese ganze Zeit habe an seiner politischen Überzeugung nichts geändert, für ihn sind alle Menschen gleich.

„Aber ihr Juden habt schon gar keinen Stolz mehr. Ihr seid alle Radfahrer und Kriecher. Schau, wenn ich durch die Baracke gehe, weicht mir jeder aus dem Weg, man ruft 'Platz für Jakob'. Bei uns gab es früher so was nicht. Wenn da ein Kapo durch die Baracke ging, wich ihm keiner aus. Ich kann diese Unterwürfigkeit nicht leiden, deshalb sind mir viele Juden zuwider."

Ich fange an, mit ihm zu diskutieren, versuche ihm klar zu machen, daß die Juden durch die Jahrtausende ihrer Geschichte entwürdigt und geknechtet worden sind. Diese im Laufe der Jahrtausende erworbenen Eigenschaften mögen sich bei den heutigen Juden auswirken.

„Übrigens", so setzt Jakob das Gespräch fort, „seid ihr ja an eurem Unglück selber schuld. Warum erzieht ihr eure Kinder immer wieder zum jüdischen Glauben? Wenn dein Kind und mein Kind dieselbe Schule besuchten und man ließe die Religion beiseite, weil sie ja doch nur Quatsch ist, dann wäre die Judenfrage bald gelöst, wie es in Rußland der Fall ist. Glaubst du das nicht auch?"

„Nein", ist meine Antwort. „Ich kann mir nicht vorstellen, daß das Judentum ausschließlich eine Erziehungsfrage ist. Ich bin der Ansicht, daß die speziell jüdischen Eigenschaften trotz gleicher Erziehung bei dem jüdischen Kind wieder hervortreten werden."

Wir werden uns in unseren Anschauungen nicht einig, aber zueinander gefunden haben wir. Zum Abschluß sagt Jakob:

„Halt noch etwas aus, Junge, bald wirst du die rote Fahne in Berlin wehen sehen, dann kannst du dich vielleicht von der Richtigkeit meiner Meinung überzeugen."

Weihnachten 1943

Weihnachten ist im Lager ein halber Tag frei. Außerdem gibt es als Festessen Würstchen und Kartoffelsalat. Gestern hat man wieder das Lazarett von Patienten leer gemacht; ungefähr 60 Juden sind in den Tod gegangen. Heute, Weihnachten, befiehlt der Lagerälteste:

„Musik will ich hören! Lustig sollt ihr alle sein!"

Auf dem Appellplatz spielt eine kleine Kapelle mit allen möglichen Ersatzinstrumenten. Jedenfalls entwickeln die paar Mann einen wüsten Krach. Der Lagerälteste läßt alle Juden aus der Baracke heraustreiben.

„Alles hört mir zu!" befiehlt er. „Moschele aus der dritten Baracke singt immer den Refrain!

Was darf ich haben mehr, als du bist mein,
ein einziger Begehr bist du, meine Kleine.
A Stübel mit a Dach, und a Mädele wie du,
das wär a feine Sach, und ich hätt meine Ruh.
Was darf ich haben mehr ..."

Gleich danach singt er eine eigene vertonte Dichtung.

„Oh lieber Gott im Himmel,
Hab Rachmonis mit den Jiden im Kaiserwald...
Man schlugt und schlugt und nimmt Karbones ..."(Geiseln)

Uns allen ist nicht nach Gesang zumute, aber dem fast betrunkenen Lagerältesten gefällt es so.

Januar 1944

Große Mengen von Gerstenmehl mit Hülsen und allem möglichen ungenießbaren Beigemisch sind im Lager abgeladen worden. Diesen Fraß gibt es in vielen Variationen. Mal bekommen wir ihn als Suppe, dann als Brei, manchmal auch in gebratener Form. Das Zeug schmeckt schlecht, doch da es Nährmittel enthält, essen wir es mit Widerwillen. Immer wenn wir großen Hunger haben, kochen wir etwas davon aus unseren eigenen Vorräten. Die Säcke sind sehr nahe an einem Fenster gelagert. Eines Morgens war die Fensterscheibe eingeschlagen, als wir auf dem Weg in unsere Bude waren. Jetzt haben wir einen Vorrat von ungefähr 50 Pfund; ganz schlecht kann es uns den Winter über nicht mehr gehen.

Auch einen Zentner Kartoffeln haben wir uns organisiert. An einem Sonntagnachmittag bin ich mit Alfred Nähte hinten bei uns in der Bude. Wir sind gerade im Begriff, uns gründlich abzuseifen, als die Tür aufgeht und Hauptscharführer Platterspiel, eine ganz miese Figur, vor uns steht.

„So", sagt er, „was habt ihr am Sonntagnachmittag außerhalb des Wohnlagers zu tun, ihr Hundesöhne? Marsch, dort hinten an der Küche werden Kartoffeln ausgeladen, dort habt ihr eine nützlichere Beschäftigung."

Notdürftig bekleidet laufen wir hinaus, um an die Arbeit zu gehen. Bolek, ein polnischer Häftling, der wegen Diebstahls in der Kleiderkammer vom Kapo zum einfachen Häftling degradiert worden ist, schaufelt dort fleißig Kartoffeln. Wir kennen uns gut, denn er wärmt sich manchmal bei uns in der Bude auf. Wir sind uns schnell einig.

„Schleppt weg, was ihr tragen könnt" – damit ist für ihn der Fall erledigt. Schnell einen Sack geschnappt, ihn bis an den Rand gefüllt und ab damit. Hinten an der Bude wird schnell ein Loch ausgegraben und der Sack mit den Kartoffeln darin versteckt. Die nächsten vier Wochen haben wir jetzt auch Kartoffeln, und noch dazu die besten von der SS, für die die Kartoffeln bestimmt waren.

Die Zimmerleute haben vor dem Lager eine neue Kommandanturbaracke gebaut. Wir bekommen den Befehl, die Baracke so schnell wie möglich zu decken. Aber es ist bitter kalt, und es ist nicht möglich, sich länger als eine halbe Stunde auf dem Dach aufzuhalten. Außerdem ist die Dachpappe gefroren und bricht sehr leicht. Wir wissen schon ganz genau, wann der Kommandant in seinem „Horch 6-Zylinder" angefahren kommt. Um die Zeit arbeiten wir immer. Sobald wir seinen Blicken entschwunden sind, ist die Arbeit für uns beendet. In der Bude wartet warme Kraftbrühe auf uns, hergestellt aus einigen Kalbsfüßen, die immer noch in großen Mengen ins Lager geliefert werden.

Nach verhältnismäßig kurzer Zeit haben wir die Kommandantur gedeckt, aber acht Tage später wird unser Meister Nähte zum Kommandanten Sauer gerufen.

„Hier", sagt er zu ihm, „das ist deine Arbeit, du verfluchter Hund." Dabei zeigt er ihm, wo es genau auf seinen Schreibtisch regnet. Nähte versucht, sich mit dem schlechten Wetter und der schlechten Pappe zu entschuldigen.

„Wenn du das Dach nicht dicht bringst, dann passiert dir was, du alter Knochen."

Nähte ist ziemlich geknickt, als er aus der Kommandantur zurückkommt und den Vorfall berichtet. Wir dekken an einem schneefreien Tag den Raum des Kommandanten noch mal. Damit ist die Angelegenheit erledigt.

Inzwischen habe ich im Lager schon einige Freundschaften angeknüpft. In der Schuhabteilung der Kleiderkammer arbeitet die kleine Rifke aus Wilna. Ich habe sehr oft in dem Raum zu tun, um mir zeigen zu lassen, wo es durchregnet. Wir kommen ins Gespräch, sie erzählt mir von ihrem Vater, der Rabbiner gewesen ist. Doch er lebt nicht mehr. Gleich als die Jeckes kamen, haben sie ihn weggeholt. Sie ist jetzt mit ihrer Mamme hier zusammen. Das Ende des Gespräches ist, daß sie nicht sieht, daß ich ein Paar sehr schöne Stiefel mitgehen heiße.

Große Transporte von Juden aus der Gegend von Reval treffen jetzt im Lager ein. Sie bringen ihr ganzes Gepäck noch mit, doch es wird ihnen alles abgenommen.

Die Männer müssen sich bis auf die Unterhosen im Freien ausziehen, werden dann nochmals im Bad gründlich auf versteckte Wertsachen durchsucht, dann bekommen sie Sträflingskleidung. Man erzählt sich, daß in kurzer Zeit alle Juden diese Kleidung bekommen werden. Wir haben bis jetzt nur unsere Nummer und einen großen Stern auf dem Rücken und auf der Brust getragen, und die Seitennähte unserer Hosen sind mit weißer Ölfarbe angestrichen. Die neu angekommenen Juden müssen sehr viel Gold und Wertsachen mitgebracht haben, denn ich sehe, wie sie versuchen, die Goldstücke im Sand zu verscharren. Wir nehmen uns unsere große Leiter, stellen sie an die den Juden am nächsten gelegene Baracke, doch wir können nicht an sie herankommen. Sie werden zu stark bewacht. Als sie alle umgekleidet sind, sehen wir, wie ein SS-Mann mit einer Harke die Fläche, wo die Juden standen, abharkt. Ab und zu bückt er sich – er hat bestimmt sein Schäfchen im trockenen. Man erzählt sich, daß sie den Oberscharführer der Kleiderkammer verhaftet haben, weil er sich an den Wertsachen vergriffen hat. Er wird später strafversetzt. An seine Stelle kommt Oberscharführer Hirsch, ein besonders radikaler und schlechter Mensch.

Die beiden Radiotechniker kommen immer, um uns die neuesten politischen Nachrichten zu bringen. Sie hören auch Moskau, und wir sind über alles genau unterrichtet. Das Oberkommando der Wehrmacht spricht immer von erfolgreichen Abwehrschlachten im Raume von Leningrad, während die Russen diesen Ort schon als eingenommen bekanntgeben. Eins wissen wir bestimmt: Die Russen sind in einem unaufhaltsamen Vormarsch begriffen. Oft fragen wir uns, ob wir es noch erleben werden, sie in Riga einmarschieren zu sehen. Alle denken über diesen Punkt pessimistisch – dann müßte es mit den Deutschen schon ganz schnell gehen.

Morgens sehe ich manchmal ein einzelnes jüdisches Mädchen von ungefähr 18 Jahren allein auf Kommando gehen. Man klärt mich auf, daß dieses Mädel, eine Kölnerin, die Wohnung von Sauer im Kaiserwald in Ordnung hält. Männe kennt sie. Als er mit ihr spricht, bleibe ich bei ihnen stehen. Sie sagt, Sauer ist immer so nett zu ihr. Wenn sie dort arbeitet, macht er ihr das Radio an und zeigt ihr die Bilderchen seiner Kinder, die er aus Deutschland geschickt erhält.

„Sauer ist wirklich ein guter Mensch", meint das Mädchen. Männe läßt sie bei dieser Meinung.

In der Zerlegungsstelle des Lagers arbeiten auch einige Kinder, hauptsächlich Mädchen. Sie sehen alle bedeutend älter aus, als sie sind. Auch Rosel hat so eine kleine Schwester von 10 Jahren, die extra lange Kleider trägt und sich ihre Brust ausstopft, damit sie aussieht wie eine Erwachsene. Denn die Kinder des Lagers leben in dauernder Gefahr. Die, die jetzt noch am Leben sind, haben sich mit Erfolg bei den vergangenen Kinderaktionen versteckt. Da gibt es einen kleinen Jungen im Lager, den die SS immer Itzig nennt, von dem wird gesagt, daß er sich schon dreimal im Kaiserwald gerettet hat. Viele sagen auch, X versteckt ihn immer. Die SS-Leute spielen mit ihm herum, zeigen ihm ein Brot, das sie, wenn die kleinen Hände des Sechsjährigen danach greifen, schnell zurückziehen. Auch in unserer Baracke ist ein kleiner Junge mit seinem Vater. Der Junge geht immer mit auf Kommando, so daß er am Tag nicht im Lager ist. So soll er sich schon einige Male gerettet haben.

Die kalte Jahreszeit fordert viele Opfer unter uns. Sehr viele Juden, die den ganzen Tag im Freien arbeiten müssen, haben Erfrierungen an Händen und Füßen. Dazu kommt die zunehmende Verlausung der Baracken. Die Läuse sitzen in den Verbänden, die Frostbeulen sind entzündet, es ist ekelhaft, mit ansehen zu müssen, wie die Läuse auf den Wunden herumkrabbeln.

Februar 1944

Wir haben sehr wenig Arbeit. Jeden Tag gehen wir auf

dem Dach einer der Baracken spazieren, damit alle uns sehen. Manchmal fegen wir auch den Schnee von den Dächern hinab, denn es ist unmöglich, bei dem nassen Wetter die Dächer zu reparieren. Männe kommt von einem seiner Spaziergänge zurück und erzählt, eben sei ein Kommando ins Lager zurückgekehrt, ganz genau hätte er Einstein auf dem Auto erkannt. Und richtig: Vor der Schreibstube stehen ungefähr 30 Juden, unter ihnen Einstein. Wir wissen, daß man schon lange hier auf ihn wartet, denn viele haben ihn noch von Salaspils in sehr schlechter Erinnerung. Einige Minuten später geht der Lagerälteste auf die Juden zu. Er bleibt vor Einstein stehen.

„Du bist Einstein?" fragt er ihn. „Du warst doch irgendwo mal Lagerältester, stimmt das?"

Einstein wirft sich in die Brust, sagt: „Jawohl, Herr Lagerältester, in Salaspils."

„Wieviel Leute hast du denn da gehabt?" setzt der Chef der Häftlinge das Gespräch auf eine möglichst kollegiale Weise fort.

„Das war immer verschieden", erwidert ihm Einstein. Mir ist, als ob der Lagerälteste auf eine solche Antwort nur gewartet habe. Wie ein Boxer geht er auf Einstein los und brüllt:

„Das glaub' ich, daß es immer verschieden war, wo du Lump die ganzen Leute hast verhungern lassen. Und du Schwein lebst noch und bist kugelrund."

Einige wohlgezielte linke und rechte Haken landen bei Einstein im Gesicht, er kippt um und wird von anderen weggetragen. Aber die Geschichte geht noch weiter. Am Abend ruft der Lagerälteste nochmals nach Einstein. Er gibt ihm einen Strick und sagt dabei, daß er ihn morgen früh nicht mehr lebend antreffen möchte.

Als Einstein wieder in den Block kommt, fallen mehrere Juden wie die Hyänen über ihn her. Er wird an diesem Tag zum zweiten Mal bewußtlos geschlagen.

Am folgenden Morgen lebt Einstein noch. X sagt zu Hannes, dem Germanen:

„Den hier nimmst du mit auf dein Kommando.“

Später berichten Augenzeugen, daß Einstein bis zum Mittag schwere Arbeit verrichtet hat, dann erhielt er von Hannes den Auftrag, irgend etwas von hinten zu holen. Dabei ist er von einem Posten auf der Flucht erschossen worden.

Dem Küchenchef von Salaspils geht es nicht viel besser. Nachdem man ihn überall, wo er hinkam, grün und blau geschlagen hat, wurde er sofort, als er in den Kaiserwald kam, nach Dundangen abgeschoben. Dort soll er sich aufgehängt haben.

Es ist wirklich wahr: Es gibt auf der Welt eine ausgleichende Gerechtigkeit.

Erich Pisk, der Wiener, hat in der Wäscherei beobachtet, wie die Frauen immer das leichte Zimmerdach hochheben und Wäsche dort oben verstecken. Der Meister sagt, die, die dort beschäftigt sind, können ja immer wieder andere Wäsche organisieren, so beschließen wir, die Wäsche, die dort oben versteckt ist, in unseren Besitz zu bringen. Statt das Dach zu reparieren, schlagen wir einige Bretter los, so daß ein Mann hineinkriechen kann. Der reicht einen ganzen Korb voll Wäsche zu uns herauf. Wir wissen gar nicht, wo wir damit bleiben sollen, da wir auf dem Dach vielen beobachtenden Blicken ausgesetzt sind. Schnell holen wir einen Teereimer, der innen sauber mit Papier ausgelegt ist. Für jeden von uns fünfen haben wir zweimal Unterwäsche und einige Handtücher erwischt.

Alle vier Wochen wird im Lager blockweise Unterwäsche ausgegeben. Alles hat vorher baden zu gehen, dann wird die Wäsche im Brauseraum getauscht. Eines Tages mache ich den Kolonnenführer, der die Leute in das Frauenlager führt, wo sich das Bad befindet. Ohne lange nachzudenken, melde ich dem Posten beim Einmarsch in das Frauenlager:

„Dreißig Menschen zum Baden.“

„Was, Menschen?” sagt er. „Wie heißt es?“

„Dreißig Juden zum Baden“, verbessere ich mich.

„Hau ab“, sagt er.

Nach dem Baden gibt der blonde Germane bekannt, daß 50 Garnituren Wäsche zu viel ausgegeben worden sind, es müssen welche doppelt empfangen haben. Wenn die Wäsche nicht bis um 10 Uhr zurückgegeben worden ist, würden wir etwas erleben. Keiner gibt Wäsche ab.

Um zehn stürmen mit einem Mal polnische Häftlinge, mit Knüppeln und Stöcken bewaffnet, in die Hinter- und Vordereingänge.

„Hinaus mit euch aus dem Block“, brüllen sie und schlagen wie wild um sich. Am Ausgang türmen sich die Menschenleiber zu Bergen. Mir gelingt es noch, aus einem Fenster hinaus zu springen.

„Antreten, alles antreten“, heißt es draußen.

„Zählappell.“

Während dieser Zeit werden in dem Block die Kojen von den Polen durchsucht; alles, was sie gebrauchen können, nehmen sie mit. Nach dem Appell geht die Schlägerei auf dem Appellplatz weiter. Einige der Polen versuchen, einen Teil der angetretenen Juden in eine Ecke zu treiben, damit sie ihnen nicht entwischen können. Die Brüder entwickeln dabei ein ganz besonderes Geschick; es gibt einige Tote und Schwerverletzte, die man am folgenden Morgen ins Revier bringt.

März 1944

Das Oberkommando der Wehrmacht gibt bekannt, daß die deutschen Armeen im Raume von Smolensk in heftige Abwehrkämpfe gegen den an Menschen und Material überlegenen Feind verwickelt sind. Auf unserer Karte sehen wir, daß die russischen Truppen an allen Fronten im Vormarsch sind. Über Kiew, das die Russen als genommen erklären, haben sie bereits die ehemalige polnische Grenze überschritten. Alle diese Ereignisse wirken sich auf unsere Situation aus. Alle Juden in den Außenlagern des KZ erhalten Sträflingskleidung. Unsere Arbeit wird intensiviert. Eine sehr große Zahl von Juden ist jetzt im Hafenkommando Tag und Nacht mit dem Ausladen von Munition beschäftigt. Sie erzählen immer, wenn sie von der Arbeit ins Lager zurückkommen, daß große Kontingente deutscher Truppen ausgeschifft werden. Große Transporte von schweren Waffen werden in Riga ausgeladen, – es hat den Anschein, als ob die Deutschen eine starke Konzentration ihrer Truppen an der Leningrader Front vornähmen, um den von oben vorwärts drückenden Feind aufzuhalten. Honig erzählt, daß er noch vor einem halben Jahr einen deutschen Soldaten gefragt hat, wohin das Material geht, das die Juden verladen. „Das geht nach Leningrad", erhielt er zur Antwort. Deutsche Truppentransportzüge standen damals auf dem Rigaer Bahnhof mit der Aufschrift: „Auf nach Leningrad!" Doch so weit sind sie nie gekommen. Ende März meldet das deutsche Radio, daß die Russen in Kowel eingedrungen sind, einige Tage später geben sie auch die Kapitulation von Kiew bekannt. Es sieht wirklich so aus, als ob nur die baltischen Fronten etwas zurückbleiben, obwohl auch vom Peipussee heftige Kämpfe gemeldet werden. Die dortigen Kämpfe, so glauben wir, werden unser Schicksal entscheiden.

Schlüter vom Arbeitsdienst kommt zu uns in die Bude und sagt, er braucht sofort für eine Einheit zwei Dachdecker. Pisk und ich sind gerade hinten, so gehen wir mit ihm an das schon wartende Auto. Die Fahrt geht durch den herrlichen Kaiserwald in den kleinen Badeort Vetschaki. Die Gegend gefällt uns ausgezeichnet, dazu das warme Frühlingswetter und die blaue Ostsee lassen uns einige wunderbare Ferientage verleben.

Als wir dort ankommen, fragt uns der anwesende Unteroffizier, ob wir Material mitgebracht haben. Wir haben nur den Auftrag, einige kleine Reparaturen auszuführen, Material sei die Angelegenheit seiner militärischen Einheit. Er sagt, er muß in dieser Sache mal telefonieren. Inzwischen ist das Auto wieder nach Riga abgefahren, mit dem Befehl, uns am Abend wieder abzuholen. Der Unteroffizier kommt zurück und sagt, morgen wird vielleicht das Material kommen. Wir sollen uns doch inzwischen etwas die Gegend anschauen, – „aber haut mir nicht ab!" Wir versprechen es ihm. So schlendern wir durch den Ort, hier und dort ein paar Worte mit den Einwohnern sprechend. Meistens bringen sie uns, ohne daß wir etwas sagen, Eier und Brot. Manche geben uns auch ein Stückchen Speck. Wir essen und trinken gut. Abends kommt das Auto und bringt uns wieder in den Kaiserwald zurück. So geht es einige Tage lang, ohne daß wir da draußen einen Handschlag verrichteten. Es ist anscheinend ein Ausweichlager des Nachrichtenparks in einem zweistöckigen Gebäude, wo das Dach repariert werden soll. Mit dem Unteroffizier haben wir uns angefreundet. Er ist Wiener. Mit den Juden war er immer gut, sagt er, die haben ihm nie was getan, und deshalb kann er auch nicht schlecht zu uns sein.

Schließlich ist nach acht Tagen die Dachpappe und ein Kilo Nägel angekommen. Das kleine, villenartige Haus hat ein altes Schindeldach. Wir schlagen alle halbe Stunde einen Pappnagel ein, damit der Unteroffizier es unten mal klopfen hört, denn er hat Angst, die hohe Leiter hinauf zu steigen. Die übrige Zeit liegen wir in der warmen Frühjahrssonne und braten. So schön habe ich es seit Jahren nicht mehr gehabt. Nach weiteren acht Tagen fragt er uns, ob wir das Dach nun bald fertig hätten, er habe noch einige andere Dächer ausbessern zu lassen. Dabei zwinkert er uns zu, als ob er genau gemerkt hätte, was hier gespielt wird. Ja, in den nächsten Tagen würden wir mit der Villa fertig, sage ich ihm. Er wüßte doch, daß wir bei unserer Ernährung nicht so schnell arbeiten könnten. Wir verstehen uns. Im ganzen drücken wir uns fast vier Wochen auf den zwei kleinen Häusern in Vetschaki herum, es ist eine sehr friedliche Zeit ohne die Aufregungen des Lagers. Als wir fertig sind, verabschieden wir uns von dem Unteroffizier. Er sagt:

„Macht's gut, Jungens, was ich für euch tun konnte, hab' ich getan."

April 1944

Die Bedingungen im Kaiserwald verschlechtern sich von Woche zu Woche. Sofort, wenn die Kommandos am Abend von der Außenarbeit ins Lager einrücken, werden sie im Lager weiter beschäftigt: Steine tragen oder im Laufschritt Loren schieben für die beabsichtigten gärtnerischen Anlagen. Auch Horn, der Obergärtner des Ghettos, beginnt auf einem freien Platz hinter dem Lager mit der Errichtung einer kleinen Gärtnerei. Für seine dortige Arbeit erhält er vom Lager zwanzig deutsche weibliche Häftlinge, alles vollständig moralisch heruntergekommene Menschen. Horn sagt, daß er mit ihnen nicht arbeiten kann, denn von einem Juden lassen sie sich nichts befehlen. Ab und zu kommt Sauer und schimpft, daß die Arbeit in der Gärtnerei nicht weitergeht, aber Huren sind nun mal keine Gärtnerinnen, meint Horn.

Mit Einbruch der Dunkelheit ist die Arbeit im Lager beendet. Alles stürmt nach dem Appell in die Baracke, um sich ausgehungert auf das Stückchen Brot zu stürzen. Abgespannt und abgearbeitet schläft man in der Koje trotz Wanzen und Läusen bald ein.

Immer neue Transporte treffen im Lager ein. Ungefähr achthundert Juden aus der Gegend von Wilna sind angekommen. Sie haben noch alle viel Wäsche und Bettzeug sowie andere Ausrüstungsgegenstände bei sich. Man nimmt ihnen alles gleich beim Eintritt in das Lager ab. Die Männer stehen, nur mit der Unterhose bekleidet, vor der Kommandantur, während man die Frauen bereits mit Sträflingskleidung versehen hat.

Männe meint, man könnte mal versuchen, ob der Posten am Tor uns nicht zur Arbeit in unsere Dachdeckerbude läßt. Wirklich, wir haben Glück, bald können wir uns unter die Juden mischen, die mit dem Wegtragen des Gepäcks der Neuankömmlinge beschäftigt sind. Bis zur Kleiderkammer begleitet uns immer ein SS-Mann. Draußen vor der Tür bleibt er stehen, bis wir mit der leeren Tragbahre wieder hinauskommen, um die draußen arbeitenden Juden zu beobachten. In der Kammer ist ein Fenster, das der SS-Mann nicht sehen kann. Dort steht Männe, der all die Sachen, welche Erich Pisk und ich ihm in der Eile hinaus reichen, in unsere Bude trägt. Ungefähr zwanzig Brote und sehr viele Kleidungsstücke waren in den Rucksäcken. In den nächsten Tagen haben wir keinen Hunger mehr.

Ein anderes Mal lehnen wir unsere Dachdeckerleiter an die Kleiderkammer, in der die Kleidung der Neuankömmlinge aufbewahrt wird. Rifke, meine Freundin aus der Schuhabteilung, arbeitet dort. Unauffällig steckt sie mir zwei Bettbezüge zu. Ich weiß in der Eile nicht, wohin damit. Also schnell unter die Windjacke gesteckt und dann hinauf auf das Dach. Plötzlich ruft mich ein Posten vom Wachturm an, was ich unter meiner Jacke verborgen hätte.

„Nichts", erwidere ich.

„Da guckt ja was Weißes unter deiner Jacke hervor", fängt er an zu schimpfen. „Dich Burschen werde ich schon kriegen."

Nichts als hinunter vom Dach und das Zeug in der Bude verstaut. Es dauert keine halbe Stunde, da kommt ein SS-Mann aus der Kommandantur und schmeißt alles in unserer Bude durcheinander. Jeden Teertopf dreht er um, aber er findet natürlich nichts, da wir extra ein Loch ausgeschachtet haben, in dem wir alles verstecken, was wir nicht besitzen dürfen. Schimpfend und uns mit der Faust drohend zieht er ab, nachdem ich ihm gesagt habe, daß es bestimmt ein Irrtum gewesen sei.

„Euch Brüdern kann man ja nicht trauen", meint er, als er weggeht.

Inzwischen geht der Vormarsch der Russen ununterbrochen weiter. Sie haben längst die lettische Grenze überschritten, es ist nur noch eine Zeitfrage, wann sie vor den Toren von Riga stehen werden. Und was wird dann sein? Halb ängstlich, halb freudig stellen wir diese Frage an unser Schicksal. Daß man uns so dem Feinde überlassen wird, daran glauben nur Phantasten. Einige wenige meinen, man wird uns, wenn man genügend Zeit dazu hat, nach Deutschland in die Lager bringen. Doch die Mehrheit ist der Ansicht, daß auch wir, mit nur ganz geringen Ausnahmen, den Weg aller Juden der letzten Jahre gehen werden. Es sei denn, daß unvorhergesehene Ereignisse eintreten, vielleicht eine deutsche Revolution, die unsere Rettung bedeuten würde. Ich trage mich immer mit der Hoffnung, daß mit dem Herannahen der Russen eine Panik entstehen wird, so daß man vielleicht in der Verwirrung und Überraschung fliehen kann. Mit dieser Hoffnung sehe ich den kommenden Ereignissen entgegen, eine gewaltsame Befreiung durch die Russen ist mir und den meisten Juden im Lager unvorstellbar. Immer wieder kommen die Pessimisten und sagen, fünf Minuten vor ihrer Kapore (Ende) hier werden sie mit uns Schluß machen, oder glaubt ihr etwa, – fragt ein polnischer Jude – daß man uns leben lassen wird, um gegen sie zu zeugen?

Er hat recht mit seiner Meinung, denn bereits jetzt beginnt man in Riga, die Spuren der Massengräber zu tilgen. Sehr oft werden von dem SD zehn Juden für ein Sonderkommando aus dem Lager geholt, keiner weiß, wo sie hinkommen und was sie arbeiten. Nur eins ist bekannt: daß ihre Nummern in der Schreibstube gestrichen werden. Gerüchte, die sich leider bewahrheiten, sagen, daß diese Juden die Massengräber der ermordeten Juden wieder öffnen müssen, um die bereits in Verwesung übergegangenen Leichen zu verbrennen. Dabei sind die Juden durch Fesseln aneinander gebunden. Wir erfahren weiter, daß dieses Kommando unter der Leitung des Untersturmführers Roschmann stehen soll, einem gebürtigen Wiener, und daß dieses Kommando die aktenmäßige Bezeichnung „Einsatzkommando Nr. 105" führt.

So sind die Juden im Lager in sehr gedrückter Stimmung; jeder fragt sich, wann das Schicksal ihn treffen wird.

Meistens befiehlt der Rapportführer einem in der ersten Reihe stehenden Häftling, eine Reihe zu wählen.

Dann wird abgezählt, und die Juden der betreffenden Reihe werden zur Schreibstube geführt. Eines Tages trifft das Unglück einen Uhrmacher. Er und seine Kameraden wissen ganz genau, was ihnen bevorsteht. Er hat noch eine goldene Uhr. Als X zufällig vorbeigeht, fragt er ihn, ob er ihn nicht dalassen würde, wenn er ihm die Uhr gibt. X führt ihn hinter den Block der Schreibstube und fängt an, auf ihn einzuschlagen. Dann nimmt er ihm die Uhr ab und bringt ihn wieder zu den anderen verzagten und teilweise weinenden Männern. Dann kommt das Auto des SD. Die Menschen werden aneinander gefesselt, und ab geht es – auf Nimmerwiedersehen.

Meine Gedanken drehen sich immer darum, wie ich einen Weg finden kann, um aus dieser Hölle fortzukommen. Und wieder kommt Stefan mir zu Hilfe. Er sagt, er hat von dem Häftlingsarbeitseinsatz Schlüter erfahren, daß ein Gärtner für den Heereskraftfahrzeugpark gesucht wird. Und richtig: Am Abend ruft Schlüter:

„Alle Gärtner vortreten."

Da ich schon weiß, wohin es gehen wird, trete ich als einziger vor. Er schreibt sich meine Nummer auf, und am nächsten Morgen werde ich mit zwei anderen aufgerufen. Wir erhalten Sträflingskleidung, und bald fährt uns ein Auto wieder über die Dünabrücke in die Richtung des Rigaer Flughafens Spilve. Eine große eiserne Tür öffnet sich vor uns, und als wir vom Auto herunterspringen, steht Platterspiel mit einem Brief in der Hand vor uns. Es ist derselbe Hauptscharführer, der Alfred Nähte und mich aus unserer Bude zum Kartoffelschaufeln geschickt hat.

„Wer ist hier der Gärtner?" brüllt er uns an.

Klopfenden Herzens trete ich hervor. Platterspiel winkt sofort mit der Hand ab; ein Stein fällt mir vom Herzen, er hat den Dachdecker in mir nicht wiedererkannt.

„Die drei dort gehen nach HKP", sagt er zu dem dabei stehenden Posten. Das andere Lager ist gleich auf der gegenüberliegenden Seite. Dort werden wir sofort wieder umgezogen und erhalten Zivilkleidung. Der Lagerälteste ist ein sehr behäbiger älterer Herr, der mir gleich bei unserer Ankunft erklärt, daß er nicht wüßte, was ein Gärtner in einer Autoschlosserei zu tun hätte.

Abends zum Appell kommt dann Platterspiel, dem auch dieses Wehrmachtslager unterstellt ist, und befiehlt dem Lagerältesten Wolf, daß der Gärtner zu seiner Verfügung im Lager zu bleiben habe. Mir wird wieder unangenehm zumute, denn ich bin auch in diesem Beruf kein Experte. Aber es gibt nichts anderes als abzuwarten, was der Hauptscharführer mit mir vorhat.

Die nächsten Tage gehe ich im Lager spazieren. Es ist während des Tages sehr ruhig hier; die 600 Juden befinden sich bei der Arbeit im Werk und sind mit der Reparatur von Autos beschäftigt. Von der Wehrmacht ist ein Unteroffizier mit der Führung des Lagers beauftragt. Der führt ein sehr faules Dasein. Morgens und abends läßt er sich vom Lagerältesten Meldung machen, schimpft auch ab und zu mal über die Unsauberkeit in den zu Schlafräumen hergerichteten Fabrikhallen. Nach dem Appell geht er meistens wieder in sein Zimmer und legt sich schlafen.

In diesem Lager gibt es einen sehr bedeutenden Rigaer Arzt, einen Professor Minsk, von dem man sagt, daß er sowohl den Zar als auch Lenin operiert habe. Leider ist es mir nicht möglich, mit ihm ins Gespräch zu kommen.

Einige Tage später erscheint ein Posten im Auftrage von Platterspiel, um den Gärtner zu holen. Schnell den Brotbeutel geschnappt, der mein einziges Gepäck ist, denn mehr durften wir aus dem KZ nicht mitnehmen, und hinter dem Posten auf der Fahrstraße hergegangen.

In dem anderen Lager informiert mich eine im Büro arbeitende Frau, daß ich morgen früh mit zur Arbeit auf dem Flugplatz anzutreten habe. Von einer gärtnerischen Arbeit weiß sie gar nichts. Morgens ziehe ich dann mit einer endlos langen Kolonne hinaus auf den Flugplatz, riesige Rollfelder, hin und wieder abfliegende Flugzeuge lassen die sonst so eintönige Arbeit des Lorenladens etwas interessanter werden. Sonst ist alles auf dem Flugplatz wenig erfreulich. Zwei Mann arbeiten an einer Lore, und dann geht es den ganzen Tag schipp-schipp-hurrah. Mit Gärtnerei hat das Ganze nicht das geringste zu tun. Dann kommt von dem Vorarbeiter, der in O.T.-Uniform[30] gekleidet ist, das Kommando zur Abfahrt der Loren. Der Vorarbeiter schimpft, flucht und schlägt auf uns ein, wenn ihm die Loren nicht voll genug erscheinen. Für die anstrengende Arbeit gibt es mittags nichts zu essen. Der Vorarbeiter der O.T. sagt, er hätte nur die Rollbahnen zu bauen, alles andere ginge ihn nichts an. Da man nichts zu essen hat, legt man sich in die Mittagssonne und schläft. So geht es einige Tage von morgens um sieben Uhr bis abends um die gleiche Zeit. Die Deutschen haben es sehr eilig mit dem Bau der Rollbahnen; anscheinend hat man die Absicht, die verlorengegangenen Flugplätze so schnell wie möglich wieder zu ersetzen.

Als wir abends ins Lager kommen, ist es mit ungarischen jüdischen Frauen und Mädchen überfüllt. Sie sehen grausam aus, ohne Haare und in langen grauen Kleidern, die bis an die Erde reichen. Ungefähr zweitausend sind in das Lager gekommen, um auf dem Flugplatz zu arbeiten. Ich geselle mich zu den in Gruppen stehenden Frauen.

„Woher kommt ihr?" fragt einer der Juden.

„Aus Ungarn."

„Wie lange seid ihr gewehn unterwegs?"

„Vierzehn Tage. Wir sind gewehn in Auschwitz. Dotten sind wir geblieben eingesperrt in a Baracke zwei Tage. Man hat dotten aweggenommen unsere Mamme und Tattes und unsere kleinen Geschwister. Uns hat man aussortiert, und dann sind wir gefahren zwei Tage und zwei Nächte, ohne was zu essen und zu trinken. Und gefroren haben wir, weil wir weiter nichts anhaben als diese Schmatte hier. Nicht ka Unterwäsche, gar nichts hat man uns gegeben in Auschwitz... Und was wird nun sein hier mit uns?" fragen sie.

„Es wird gut sein", versuchen wir sie zu trösten. Man

wird arbeiten gehen, dann wird alles gut sein. Einer fragt, wie lange sie im ganzen schon im Lager sind.

„Drei Wochen“, ist die Antwort.

Für mich ist es unvorstellbar, daß all diese vergrämt und niedergeschlagen dreinblickenden Frauen noch vor drei Wochen freie Menschen waren. Zusammengepfercht sind sie in einer der großen Bierhallen untergebracht, auf den Boden ist etwas Stroh gebreitet. Wir versuchen, wo wir können, zu helfen. Der eine hat ein Paar Strümpfe, ein zweiter findet noch unter seinen Sachen ein Kopftuch. Es ist ein furchtbarer Anblick, junge hübsche Mädchen von unverkennbar ungarischem Typ ohne Haare zu sehen. Mit einem Kopftuch wirken sie schon etwas menschlicher. Ich sehe sechs Schwestern beieinander stehen, eine hübscher als die andere. Sie fangen an, zu singen. Es ist ein Lied aus ihrer Heimat in den Karpaten. Es hat sich ein großer Kreis um sie gebildet, ein Kreis von weinenden, verzagten, jungen jüdischen Menschen.

Es ist ein langer Zug, der am nächsten Morgen zum Flugplatz marschiert. Wir werden von der Arbeit an den Loren fortgeschickt und zum Gleisbau kommandiert. An unsere Stelle treten die ungarischen Frauen. Vor drei Wochen noch freie Menschen, stehen sie jetzt auf dem Flugplatz, um die Loren mit Kies zu füllen. Die Frauen wissen nicht, wie sie die Schaufeln anfassen sollen, sie sind diese Arbeit nicht gewöhnt, da es keine Frauenarbeit ist. Dazu das Schreien und Schimpfen der Männer von der O.T. Wenn man uns Männer quält, sage ich mir, ist es lange nicht so schlimm, denn wir sind Männer. Aber was man mit den Frauen anstellt, ist viel, viel schlimmer. Ich selbst habe mich mit diesem Leben abgefunden, aber diese Behandlung unserer Frauen läßt mich die ganze Aussichtslosigkeit unserer Lage erkennen. Es ist so entwürdigend und grausam, auf diese jungen Mädchen einzuschlagen, die mittags weinend beieinander sitzen und sich nicht zu helfen wissen.

Es geht nur einige Tage so. Dann ist an einem der Abende Generalappell. Einige Autos sind gekommen, fünfhundert Frauen werden willkürlich herausgesucht, dabei Schwestern rücksichtslos voneinander getrennt, hinaus auf die Autos mit ihnen, und schon kurze Zeit später weilen diese Menschen nicht mehr unter den Lebenden. So geht es einige Abende hintereinander, dann sind alle ungarischen Frauen liquidiert. Anscheinend haben sie für die Arbeit auf dem Flugplatz nicht getaugt.

Einige Male bin ich schon bei der jüdischen Frau im Büro gewesen, um sie zu bitten, mit Platterspiel in meiner Angelegenheit zu sprechen. Denn es muß ihm ja mit mir ein Irrtum unterlaufen sein. Die sehr nette Frau verspricht es mir. Dann geht das Leben wieder seinen alten Gang. Morgens früh zur Arbeit und abends spät zurück. Jeden Abend gibt es hier eine Hühnerfutterbrühe und 300 Gramm Brot, manchmal mit etwas Marmelade oder Margarine als Schwerarbeiterzulage. Das ist die ganze Tagesverpflegung. Aber die hygienischen Verhältnisse sind hier etwas besser, man hat die Möglichkeit, sehr oft warm und kalt zu brausen.

Dann ruft man mich eines abends ins Büro. Man sagt mir, daß ich am folgenden Tage nach HKP zurückgehen würde; die Pläne des Herrn Hauptscharführers hätten sich nicht verwirklicht.

Im HKP sind die Lebensbedingungen bedeutend besser. Es ist eine ehemalige Lederfabrik, in der sich das Lager befindet. Sogar eine kleine Wiese ist innerhalb des Zaunes, so daß die Juden die Möglichkeit haben, sich am Sonntagnachmittag in die Sonne zu legen und auszuruhen. Hier fehlt auch der harte militärische Ton, wie ich ihn in der letzten Zeit immer im Kaiserwald gehört habe. Denn hier sind nur Juden, keine deutschen Häftlinge, unsere Vorarbeiter. Als ich wieder in dieses Lager zurückkehre, kommt Wolf auf mich zu und sagt, daß er jetzt auch eine Arbeitsmöglichkeit für mich gefunden habe. Morgen früh soll ich mit fünf jüdischen Frauen und einem anderen Gärtner die Arbeit in der Truppengärtnerei beginnen.

Am nächsten Morgen fahren ungefähr fünfzig Juden

und wir für die Truppengärtnerei bestimmten Männer und Frauen zur Arbeit. Ein Teil ist schon nach ganz kurzer Fahrt an der Arbeitsstelle. Überall werden zu den Reparaturwerkstätten des HKP ein paar Juden hingebracht. Dann fährt man uns sieben Menschen an unseren Arbeitsplatz. Es ist eine sehr kleine Gärtnerei, einige kleine Gewächshäuser sind vorhanden, in denen ein lettischer Gärtner arbeitet. Mich beschäftigt der die Gärtnerei beaufsichtigende Unteroffizier mit der Anlage von Blumenbeeten, eine wirklich Freude bereitende Tätigkeit. Die Arbeitsbedingungen sind gut, man wird bei der Arbeit nicht getrieben, ich habe das Gefühl, daß es sich hier aushalten läßt. Der andere Gärtner ist mit dem Umgraben eines Feldes beschäftigt, während die jüdischen Frauen Salat pflanzen und Kohl pikieren.

Mai 1944

Doch es bleibt auch hier nicht so. Mit der immer schlechter werdenden politischen Lage und den immer fühlbarer werdenden militärischen Rückschlägen wird unsere Bewachung schärfer. Fast bei jedem Arbeitenden steht ein Posten, so daß er immer jeden einzelnen im Auge hat. Manchmal arbeite ich auch mit einem Soldaten aus dem Sudetengau. Die Verhältnisse bringen es mit sich, daß wir auf politische Themen zu sprechen kommen. Besonders mit dem „Stürmer"[31] scheint er gut vertraut zu sein. Doch das hindert nicht, daß wir manchmal viel Spaß miteinander haben. Er sagt mir, neulich hätte er im „Stürmer" gelesen, daß die Juden immer zuletzt in den Krieg ziehen, damit sie zuerst wieder zu Hause sind. Ich muß herzlich über ihn lachen, obwohl mir eigentlich nicht danach zumute ist, aber dann lacht er auch mit. Wir beide sind sehr gut miteinander; er sieht immer, wie ich mit meinen Taschen voller Tomaten aus den Gewächshäusern komme, aber er sagt nichts dazu, obwohl er weiß, daß es strengstens verboten ist, etwas mit aus der Gärtnerei zu nehmen. Dann hilft er mir beim Auspflanzen der Gurken.

„Sag mal, was machst du eigentlich mit mir, wenn die Russen nun bald kommen?" fragt er mich.

Auf diese Frage bin ich gar nicht vorbereitet; sie zeigt mir aber, daß er doch mit dieser Möglichkeit rechnet.

„Sie werde ich leben lassen“, erwidere ich ihm.

„Ja, ja“, spricht er weiter, „dann bist du der Herr und ich der Knecht – es wird schon so kommen, daß ich meine Frau und meine Kinder nicht mehr wiedersehen werde.“

Ich habe kein Mitleid mit ihm. Keiner hat bis jetzt nach uns gefragt, und keiner fragt weiter nach uns.

Abends, wenn ich wieder ins Lager komme, wartet an meinem Bett schon eine lange Schlange Juden. Alle wollen Tomaten, Radieschen oder Salat kaufen. Doch ist es unmöglich, für 600 Menschen Gemüse mitzubringen. Eines Abends lerne ich in der Schlange auch Professor Minsk kennen. Er braucht für zwei schöne Tomaten nur 5 Mark zu bezahlen, der übliche Preis ist sonst 6 Mark. Ich sage, daß ich später am Abend mal zu ihm hinunter in seine Behandlungsräume komme, ich fühlte mich nicht ganz wohl.

Er beginnt mich dann zu untersuchen, wir unterhalten uns über Düngemittel und Obstbaumzucht. Dann bittet er mich, ihm doch zwei Tomatenpflanzen mitzubringen, er möchte sie sich auf der Wiese einpflanzen. So komme ich wiederholt mit ihm zusammen, wir gehen spazieren, doch immer, wenn ich mich bemühe, das Gespräch auf das für mich interessante Gebiet seiner Operationen vom Zar und von Lenin zu bringen, bekomme ich von ihm keine Antwort. Einmal sagt er nur, daß die Nachwelt davon von ihm selbst oder gar nicht erfahren wird.

Mir geht es in diesem Lager sehr gut. Für den Erlös beim Verkauf meiner Produkte kaufe ich mir Butter und Brot und habe so satt zu essen. Aber auch hier gibt es täglich Aufregungen. Da sind aus dem Werk zwei Juden geflüchtet, einige Male an dem Abend ist Zählappell, das ganze Gelände wird nach ihnen abgesucht, aber gefunden werden sie nicht. Der Kolonnenführer des Kommandos wird abgesetzt, er kommt in den Kaiserwald und soll einige Tage später in eines der Himmelfahrtkommandos gekommen sein, denn jeder Kolonnenführer haftet mit seinem Kopf für die Anzahl der Juden in seinem Kommando.

Wenige Tage später explodieren im Werk einige Sauerstoffgebläse. Alle in dieser Abteilung arbeitenden Juden werden sofort wegen Sabotage verhaftet. Man nimmt auch den Kolonnenführer Bierhof mit, da er versucht, die 12 Juden zu rechtfertigen. Alle werden in den Kaiserwald gebracht, um von dort aus den üblichen Weg in den Tod zu gehen.

Doch diese Ereignisse berühren uns innerlich nicht mehr. Sie reißen zwar Lücken in unsere sowieso schon ganz gelichteten Reihen, aber sie werden übertönt von dem unaufhaltsamen Vormarsch der russischen Armeen. Das russische Radio meldet blutige Kämpfe um Dwinsk, ungefähr 150 Meilen vor Riga. Auch das Oberkommando der Wehrmacht meldet, daß sich heftige Kämpfe im lettischen Raum abspielen. Sehr oft haben wir jetzt Fliegeralarm, doch sind es nur Aufklärungsflugzeuge, die hoch in den Lüften, gerade noch dem bloßen Auge sichtbar, ihre Bahnen ziehen.

Auch bei unseren täglichen Fahrten zur Arbeit glaube ich, kleine Merkmale der veränderten Lage zu sehen. Wir fahren jeden Tag an dem Werk der Allgemeinen Elektrizitäts-Aktiengesellschaft (AEG) vorbei. Endlose Schlangen von Autos stehen schon am frühen Morgen vor dem Tor des Werks. Manchmal sehen wir auch die Autos, mit Maschinen beladen, einem der Rigaer Vorortsbahnhöfe zufahren. Das ist das erste Zeichen für uns, daß die militärische und wirtschaftliche Führung mit der Räumung von Riga rechnet. Doch nicht nur das Werk der AEG wird schon jetzt evakuiert; überall auf unserer Fahrt durch Riga sehen wir Möbelwagen vor den Häusern stehen –, die Deutschen der Stadt scheinen fleißig zu pakken. Diese für uns sichtbaren Zeichen erfüllen uns mit einer grimmigen Freude. Sie geben uns die Gewißheit, daß in absehbarer Zeit eine Änderung in unserem Leben eintreten wird. Dieses Sklavenleben muß mal ein Ende haben –, entweder werden wir leben, oder der jahrelange Kampf war umsonst.

Bei unseren Fahrten von der Arbeit werden wir jetzt täglich in einem der Lager von einem Hamburger Unteroffizier Eggers gefilzt. Alles muß hinunter vom Auto, die Arme waagerecht gespreizt, dann tastet er einen nach dem andern von oben bis unten ab. Besonders auf unsere Frauen und Mädchen hat er es abgesehen. Es macht ihm Freude, sie möglichst genau und schamlos abzugreifen. Eggers ist der Kommandant von ungefähr achtzig Juden, die auf diesem Arbeitsplatz in Baracken untergebracht sind. Sehr viele gelernte Autoschlosser und Monteure sind dort beschäftigt. Bis jetzt, so erzählen sie uns, hat Eggers sie verhältnismäßig anständig behandelt. Aber nun beginnt er, sie andauernd zu erpressen. Er weiß von den lettischen Juden, daß sie zum Teil noch Wertsachen besitzen. Wenn er nicht bis zu einem bestimmten Termin eine gewisse Summe Geld oder einige Uhren erhält, schickt er zehn Leute in den Kaiserwald. Und was das bedeutet, weiß ein jeder. Da die Lage für die Juden immer kritischer wird, geben sie ihm alles, was sie besitzen, nur um dazubleiben und nicht in den Kaiserwald zu kommen. Denn das, so wissen sie, wäre der sichere Tod.

Juni 1944

Als wir abends von der Arbeit kommen, heißt es, im Lager wäre heute abend Generalappell, ein SS-Arzt aus dem Kaiserwald käme. Richtig, eine halbe Stunde später fährt ein schnittiger Wagen durch das Tor, ein gutaussehender SS-Offizier, begleitet von dem Arzt, Untersturmführer Wiesner, entsteigt dem vor der Wache parkenden Auto. Alles hat blockweise an der rechten Seite des Appellplatzes anzutreten und in strammer Haltung an den SS-Offizieren vorbei auf die linke Seite des Appellplatzes zu gehen. Die meisten läßt der Arzt an sich vorbeigehen. Manchmal sagt er: „Komm" und winkt mit dem Kopf, wo der Betreffende sich hinstellen soll. Von unserem zweihundert Mann starken Block stehen ungefähr fünfzehn schon separat. Mein Herz klopft mir bis zum Hals, als ich an ihm vorbeigehe; erleichtert atme ich auf, als ich wieder bei der Masse antrete. Uns allen ist klar, daß eine einzige Kopfbewegung dieses allmächtigen Menschen für jeden von uns den Tod bedeutet. Diese ganze Aktion spielt sich so ruhig ab, daß man glauben könnte, es handele sich um die Zusammenstellung eines Arbeitskommandos. Vierzig Männer sind bereits ausgesucht worden. Es wird etwas lebhafter, als die Frauen den gleichen Weg um ihr Leben antreten. Die ersten fünf läßt er passieren, dann kommt eine ältere Frau langsam dahergegangen. Sie kriegt das Zeichen mit dem Kopf, sie soll sich an die Seite stellen.

„Herr Untersturmführer, ich habe meinen einzigen Sohn in diesem Lager", spricht sie ihn mit klarer, deutlicher Stimme an. Doch der Offizier wiederholt nur kalt seine Kopfbewegung. Jetzt fängt die Frau an zu flehen und zu weinen.

„Bitte lassen Sie mich doch hier! Ich bin ja immer fleißig gewesen, ich kann noch gut arbeiten, lassen Sie mich doch nur hier!"

Die Frau weint. Eine Kopfbewegung des Untersturmführers hat die bereitstehende Wache herbefohlen. Man schleift die Frau auf dem Boden fort.

„Mein Sohn, mein Sohn", wimmert sie ununterbrochen.

Der Sohn steht in einer der Reihen und rührt sich nicht; er weiß, daß er seiner Mutter nicht helfen kann, er hat nur die Möglichkeit, mit ihr zu sterben.

Dann geht eine nach der anderen an dem Untersturmführer vorbei; ab und zu erfolgt die todbringende Kopfbewegung, die die meisten in stoischer Ruhe hinnehmen.

Dreißig Frauen und fast vierzig Männer sind von uns 600 aussortiert worden; sie stehen abgesondert unter starker Bewachung auf dem Appellplatz. Alle anderen dürfen wegtreten. Eine halbe Stunde später kommen zwei Lastautos; ruhig und wie selbstverständlich steigen die Juden hinein und fahren in den Tod.

Einige Tage später wird erzählt, daß man das ehemalige jüdische Krankenhaus „Linas Hazedek" zu einem Krematorium umgebaut habe. Einige dort vorbeifahrende Juden hätten gesehen, wie die Lastwagen mit den ausgesuchten Juden dort angekommen seien. Die Wagen seien später immer wieder ohne die Juden herausgefahren. So vermuten wir, daß die Juden dort vergast und dann verbrannt werden. Einige andere dort vorbeifahrende Kommandos haben gesehen, daß ganze Autos mit Kleidungsstücken aus dem Gebäude herausgefahren wurden.

Wir erinnern uns, daß zur Zeit des Ghettos in diesem Hause die Kleidungsstücke desinfiziert wurden; da war also kein großer Umbau nötig, um dort statt Läuse jetzt Juden zu töten.

Neben mir in dem dreistöckigen Militärbett liegt Sascha Schadchen. Sascha arbeitet mit mir in der Gärtnerei, wir beide verstehen uns sehr gut, denn auch er ist deutscher Jude und kommt aus Stuttgart. Wir besprechen die Ereignisse des vergangenen Abends. Sascha meint, so wird es jetzt jeden Abend gehen; wenn dann die Russen nach Riga kommen, wird kein Jude mehr unter den Lebenden weilen. Das ist hier die Reaktion zu der veränderten Frontlage. Es ist ganz logisch, meint er; je näher die Russen kommen, um so intensiver wird man die Juden vernichten. Ein lettischer Arbeiter hat mir heute erzählt, daß die Russen bereits kurz vor Wilna stehen; wenn es ihnen gelingt, ihren Vormarsch in der Richtung auf Tilsit fortzusetzen, ist dieses ganze Gebiet eingeschlossen. Außerdem sagte er mir, daß in der Rigaer Bucht deutsche Transporte versenkt worden sind.

Ob alle diese Meldungen stimmen, weiß ich nicht. Es ist auch möglich, daß es nur „Mundfunk" ist. Aber eine

Tatsache steht fest: Die AEG hat heute all ihre Juden auf dem Rigaer Bahnhof verladen. Ein Eisenbahner soll dort gesagt haben, der Transport ginge nach Thorn. Also hat die AEG ihre Juden mitgenommen. Das ist für uns ein sehr erfreuliches Zeichen. Es besteht also doch die Möglichkeit, daß man auch uns zurückführt.

„Vielleicht", erwidert mir Sascha. „Ich habe aber wenig Hoffnung, denn diese Hunde sind ja unberechenbar."

Dann schlafen wir übermüdet von den Aufregungen des vergangenen Tages ein. Trotz all dieser Sorgen ist der Lebenswille der im Lager verbliebenen Menschen nicht gebrochen. Am Sonntag kann man die Juden auf der kleinen Wiese Ball spielen sehen – Mannschaften der verschiedenen Blocks kämpfen um die Meisterschaft im Korbball; andere liegen im Gras und sonnen sich an dem schönen Sonntagmorgen. Die zwei Tomatenpflanzen von Professor Minsk gedeihen prächtig; zwar hat er sie viel zu tief gesetzt, aber sehr oft sehe ich den älteren Mann vor den Pflanzen stehen und sich an den viele Früchte tragenden Stauden erfreuen. An den Sonntagabenden findet auch meistens ein Konzert in einer großen Halle der Fabrik statt. Ein altes, verstimmtes Klavier ist vorhanden, einige Geigen und auch eine Ziehharmonika haben die Juden bis hierher gerettet. So besteht ein richtiges kleines Orchester aus ehemaligen Berufsmusikern. Man spielt Beethoven, Haydn, Mozart und auch moderne russische Kompositionen. Diese Veranstaltungen sind immer überfüllt, alles applaudiert kräftig, und die Sorgen der vergangenen Woche scheinen vergessen. Am Schluß spielt das ganze Orchester „Moskwa maja Lubimaja" und andere russische Lieder. Alles singt mit, ein Leuchten liegt in den Augen der Menschen, denn das sind die Lieder der vorwärts stürmenden russischen Armeen, die vielleicht eines Tages unsere Befreier sein werden.

Manchmal protestiert der Lagerälteste gegen den zu lauten Gesang. Aber er wird überschrien durch den machtvollen Klang der russischen Melodien, die einen mitreißen und das Herz höher schlagen lassen.

Juli 1944

Man erzählt sich einige neue Parolen im Lager. Ein Werkmeister hat berichtet, das ganze Werk werde nach Deutschland evakuiert, einschließlich aller im Werk beschäftigten Juden. Wir können nicht recht daran glauben, obwohl schon sehr viele Werke in Riga mit der Demontage der Maschinen beschäftigt sind.

Wenn wir am frühen Morgen zur Arbeit fahren, sind die Straßen schon überfüllt, die Menschen schieben und drängen sich in den engen Gassen. Aufläufe entstehen, die sich aber sofort wieder auflösen, wenn eine deutsche Uniform sichtbar wird. Die ganze Stimmung ist unruhig, nervös, als ob es jeden Moment zu einer Explosion kommen müßte. Man hat uns Häftlingen erzählt, gestern sei eine Bombe auf dem Bahnhof krepiert, auf der Post soll es gebrannt haben, und wenn man genau hinhört, kann man manchmal in der Ferne das Donnern der schweren Artillerie vernehmen. Vollbeladene Autos mit Hausrat kommen uns entgegen, dazwischen marschierende Soldaten und Zivilisten, die versuchen, ihre letzte Habe aus der Stadt hinauszubringen. Pferde galoppieren frei umher, endlose Herden von Kühen werden an uns vorbei getrieben; alles das macht den Eindruck einer heillosen Flucht. Was ist geschehen? fragen wir uns. Sind die Russen durchgebrochen, und wie weit sind sie noch von Riga entfernt? Wir alle sehen diese Bilder mit einer hellen Freude, die wir aber nur unsichtbar im Herzen tragen können. Ein jeder denkt an dasselbe: vielleicht wird es klappen, daß wir nach den vielen Jahren der Versklavung und des Mordens befreit werden.

„Guck mal da“, stoße ich einen meiner Kameraden an, „wie sie rennen. Die Russen müssen schon ganz in der Nähe sein.“

„Möglich, Jo“, erwidert Sascha, der zu uns getreten ist und das Gespräch mitangehört hat, „sonst ist hier nicht so ein Durcheinander. Aber mir schwant nichts Gutes, die Luft ist mir zu dick. Ich halte es jetzt für besonders kritisch für uns. Du kennst doch ihre Methoden, wenn sie keine Möglichkeit mehr haben, ihre Häftlinge wegzubringen. – Lach nicht", fährt er mich an. „So nahe wie jetzt warst du dem Tode bestimmt noch nie!"

Inzwischen sind wir in der Gärtnerei angekommen und fangen an zu arbeiten. Unsere Unterhaltung wird unterbrochen durch den Posten, der sich uns nähert, um unsere Arbeit zu beaufsichtigen. Diese Gärtnerei liegt an einer Ausfallstraße Rigas, und so können wir das ganze Leben und Treiben auf der Straße beobachten.

„Sascha, was meinst du, ich glaube, es ist Zeit, abzuhauen. Vielleicht geht es heute noch, aber was morgen mit uns geschehen wird, weiß keiner. Morgen werden wir vielleicht schon gar nicht mehr aus dem Lager herauskommen; möglich, daß wir heute die letzte Chance zur Flucht haben. Guck dir nur das Durcheinander auf der Straße an!"

Wieder ziehen, wie schon den ganzen Morgen, endlose Autoschlangen die Straße entlang. Ein Auto bremst scharf vor unserer Gärtnerei; eine Kuh ist ihm in den Weg gelaufen, die ganze Schlange kommt ins Stocken. Die Fahrzeuge beginnen zu hupen. Es ist Musik in meinen Ohren. Mir ist, als ob die Hupen „Weiter, weiter" riefen, „weiter, dem Westen zu!"

„Jo", meint Sascha, „solange wir nicht wissen, wo sich die neue Stellung der Russen befindet, hat es keinen Zweck, daß wir weglaufen. Es hat bestimmt keinen Sinn, ins Geratewohl zu fliehen. Wenn die Deutschen die Russen irgendwo wieder zum Stehen bringen oder Flußläufe den schnellen Vormarsch der Russen hindern, sind wir verraten und verkauft. Du weißt doch genau so gut wie ich, daß uns die Letten nicht aufnehmen, und wie lange willst du dann ohne Nahrung aushalten?"

„Also gut, Sascha", gebe ich ihm zu, „werden wir uns heute abend erst mal im Lager umhören. Vielleicht weiß der eine oder andere etwas Neues, so daß wir uns ein klares Bild von der augenblicklichen Lage machen können."

Wieder kommt der Posten uns näher, schaut uns beim Pflanzen zu, dann zieht er ab, um den Frauen beim Jäten zuzusehen. So vergeht der Tag wie im Fluge. Wir halten immer die Augen auf die Straße gerichtet, erfreut über die immer stärker werdende Unordnung. Dann ist es fünf Uhr, der Posten ruft Arbeitsschluß, wir machen unser Geschirr sauber, waschen uns, und pünktlich um halb sechs steht das Auto wieder vor der Tür, um uns ins Lager zu bringen. Heute sind die Mienen der Menschen ernst; uns gefällt und gefällt auch nicht, was sich da um uns herum abspielt. Wir sind uns alle klar darüber, daß eine Änderung in unserem Leben eintreten muß. Aber die drei Posten mit geschultertem Gewehr und Stahlhelm lassen uns gleich wieder die Aussichtslosigkeit unserer Lage erkennen. An der Rückwand des Lastwagens stehen einige Frauen, die leise vor sich hin weinen und schluchzen.

„Also sei jetzt schon ruhig, Sony, es wird schon alles gut werden", tröstet ein älterer Mann ein hübsches junges Mädel. „Du weißt doch, irgendwie ist uns bisher immer geholfen worden, und irgendwie wird es auch dieses Mal weitergehen."

Er streichelt ihr dabei leicht über das Haar, während sie ihr Gesicht im Taschentuch vergräbt und leise vor sich hin weint. Doch plötzlich, als ob ihr irgend eine Eingebung gekommen sei, richtet sie sich auf und schaut ihrem Vater ins Gesicht.

„Du weißt doch so gut wie ich, Vati, daß wir in Wirklichkeit alle schon tot sind, du willst mich ja doch nur trösten. An das, was du sprichst, glaubst du ja selbst nicht."

Dann trocknet sie ihre Tränen und versucht, ihn anzulächeln.

„Gib mir einen Kuß, Vati", schmeichelt sie, „wir wollen jetzt nicht daran denken, was wird."

Zärtlich küßt der Vater seine Tochter auf die Stirn.

„Bist mir tapfer, meine Sony, ja."

Das Auto hält vor dem Tor. Wir nehmen Aufstellung

in Fünferreihen, und Männer und Frauen marschieren im Gleichschritt ins Lager ein.

„Das Lager ist bedeutend stärker bewacht, Sascha“, flüstere ich ihm beim Einmarsch zu. „Hier kommt bestimmt keine Maus mehr heraus.“

Inzwischen sind wir schon dreimal gezählt worden. Jetzt kommen wir in das eigentliche Wohnlager, wo überall Grüppchen beieinander stehen und debattieren.

„Mein Vorarbeiter hat mir erzählt“, behauptet einer, „die Russen sind bei Mitau durchgebrochen. Vielleicht werden wir schon in dieser Nacht befreit. Es gibt keine natürlichen Hindernisse mehr, wenn sie erst über die Aar hinweg sind.“

„Ach, was weißt du“, fällt ihm ein anderer ins Wort. „Wenn es so wäre, daß die Russen nur dreißig Kilometer von hier entfernt sind, dann wäre Riga schon längst bombardiert worden, und wir wären auch schon längst abgerückt. Oder glaubt ihr, daß die Deutschen uns im unmittelbaren Frontgebiet lassen? Das glaubt ihr ja selber nicht“, schließt er seine Rede.

„Vielleicht ist alles ganz überraschend gekommen“, hält ihm ein anderer entgegen, „die Russen sind vielleicht irgendwo durchgebrochen, die Deutschen können sie einfach nicht mehr halten, es ist doch möglich, daß ihre Panzerspitzen schon vor Riga stehen.“

„Du bist ja ein richtiger Bierbankstratege“, fällt ihm ein anderer ins Wort, „bei dir merkt man ganz deutlich, daß du es gern so willst. Bildet euch nur nicht ein, daß alles so glatt geht. Eins steht jedenfalls fest: es ist verdammt dicke Luft, und darüber sind wir uns ja bewundernswert einig.“

Die Gruppe löst sich auf, man geht zu einer anderen, hört einen Moment zu, geht weiter, doch kann man sich aus dem ganzen Geschehen kein klares Bild machen.

Es pfeift. „Alles in die Betten“, heißt das Kommando. „Los, los, etwas schneller“, wie gewöhnlich. „Seid ihr noch nicht in der Klappe? Ich mache euch gleich Beine.“

Noch lange liegen Sascha und ich wach in der Koje

und beratschlagen, was jetzt zu tun ist, aber wir kommen zu keinem Resultat. Bald kann man die tiefen, ruhigen Atemzüge der Kameraden vernehmen. Doch der Schlaf soll nicht von langer Dauer sein. Erst heulen die Luftschutzsirenen, und gleich darauf beginnt ein Krachen und Bersten, als ob die ganze Welt zusammenstürzte.

„Die Russen werfen ihre Tannenbäume", sagt Sascha. „Komm, wir müssen machen, daß wir hier verschwinden."

Durch die Fenster sehen wir das Spielen der Scheinwerfer am nächtlichen Himmel. Riga ist taghell erleuchtet durch die Leuchtbomben der Russen. In kurzen Abständen hört man das Detonieren von Bomben und Granaten. Einmal ist uns, als ob das ganze Haus wackelte – die Bombe muß in unmittelbarer Nähe krepiert sein.

Aus allen Gängen und Fluren schieben sich die Menschen, um in den Luftschutzkeller zu gelangen. Es ist stockdunkel, man kann nicht sehen, wo man geht. Die Menschen drängen und schieben und stolpern über die im Wege liegenden Sachen, dazwischen blitzen die Taschenlampen der SS-Posten auf, die uns mit ihren Gummiknüppeln zur Eile antreiben. Notdürftig bekleidet stehen wir dann in dem feuchten Keller, einer an den anderen gepreßt, und immer mehr werden von der SS hineingedrückt. Die Luft in dem kleinen Keller ist bald zum Schneiden; einige werden ohnmächtig. Sie werden von uns ins Freie getragen, aber sofort von den Posten, die mit den Gewehrkolben um sich schlagen, wieder hineingejagt. Auch das Austreten ist uns während des Alarms nicht gestattet.

„Ihr Schweine könntet Lichtsignale geben", erklärt der Postenführer unserem Lagerältesten.

Eine grenzenlose Schweinerei entwickelt sich, denn der Luftalarm dauert einige Stunden. Die Flak schießt wie wild, und deutlich können wir auch das Summen der russischen Bomber hören. Fünf Stunden stehen wir eng aneinandergekauert da, dazu die verpestete Luft und die eisige Kälte in dem feuchten Keller. Mit Sehnsucht erwarten wir den nächsten Morgen, wenigstens den hellen Tag, wenn wir auch nicht wissen, was er uns bringen wird.

Gar bald ist es soweit. Wie jeden anderen Morgen heißt es heute auch: Antreten zur Arbeit. Das Auto kommt wie gewöhnlich, um uns wieder an die verschiedenen Arbeitsstellen zu bringen. Je näher wir den Dünabrücken kommen, um so stärker wird der Verkehr. Die Straßen sind verstopft von Militärfahrzeugen. Wir können von unserem Auto aus das Geschehen um uns herum genau beobachten. Die Brücken sind stark bewacht, in der Einfahrt stehen einige SS-Posten und kontrollieren die Papiere der Kraftfahrer und die Fahrtgenehmigungen. Es wimmelt nur so von Militär, alles mit Stahlhelm und Karabiner.

Auf der anderen Seite der Brücke marschieren deutsche Soldaten, manche ohne Schuhe, manche ohne Gewehr, ihre Mäntel sind zerrissen und verdreckt. Voran marschiert ein Hauptmann; stolz und aufrecht führt er seine geschlagene Abteilung dem Westufer der Düna zu. Die Soldaten sind übermüdet; sie schleppen sich dahin; sie müssen sehr lange in der Schlacht gestanden haben.

Beim Anblick dieser geschlagenen Soldaten steigt unsere Stimmung wieder. Vielleicht wird es doch klappen. Es scheint ja jetzt wirklich ernst zu werden. Neue Hoffnung zieht ein in unsere Herzen.

An der Arbeitsstelle interessiert sich keiner mehr für unsere Arbeit; wir sitzen da und schmieden Pläne, was wir alles tun wollen, wenn wir endlich frei werden. Ob der eine oder andere noch lebt, und wie unser Leben bestimmt nochmal so schön sein wird. Doch wie schon so oft haben wir auch dieses Mal die Rechnung ohne den Wirt gemacht.

Kurz vor Mittag hält ein Auto vor der Tür der Gärtnerei. Drei bis an die Zähne bewaffnete SS-Leute springen ab, und ehe wir Juden überhaupt zur Besinnung kommen, sind wir schon auf dem Auto, und ab geht's, wohin weiß der liebe Herrgott. Ich wundere mich gar nicht, daß man für uns sieben Juden drei Posten zur Bewachung mitgebracht hat. Was müssen wir doch für Schwerverbrecher sein! In flotter Fahrt passieren wir die Straßen Rigas, die Stadt ist wie ein aufgescheuchter Ameisenhaufen, alles rennt aufgeregt durcheinander, die Bahnen sind überfüllt, und Menschen mit Pferd und Wagen oder Handkarren versuchen, mit ihrer Habe schnellstens die Stadt zu verlassen.

Bald wird uns klar, wohin uns das Auto bringt.

„Düna hinunter und dann links herum – weißt du, wo wir dann sind, Sascha?"

Er nickt nur mit dem Kopf. Minuten später halten wir vor dem Tor des KZs. Das übliche Zählen und Mustern, dann marschieren wir im Gleichschritt ins Lager ein.

Schon die Mienen der uns entgegenkommenden Häftlinge verraten uns, daß hier etwas nicht in Ordnung ist. Sie drücken sich an uns vorbei, ohne uns anzusehen, und wagen kaum, mit uns zu sprechen. Nur ab und zu fliegt ein mitleidiger Blick zu uns herüber, als wir vor der Kleiderkammer angetreten sind. Doch jetzt wird auch uns klar, warum die Mienen so ernst sind, denn gegenüber der Schreibstube bietet sich uns ein sonderbares Schauspiel. Dort steht ein mit Menschen vollbeladenes Auto, einer dicht gedrängt an den andern. Manche haben Verbände um den Kopf oder an den Händen. Vor der Schreibstube steht Oberscharführer Hirsch im Braunhemd mit hochgekrempelten Ärmeln und macht sich einen Spaß daraus, die Juden, die aus der Schreibstube kommen, mit Fußtritten und Faustschlägen zur Eile anzutreiben. Wenn er eine weiße Schürze umhätte, sähe er aus wie ein Schlächter.

Immer noch werden Juden von den beim Auto stehenden Posten mit Fußtritten auf den Wagen befördert.

„Mach, daß du hinauf kommst, du Schwein, sonst krieg ich dich an deinen Hammelbeinen."

Ein Faustschlag saust ihm zwischen die Rippen.

„Geht das nicht schneller? Du willst wohl den ganzen Betrieb hier aufhalten, du Hundesohn?"

Der ungefähr vierzigjährige Mann kann infolge der jahrelangen Unterernährung nicht so schnell auf das Auto heraufklettern. Zwei Posten packen ihn und schleudern ihn wie einen Sack auf die auf dem Wagen zusammengedrängten Juden. Dabei lachen sie darüber wie über einen gelungenen Witz.

Diese Angelegenheit muß schnell gehen, damit die Leute nicht zur Besinnung kommen, fährt es mir durch den Kopf, denn zu wissen, wohin das Auto fährt, dazu braucht man nicht viel Verstand.

So geht einer nach dem andern in die Schreibstube, gibt dort seine Nummer ab und wird, wenn er wieder herauskommt, mit Tritten und Faustschlägen auf das Auto befördert. Uns ist jetzt auch klar geworden, warum uns die Menschen so mitleidig anblicken: wahrscheinlich sind wir mit für diese Aktion bestimmt. Dann heißt es ein für allemal vom Leben Abschied nehmen. Bei dem Gedanken werden mir die Knie weich, ich will es einfach nicht glauben, daß bei diesem herrlichen Wetter alles vorbei sein soll. Die Sonne scheint so schön warm, es kann einfach nicht möglich sein. Doch vor uns vollzieht sich die Tragikomödie nach Schema F. Einer nach dem anderen geht in den Tod, ein Auto nach dem andern fährt mit seiner lebenden Last ins Verderben, als ob es die einfachste und normalste Angelegenheit von der Welt sei, einige tausend Menschen zu ermorden.

Auf der anderen Seite hat sich ein Durchgang zwischen den dort stehenden Juden gebildet; sie weichen scheu zurück, denn schon das Nichtgefallen der Gesichtszüge oder ein anderer nichtiger Anlaß kann hier den sicheren Tod bedeuten.

Mit langsamen Schritten bewegt sich Oberscharführer Hirsch auf uns zu, neben ihm der Kommandant des kleinen Lagers aus HKP, Unteroffizier Eggers aus Hamburg. Ein Posten macht Meldung:

„Sieben Juden aus der HKP-Gärtnerei angetreten."

Die Meldung wird gar nicht beachtet, es ist, als ob sie in die Luft gesprochen sei. Mir ist, als müßte mein Herz stillstehen. Der Blick des Oberscharführers streift jeden einzelnen von uns, bleibt auf einem ruhen, er winkt ihm zu, er soll heraustreten, dann wendet er sich zu einem zweiten und dritten, die auch heraustreten müssen.

„Das andere kommt ins Lager zurück und kriegt Sträflingskleidung, verstanden?"

„Jawohl", erwidert der Posten.

Die andern drei gehen mit gesenkten Köpfen und wankenden Schritten hinüber zur Schreibstube.

„Seid ihr noch nicht oben, ihr Hunde, muß ich euch erst Beine machen?"

Hirsch geht auf sie zu und schlägt und tritt sie, denn die drei können nicht so schnell auf das Auto heraufklettern, weil die Menschen schon dicht aneinandergedrängt dort oben stehen und kein Platz mehr vorhanden ist.

Dann ruckt das Auto an, macht eine Drehung und fährt langsam an uns vorbei. Die Hand eines Kameraden streckt sich uns beim Vorbeifahren entgegen, die andere Hand hat er an den Mund genommen, und so laut er kann, ruft er uns die hebräischen Worte zu:

„Al ha mess (auf zum Tod)"

Wir bleiben stehen und winken ihnen nach, bis das Auto um die Ecke der Kommandantur fährt und unseren Augen entschwindet.

„Was steht ihr hier noch, ihr Säcke?" werden wir da plötzlich von der Stimme des Lagerführers aus unseren Gedanken aufgeschreckt. „Macht, daß ihr ins Lager kommt, aber los."

Wieder zählt ein Posten, dieses Mal leider nur vier Menschen, drei sind von uns genommen worden. Wie im Traum gehe ich daher – der Platz an meiner Seite, wo Sascha ging, ist leer. Ich kann es nicht begreifen, daß ich von dem Menschen, mit dem ich so hoffnungsvolle Zukunftspläne geschmiedet hatte, für immer getrennt sein soll. Abends kann ich nichts essen, mir ist immer noch, als ob der Blick des Oberscharführers auf mir ruhte, meine Nerven sind noch zu angespannt von den unauslöschbaren Eindrücken des vergangenen Nachmittags. Ich sehe immer wieder Sascha vor mir mit seinen braunen Augen, die bei dem Gedanken an die Freiheit leuchteten. Sie sind für ewig gebrochen, und niemals mehr werde ich seine überzeugende Stimme hören: „Jo, wenn wir nur Zeit gewinnen, wird schon alles gut werden." Alles das ist vorbei, von einem grausamen, rätselhaften Schicksal ausgelöscht.

Die Luft im Lager ist nicht zu atmen. Die Menschen gehen herum mit starrem Blick, die Augen auf den Boden gerichtet, ein jeder über eine Lösung dieser grausamen Zustände grübelnd. Die Arbeit für uns Konzentrationäre ist durch den Abtransport vieler Fabriken aus Riga weniger geworden; nur noch ein Teil der Häftlinge wird weiter auf Außenkommandos beschäftigt. Dazu kommt, daß die auf Außenkommandos untergebrachten Juden infolge der Auflösung der Fabriken ins Lager zurückgebracht werden, so daß das Lager vollkommen überfüllt ist. Ein Teil der Juden wird hinter dem Lager in der Zerlegungsstelle der Wehrmacht beschäftigt, ein anderes Kommando schachtet Luftschutzbunker mit Schießscharten an den äußeren Zäunen des Lagers, so daß die Wache bei einem etwaigen Aufruhr im Lager während eines Fliegeralarms ein freies Schußfeld hat.

Das ganze Aussehen des Lagers hat sich überhaupt verändert. Um die Baracken herum hat man Blumen gepflanzt, in den Zwischenräumen der Blocks wächst Gemüse, und bei der Einfahrt zum Lager ist ein großes Tomatenfeld angebaut worden. Diese Anlagen geben dem Lager ein recht freundliches Aussehen, aber der Eingeweihte weiß, daß jede Tomatenstaude und jeder Kohlkopf mit dem Schweiß und dem Blut der Juden gepflanzt wurde. Wie ein Hohn leuchten die roten Rosen an der Kommandantur, als wollten sie um das für sie geflossene Blut künden.

Als Dachdecker kann ich jetzt nicht mehr arbeiten, so werde ich hinter dem Lager in der Zerlegungsabteilung beschäftigt. Hunderte von Juden sind da auf ganz kleinem Raum zusammengedrängt, es wird sehr wenig gearbeitet, dafür um so mehr diskutiert. Alles dreht sich nur um Aktionen, um den Vormarsch der Russen und um die Möglichkeit, sich im Lager irgendwo zu verbergen. Ich selbst gucke unter jede Baracke, sehe nach, ob sie ein Steinfundament hat oder auf Pfählen gebaut ist. Bei den letzteren wird es leichter sein, herunter zu kriechen; man kann da den Sand vielleicht etwas zur Seite schieben und sich unter der Baracke in der Zeit der Gefahr verbergen. Doch auch diese Chancen sind sehr gering, die Kapos werden uns schon zu finden wissen. Dann wieder untersuche ich den leichten Boden der Baracke, aber dort ist es unmöglich, ungesehen hinaufzugelangen. Es wird mir klar, daß es leider keine Möglichkeit gibt, dem uns zugedachten Schicksal zu entkommen. Die Anzahl der Posten bei der Bewachung des Lagers ist verstärkt, alle tragen Stahlhelm und Handgranaten. Sie können sofort das Aufflackern einer Revolte im Keime ersticken.

An einem Abend ist wieder Generalappell, alles, auch die Küche, die sonst von solchen Appellen befreit war, hat anzutreten. Damit nun die SS die angetretenen Häftlinge besser durchgucken kann, kommt der Befehl, daß die erste Reihe zwei Schritte vor geht, die zweite stehen bleibt, und die dritte zwei Schritte zurück tritt. Bei der vierten und fünften Reihe macht man es genau so. Sporenklirrend marschieren nun die Herren der SS zwischen den Reihen spazieren, überall Lücken in die angetretenen Reihen reißend.

In der Reihe vor mir steht Günther Horn, der Sohn des Gärtners, 12 Jahre alt.

„Stehst du immer noch hier, du Sauhund?" brüllt ihn einer der Schergen an und reißt ihn weg von der Hand des Vaters, der neben ihm steht.

„Vater, Vater", hört man den Günther schluchzen, „komm, Vater", streckt er flehend seine Hände zu dem Manne aus, der unbeweglich in der Reihe stehen bleibt. Dann geht der Junge langsam vor dem SS-Mann her zu den anderen an der Seite stehenden Jungen.

Hinter mir steht der Vater, der sein Kind immer mit

auf Kommando genommen hat. Ein SS-Mann kommt, um das Kind von der Hand des Vaters zu reißen, an die es sich in seiner Furcht klammert. Doch der Mann ist ein Held. Er ist groß und kräftig und schreitet mit seinem Kind an der Hand durch die Reihen, um sich mit seinem Kindchen zu den anderen Kindern zu stellen. Wie ein König steht er unter ihnen, aufrecht und stolz, ungebeugt den kommenden Ereignissen ins Auge blickend.

Zur gleichen Zeit wird im Frauenlager, für uns auch sichtbar, der gleiche Appell durchgeführt. Auch dort stehen schon einige kleine Mädchen beisammen, eine hagere Frau steht unter ihnen; nach dem Appell erzählt man sich, daß sie die Frau des stolzen Mannes sei, die gemeinsam mit ihrem Kind und Gatten in den Tod geht.

Wie Gummibälle fliegen die Kinder nach dem Appell auf die vorgefahrenen Autos, auch der kleine Möschele ist dabei, der schon dreimal solchen Aktionen entgangen ist. X hat ihn diesmal auf den ausdrücklichen Befehl von Sauer unter dem Fußboden einer Baracke, wo er sich versteckt hatte, hervorgezogen. Sauer hat gesagt, daß er nach dem Appell kein Kind mehr im Lager sehen will, oder das ganze Lager geht hoch. So fahren denn einige Autos mit ihrer weinenden Last, kreuz und quer auf die Autos geworfen, in den Tod. Die Schwester von Rosel hat sich gerettet mit ihren langen Haaren und ausgestopften Brüsten.

Jeden Tag gibt es jetzt neue Befehle. Vor vier Wochen war angeordnet worden, daß alle Juden ohne Ausnahme Glatzen zu tragen hätten. Wenn die Haare wieder zwei Zentimeter lang sind, müssen sie geschnitten werden. Jetzt kommt der Befehl, daß uns durch die wieder gewachsenen Haare mit der Maschine von einem Ohr zum andern und von der Stirn zum Nacken eine Bahn zu schneiden ist, um die Juden deutlicher zu kennzeichnen. Dadurch entstehen auf unserem Kopf vier verschiedene Haarbüschel. Diese Angelegenheit nehmen wir mit Humor; zwar sehen wir lustig aus, aber solange der Kopf noch oben ist, sind wir zufrieden.

Dann gibt es eine neue Sensation im Lager. Man erzählt sich, daß der Lagerälteste wegen Verstoßes gegen die Lagerdisziplin abgesetzt worden ist und durch einen neuen ersetzt werden soll. Einige Tage später wird er ausgetauscht gegen eine ebensolche Figur aus dem Nachbarlager Straßenhof. Jetzt stolziert er wie ein König durch das Lager. Das Unglück will es, daß Honig ihm in den Weg läuft. Wie ein Hecht springt er auf ihn zu und ruft:

„Honig, Honig, hab ich dich endlich, du Hund, du weißt doch, daß ich dich jetzt totschlagen kann, wenn ich will."

Dabei schlägt er mit wohlgezielten Haken und Schwingern auf Honig ein. Als der sich von dem ersten Schrecken erholt hat, fragt ihn der neue Lagerälteste, ob er sich jetzt an ihn erinnern könnte. Honig verneint. Wieder erhält Honig eine Serie von Schwingern und Haken.

„Du Hund", brüllt der Lagerälteste, „hast mir damals in Lübeck meine bei dir gekauften Möbel beschlagnahmen lassen, während ich arbeitslos war. Erinnerst du dich jetzt?"

Honig erinnert sich. Inzwischen ist auch X auf der Bildfläche erschienen.

„Du kannst dich jetzt etwas weiter mit ihm beschäftigen, X", meint der Lagerälteste.

Nachher ist Honig nur noch ein hilfloses Bündel Fleisch, man trägt ihn ins Revier, wo er sich aber recht schnell wieder erholt. Er sagt mir später, daß er sich freut, daß die Sache so glimpflich abgegangen ist. Aber er habe immer noch Angst, daß ihn der Lagerälteste in ein Einsatzkommando schickt.

Ich habe mich entschlossen, hinten in der Zerlegungsstelle Nachtschicht zu machen. Dort wird Tag und Nacht gearbeitet, doch nachts ist man den Gefahren des Einsatzkommandos weniger ausgesetzt, glaube ich. So arbeite ich von abends um sieben bis morgens um sieben, bis die Tagesschicht zur Ablösung kommt. Nachts kann der wie Hitler aussehende Gefreite die Arbeit auch nicht so gut beobachten, da wegen Fliegergefahr die Außenlampen des Lagers sehr oft abgedunkelt werden. Meistens sitzt er auch mit irgend einem jüdischen Mädel in seiner Bude und amüsiert sich, es ist ja unter diesen Bedingungen so billig.

Auch ich habe ein nettes ungarisches Mädel kennengelernt, sie heißt Tubi. Immer wenn die Luft rein ist, gehe ich mit anderen in die Baracke, denn die Männer arbeiten während der Nächte im Freien, und spreche mit ihr. Sie stammt aus den Karpaten und hat drei Schwestern und ihre Eltern in Auschwitz gelassen. Es ist rührend mitanzuhören, wenn sie von ihrem Leben daheim berichtet. Sie ist immer noch mit ihren Gedanken zu Hause, denn sie ist erst drei Monate im Lager, berichtet sie mir.

Manchmal ist auch nachts Fliegeralarm, dann wird das ganze Licht im Lager gelöscht, nur die Kommandos der Wache sind zu hören. Dann sitze ich bei Tubi in der dunklen Baracke, während die Flaksplitter auf das Dach prasseln, und hoffe, daß der Alarm kein Ende nehmen möge.

Doch morgens werden wir schon sehr früh in die rauhe Wirklichkeit zurückgerufen. Da bietet sich mir um sechs Uhr folgendes Bild: X und andere polnische Häftlinge stürmen, mit Gummiknüppeln bewaffnet, in die Baracke eins. Einige Sekunden später kommen mehrere Juden, nur notdürftig bekleidet, aus dem Block herausgelaufen. Auf dem Appellplatz stehen einige Autos, und ehe die Menschen überhaupt zur Besinnung kommen, sind sie schon auf dem Auto, das sie in den Tod fährt. Das Ganze wickelt sich in einer solchen Schnelligkeit ab, daß ein Teil der Juden in der Baracke gar nicht weiß, was eigentlich los war. Nur daß der eine oder andere ihrer Freunde fehlt, klärt sie über das Geschehene auf.

Außerhalb des Lagers wird ein großer Vorrat an Benzin angelegt, neue Vermutungen tauchen auf. Manche wollen wissen, daß es zum Verbrennen der Leichen bestimmt ist. Man erzählt sich, daß ein Transport ungarischer Frauen einige Tage in einem Güterzug auf dem Bahnhof gestanden habe. Auch eine weibliche deutsche Gefangene, die Lagerälteste werden sollte, sei dabei gewesen. Diese Deutsche ist ins Lager zurückgekommen, während man von den ungarischen Juden vermutet, daß sie vergast worden sind. Es bestand die Absicht, diese Menschen in das neu errichtete Lager der AEG nach Thorn zu bringen. Unser jüdischer Mundfunk will wissen, daß die Russen kurz vor Tilsit stehen, und daß somit unser ganzes Gebiet eingeschlossen ist. Da man also die Juden nicht mehr fortbringen konnte, hat man sie eben liquidiert. Was von diesen Gerüchten wahr ist, wissen wir nicht, aber eins steht fest, daß man die Juden nach dreitägigem Stehen auf einem Abstellgleis mit uns unbekanntem Ziel in Lastwagen abtransportiert hat.

So sind wahrlich keine schönen Aussichten für unsere Zukunft vorhanden. Schlüter, der Häftling der Schreibstube, verliest abends beim Appell eine Anordnung, daß ab morgen früh alle Arbeitsfähigen mit zur Arbeit am Hafen ausrücken. Es werden wieder zwei Kommandos gebildet, eines für die Tagschicht, das andere für die Nachtschicht. Jede Woche wird gewechselt, sagt er.

Am Hafen gibt es wieder sehr schwere Arbeit, aber dennoch sind die meisten froh, daß sie aus der unsicheren Atmosphäre, die im Lager die ganze Zeit schon herrscht, herauskommen. Wir müssen jetzt den ganzen Tag Bomben und Munition ausladen. Diese kommt in großen Transportern an und wird dann in bereitstehenden Güterwagen sofort an die Front weiterbefördert. So geht es Tag für Tag und Nacht für Nacht. Die Verpflegung im Lager ist etwas besser geworden, es gibt jetzt sehr oft gut gekochte Erbsensuppe mit reichlichem Speck und ein halbes Brot am Tag. Anscheinend ist man wieder gewillt, unsere Arbeitskraft zum Ausladen der Munition zu erhalten. Andere meinen, sie können die großen Verpflegungslager des Heeres doch nicht mehr fortschaffen, deshalb gibt man uns jetzt besser zu essen.

Abends nach dem Appell drängt alles nach der schweren Arbeit des Tages in die Blocks, um sich hinzulegen und auszuschlafen, soweit es überhaupt in diesen dunklen, überfüllten Räumen möglich ist. Durch die Auflösung der Außenlager liegen wir mit vier Mann in einer zwei Meter breiten Koje, dazu die Läuse und Wanzen, die einem die Nachtruhe nehmen. Alles juckt sich und kratzt die Läusestiche auf. Dazu kommt noch die stickige Luft, die durch keinen Windstoß berührt wird, so daß uns auch die Nacht zur Hölle wird. Es ist ein eigenartiges Gefühl, des Nachts beim Fliegeralarm die Flaksplitter auf das Dach prasseln zu hören. Nie kommt mir der Gedanke, daß die auch mal durch das dünne Dach durchschlagen und mich töten könnten, obwohl schon aus anderen Blocks Verwundete durch Flaksplitter gemeldet werden.

Eines Tages wird nur eine geringe Anzahl von Hafenarbeitern gebraucht, so bleibe ich mit einigen anderen im Lager, damit wir uns mal wieder etwas ausruhen von der schweren Arbeit. Wir werden in die Zerlegungsstelle geschickt und sitzen an einem Tisch, als ein Kapo hereinkommt und sagt, er braucht zehn Juden zum Strohsackstopfen. Es ist ein warmer Julitag, und ich habe meine Jacke über die Rücklehne des Stuhles gehängt. Der Kapo kommt an unseren Tisch und deutet auf alle um mich herum sitzenden Kameraden.

„Ihr kommt mit", sagt er, „und du bleibst hier", sagt er zu mir, „denn deine Nummer ist nicht ganz fest angenäht. Los, raus mit euch hier."

Von denen ist keiner wiedergekommen. Draußen werden sie gleich von dem SD in Empfang genommen, und die Decken, die sie doch noch schnell mitgenommen hatten, werden ihnen wieder abgenommen mit der Bemerkung, daß sie keine Decken mehr brauchen. Wieder einmal bin ich auf mir rätselhafte Weise dem Tode entgangen.

Ein anderes Mal werden Leute angeblich zum Kartoffelsammeln gebraucht. Ungefähr hundert Menschen treten hervor in der Annahme, sich dort mal wieder richtig an Kartoffeln sattessen zu können. Am nächsten Morgen werden sie nach Polen verladen. Sie sind nie wieder gesehen worden, auch ihre Nummern wurden in der Schreibstube gestrichen.

Levi und die anderen in Baloshi gebliebenen Juden sind ins Lager gekommen. Levi scheint mir nicht mehr ganz normal. Schapiro, der auch bis jetzt in Baloshi gewesen ist, sagt mir, Levi mußte acht Tage und acht Nächte draußen auf einem Feld arbeiten. Essen wurde ihm von seiner Frau auf das Feld gebracht. Dazu immer noch die Schläge und Mißhandlungen des großen und kleinen Willi. Dabei hat er geistig gelitten, sagt Schapiro.

Dann ist wieder Generalappell. Die Zahl stimmt nicht. Es wird festgestellt, daß Levi fehlt. Ich traue meinen Augen nicht, als er, vom Hauptscharführer mit festem Griff am Kragen gehalten, in seinen Holzpantinen daher gestolpert kommt. Man bringt ihn direkt an eines der wartenden Autos, – damit ist es auch um Ernst Levi geschehen.

Dann fragt der Postenführer wieder einen Häftling, welche Nummer er aus den angetretenen Reihen herausziehen soll, und zwei Reihen rechts von mir gehen wieder zehn Mann in den Tod. Mir drängt sich die Frage auf, wann ich denn nun eigentlich so weit sein werde, oder geht es immer so weiter, daß ein Schutzengel seine unsichtbare Hand über mich hält?

Doch zum Nachdenken über derartige Fragen kommt man im Kaiserwald nicht. Es pfeift. Alles mit Mänteln vor der Baracke antreten, marsch, marsch. Wir liegen schon in der Koje, als dieses Kommando kommt. Also wieder aufstehen und schnell ankleiden, alles rennt und schreit durcheinander, keiner weiß, was los ist. Wir wissen nicht, was wir im Hochsommer mit unseren Mänteln anfangen sollen. Einer hat in der Eile seine Strümpfe verloren, ein anderer kann seine Schuhe in dem Gewühl nicht finden. Hinten an der Tür hört man schon das Schreien der Juden, die von den Kapos mit ihren Gummiknüppeln unbarmherzig geschlagen werden, weil ihnen das Heraustreten wieder nicht schnell genug geht. Einige springen zum Fenster hinaus, aber draußen warten schon die Kapos, um auf sie einzuschlagen, denn aus dem Fenster klettern ist verboten, somit ist wenigstens ein Grund zum Prügeln gegeben. An der Tür stehen zwei richtige Schwergewichtler. Alles, was durch die Tür hinaus will, muß an ihnen vorbei. Mit einer satanischen Freude schlagen sie auf die wehrlosen Menschen ein. Dieser Spaß der Kapos kostet uns wieder einige Tote und Schwerverletzte.

Dann treten wir draußen im Dunkeln mit unseren Mänteln überm Arm an. Abmarsch zum Bahnanschluß des Lagers heißt es. Es sind zehn Waggons Kies gekommen, der jetzt noch in unseren Mänteln im Laufschritt ins Lager getragen werden muß, da die Waggons anderweitig dringend benötigt werden. Ein Teil von uns hat Schaufeln bekommen, in jeden Mantel kommen auf Anordnung des Lagerführers acht volle Schaufeln. Verloren werden darf nichts, denn an der Seite des Weges stehen in einem Abstand von ungefähr dreißig Metern SS-Männer und Kapos, die darauf achten, daß auch gelaufen wird, und mit Knüppeln und Peitschen uns immer wieder zur Eile antreiben. Wer nicht mehr laufen kann, den schlägt man so lange, bis er liegenbleibt. Dann wird er von anderen Häftlingen ins Revier geschleppt. Man reißt sich darum, die Menschen ins Revier zu tragen, um wenigstens mal einige Minuten verschnaufen zu können. Es ist das reinste Spießrutenlaufen. Alte Juden, die kaum mehr gehen können, laufen hier unter der schweren Last gebeugt und von der SS verhöhnt. Rechts am Weg ist ein Luftschutzkeller für die Wache ausgeschachtet worden. An der schmalsten Stelle des Weges macht ein SS-Mann sich den Spaß, andauernd einige alte Leute in das ungefähr drei Meter tiefe Loch zu schubsen. Es ist sehr schwierig für die alten Juden, da wieder herauszuklettern, aber sobald sie wieder den oberen Rand erreicht haben, schmeißt er sie wieder hinunter. Dieses Spiel wiederholt sich einige Male, bis die Menschen zusammenbrechen und fortgeschleift werden. Ein anderer SS-Mann hat einen ganz dünnen Stock in der Hand. Damit schlägt er prinzipiell nur ins Gesicht, „damit ihr Hunde auch etwas merkt", sagt er. So laufen wir mit dem schweren Kies bis nachts um eins, immer unter Schlägen und Drohungen. Diese Abwechslung für die SS hat zwanzig Tote und Verletzte gekostet. Einige andere liegen stöhnend und wimmernd in den Kojen. Der neben mir liegende Arzt aus Dünaberg hat auch etwas abbekommen, er liegt da und weint und jammert. Ich schlafe übermüdet ein. Als ich morgens aufwache, ist er tot. Der herbeigerufene Arzt meint, er muß eine innere Verletzung gehabt haben. Daran wird er sicher verblutet sein.

August 1944

Der russische Militärbericht meldet, daß sich die Rote Armee im unaufhaltsamen Vormarsch an den baltischen Fronten befindet. „Zahllose Plätze wurden von unseren Truppen befreit, die sich im stetigen Vormarsch auf die Hauptstadt von Lettland, Riga, befinden." Auch das Oberkommando der Wehrmacht meldet heftige Kämpfe im lettischen Raum.

Manchmal, wenn ich Gelegenheit habe, den Heeresbericht zu lesen, denke ich, wie interessant es sein müßte, irgendwo in der Welt den russischen Feldzug auf der Karte zu verfolgen. Aber unter diesen Verhältnissen in Riga will es mir gar nicht gefallen. Dieses „In-der-Falle-Sitzen" und nicht wissen, ob man den morgigen Tag noch erlebt, spannt die Nerven bis zum Äußersten an. Wir sind überreizt, hinter jedem Kommando wittert man die Gefahr, wir leben wie auf einem Pulverfaß. Man erzählt sich, daß in dem Nachbarlager Straßenhof eine große Aktion gewesen ist, alle Juden über 35 Jahre wurden von dieser Aktion betroffen. Gleichzeitig wurde das außerhalb des Lagers untergebrachte Benzin aufgeladen, wir scheinen also richtig vermutet zu haben.

Noch ein Außenlager kommt zurück ins KZ. Doch man nimmt die hundert Juden gar nicht erst karteimäßig auf, sie werden gleich beim Einmarsch ins Lager in einen Block gesperrt, den sie nicht mehr verlassen dürfen. Die Juden, die das ihnen zugedachte Schicksal ahnen, versuchen, sich mit allen Mitteln zu befreien. Man schlägt die Fenster ein, versucht, die abgeschlossenen Türen aus den Angeln zu heben, andere wieder reißen die Fußbodenbretter los, um sich von unten einen Weg in die Freiheit zu bahnen. Doch es gelingt wegen der Wachsamkeit der Posten nur einzelnen, den Block zu verlassen und sich unter die anderen Häftlinge zu mischen. Am nächsten Morgen werden ungefähr zwanzig jüngere Menschen von den hundert ausgesucht und mit zwanzig älteren aus dem Lager ausgetauscht. X sucht die zum Leben bestimmten Juden aus. Immer, wenn er einen herausgesucht hat, stehen um ihn sofort zwanzig andere. Doch das Schicksal ist unerbittlich. Schließlich gelingt es ihm, mit der Hilfe von polnischen Kapos die für den Tod bestimmten Juden auf die Autos zu laden, dann steigen drei SS-Posten auf, und die letzte Fahrt beginnt. Doch nicht alle Fahrten sollen ruhig verlaufen sein. Es heißt, auf den Autos hätten die Juden versucht, die Posten zu überwältigen; einmal soll es zehn Juden gelungen sein, zu entkommen. Ein anderes Mal sollen sechs geflohen sein, und vier wurden wegen Widerstandes in einer der belebtesten Straßen Rigas erschossen. Deshalb sind auch größere Sicherheitsmaßnahmen für solche Transporte von der SS angeordnet worden. Eine größere Anzahl Posten mit schußbereitem Gewehr fährt jetzt immer mit; außerdem dürfen es keine offenen Autos mehr sein, sondern sie müssen eine Plane haben, damit die Juden keine Möglichkeit haben, während der Fahrt abzuspringen.

In den letzten Tagen wurde ich zur Nachtschicht am Hafen eingeteilt. Die Schiffe, die angekommen sind, haben meistens dreizentnerschwere Fliegerbomben geladen. Es ist kein Vergnügen, die ganze Nacht mit diesen schweren Bomben herumzujonglieren.

Als wir am folgenden Morgen wieder ins Lager einrükken, ist bereits eine endlose Schlange von Häftlingen mit umgeschnallten Decken am Tor angetreten.

„Wir kommen nach Deutschland", rufen sie uns im Vorbeimarschieren zu. „Ihr könnt auch noch mit, wenn ihr wollt."

Und richtig, der Lagerführer verkündet, daß noch Freiwillige für den Transport nach Deutschland gebraucht werden.

Mein Entschluß ist gefaßt: Ich gehe nicht mit, obwohl ich Honig und viele meiner Bekannten unter den Angetretenen bemerke. Meine Meinung ist, daß ich nach Deutschland immer noch zu früh kommen werde. Viele versuchen, mich umzustimmen.

„Du weißt doch, was mit den letzten geschehen wird", reden sie auf mich ein. Aber mir ist es schon in den paar Minuten zur felsenfesten Gewißheit geworden, daß es falsch ist, sich freiwillig dorthin zu melden. So nehme ich denn von vielen meiner Freunde, besonders von Honig, Abschied. Heute weiß ich, daß es der einzige Fehler dieses kühl kalkulierenden Denkers war, daß er mit nach Deutschland gegangen ist. Später erfahre ich, daß er bei einer Aktion in Buchenwald umgekommen ist, wie die meisten dieses ersten Transportes aus Riga. Man sagt uns, die, die zurückbleiben wollen, kommen einige Wochen später hinterher.

Im Frauenlager herrscht ein wüstes Durcheinander. Die meisten der Frauen wollen nicht mit dem Transport, so zwingt man sie. Sie werden in den zwei Meter breiten Stacheldrahtzaun gedrängt, der das Frauenlager vom Männerlager trennt. Wenn sie von dort herauskommen, müssen sie ihre Nummer sagen und sich sofort in Fünferreihen formieren. Auch Tubi sehe ich zwischen den Zäunen. Sie fragt mich, was sie tun soll, aber leider hat sie keine Entscheidung über ihre Zukunft. Ich sage ihr Lebewohl, als sie schon in einer der Fünferreihen angetreten ist.

Der Transport wird auf einem Frachtdampfer eingeschifft, der noch am selben Abend ausläuft, um die zwangsweise nach Riga deportierten Juden wieder heim ins Reich zu befördern.

Die russische Telegrafenagentur meldet, daß die Rote Armee sich im Kampf um Tuckum, ungefähr dreißig Meilen westlich vor Riga, befindet. Einige Tage später geben sie bekannt, daß sie den Golf von Riga erreicht haben und einige Meilen tief in den Golf vorgestoßen sind. An einer anderen Stelle sollen die Russen schon den Strand von Riga erreicht haben.

Das Leben im Lager ist jetzt ruhiger geworden. Es sind nur noch einige hundert Juden im Lager geblieben, die Verpflegung ist gut, so gut wie noch nie während meiner dreijährigen Gefangenschaft. Unsere Stimmung ist gut, wir sind alle aufgeregt, denn täglich glauben wir, den in der Ferne hörbaren Kanonendonner deutlicher zu vernehmen. Sehr oft sehen wir russische Flieger über unser Lager hinwegfliegen; deutlich sind die Markierungen der Flugzeuge zu erkennen.

An einem Abend wird ein Dachdecker gebraucht. Da man weiß, daß ich mal Lagerdachdecker war, werde ich wieder dafür bestimmt. Durch die Flaksplitter sind sehr viele Dächer reparaturbedürftig, besonders in der SS-Küche regnet es sehr stark durch. Ich sage zu Schlüter, daß ich für meine Arbeit noch eine Hilfe benötige. Mit Schmuel, einem Juden aus Lodz, läßt es sich sehr gut arbeiten, wir reparieren die SS-Küche zusammen, und dann gehen wir beide sehr wichtigtuend im Lager spazieren. Ich trage immer einen kleinen Hammer in der Hand und Schmuel einen Zollstock. So promenieren wir auf den flachen Dächern der Blocks und sammeln die vielen Flaksplitter, die auf den Dächern liegen. Manchmal kommt X, dem wir dann die größten Splitter schenken. Er geht immer damit zum Kommandanten Sauer, um ihm seine Funde zu präsentieren.

Als ich einmal ins Frauenlager komme, sehe ich in der Tür zum Block Nummer eins ein jüdisches Mädchen stehen und bitterlich weinen. Der Zufall will es, daß Rosel auf mich zukommt, die ich frage, was denn dem kleinen, so niedlich gekleideten Mädel dort geschehen ist.

„Weißt du denn nicht", sagt Rosel, „das ist doch die neueste Freundin von X. Er muß heute weg, wahrscheinlich auch Hannes. Sie sind jetzt gut genug, um ihr bedrohtes Vaterland zu verteidigen. Und sie weint, weil ihr Beschützer fortgeht."

Dramatische Abschiedsszenen sollen sich später noch abgespielt haben, doch alle anderen im Lager verbliebenen Juden atmen auf, daß dieser Sadist endlich verschwunden ist.

Ein neuer Rapportführer ist gekommen. Er scheint ein ganz gemütlicher Bayer zu sein. Da gehe ich mit Schmuel an ihm vorbei, vorschriftsmäßig meine Mütze ziehend. Doch er winkt ab.

„Nicht doch, Jungens", meint er, „vor mir braucht ihr nicht die Mütze abzunehmen."

Donnerwetter, geht es mir durch den Kopf, es scheint wirklich schon eine andere Luft zu wehen, und der Rapportführer scheint das auch gemerkt zu haben. Vor einem SS-Mann nicht die Mütze abzunehmen, hätte einen noch vor einem halben Jahr revierfähig gemacht; heute tut er schon so, als sei er mein Kamerad.

September 1944

Alle im Lager befindlichen Juden, außer den paar Handwerkern, arbeiten am Hafen und sind größtenteils mit dem Ausladen von Heeresverpflegung und Munition beschäftigt. Wenn die Arbeitskommandos von der Arbeit wieder ins Lager einrücken, dann ist alles zu kaufen, was das Herz begehrt. Da gibt es Schokolade, Zigaretten und Keks, sämtliche Arten von Marinaden, alles wird trotz strengster Kontrolle organisiert. Vor einigen Tagen hat man die Hälfte eines Kommandos fast ausgezogen, aber gefunden hat man nichts, da die Juden schon alles in der Dunkelheit weggeworfen hatten. Am meisten freuen sich die SS-Leute, wenn die Juden mit vollen Taschen ins Lager kommen. Die Juden werden dann ganz gründlich von Fachleuten gefilzt, ein SS-Mann steht dabei, und alles, was man bei den Juden findet, verteilen die SS-Posten unter sich. Meldung an den Kommandanten wird nie gemacht: Die Herren von der SS sind froh, daß sie auf diese Art wieder zu Zigaretten kommen.

In den deutschen Zeitungen Rigas erscheinen Aufrufe des Wehrmachtskommandanten von Riga, daß sich alle Zivilisten freiwillig zum Abtransport nach Deutschland auf den schon bekannten Sammelplätzen einzufinden hätten. Täglich verlassen große deutsche Transportschiffe den Rigaer Hafen, um lettische und russische Gefangene nach Deutschland zu bringen. Nur wenig darf man mitnehmen. Sehr viele Letten haben nicht die Absicht, ins Reich zu fahren. Ganze Stadtteile von Riga werden von der Wehrmacht nach versteckten Zivilisten abgesucht. Alle, die man findet, werden so, wie sie gehen und stehen, sofort an den Hafen gebracht. Es wird erzählt, daß es sogar zu kleinen Kämpfen zwischen lettischen Partisanen und deutschen Truppen gekommen ist.

Bei diesen Razzien hat man auch einige versteckte Juden erwischt. Man bringt den jüdischen Arzt Bischofswerder aus Köln mit seiner Frau in den Kaiserwald. Sie sind bei einem heftigen Luftangriff auf Riga aus einer Kasernierung entflohen. Im Lager bekommen sie einen schwarzen Punkt auf die Brust und auf den Rücken, und auf Außenkommandos dürfen sie nicht mehr gehen. Als wieder zehn Leute für ein Himmelfahrtskommando gebraucht werden, ist der Arzt mit seiner Frau dabei.

Es ist wirklich keine Täuschung, jeden Tag kann man das Donnern der schweren Geschütze deutlicher vernehmen. Auch die Fliegertätigkeit über Riga nimmt täglich zu. Mit gespannter Aufmerksamkeit verfolgen wir die Entwicklung. Ich träume immer davon, daß ich eines Morgens aufwache und die Deutschen verschwunden sind. Deutsche Zeitungen sind jetzt in Riga nicht mehr zu bekommen.

Außer uns Juden im Kaiserwald sind noch in anderen Außenlagern eine Anzahl Juden mit der Demontage und dem Verpacken von Heeresbeständen beschäftigt. Schlüter vom Häftlingsarbeitseinsatz meint, daß sich im ganzen noch ungefähr 3000 Juden in Riga befinden.

Die Situation wird ungemütlich. Es gibt viele unter uns, die sich Vorwürfe machen, daß sie nicht mit dem ersten Transport nach Deutschland gefahren sind. Man wird in der Eile kein Schiff mehr für uns frei haben, meinen sie, und dann ist es um uns geschehen.

Die beiden Radiotechniker, die immer Radio Moskau hören, erzählen, daß die Russen jetzt wirklich nur noch zwanzig Meilen vor Riga stehen. Jeden Tag können sie da sein. Aus der tiefen Niedergeschlagenheit, in der sich ein Teil von uns befindet, wird bei solchen Nachrichten wieder freudige Erwartung. An den Kanonendonner haben wir uns schon gewöhnt, wir denken uns nichts mehr dabei, es ist jeden Tag das gleiche.

5. Kapitel
Stutthof
Herbst 1944

Und dann, an einem Nachmittag, kommt plötzlich der Befehl, daß alle im Lager befindlichen Juden sofort vor der Kleiderkammer zum Empfang neuer Sträflingskleidung anzutreten haben. Auch Decken empfangen wir, und als die Dunkelheit hereinbricht, verlassen wir das Lager Kaiserwald. Eine endlose Schlange von Juden wartet schon auf ihre Einschiffung im Rigaer Hafen. In den neuen gestreiften Anzügen mit ihren Nummern an der Brust und an der Hose stehen sie bis in die Nacht, um auf das Schiff gelassen zu werden, das sie in eine ungewisse Zukunft nach Deutschland bringen soll. Die Menschen, die sich jetzt hier versammeln, sind die letzten Juden des Ostens, die Überlebenden von Hunderttausenden, ja vielleicht von Millionen. Man sollte es einfach nicht glauben, was man hier sieht. Juden, deren Leben bis jetzt keinen Pfifferling wert war, transportiert man nun nach Deutschland. Wozu das alles? frage ich mich. Es wäre für die Herren von der SS doch viel einfacher, ihr Mordhandwerk hier im Osten auszuüben. Wozu noch der Transport ins Reich, wo man doch bestimmt den Frachtraum nötiger gebrauchen könnte.

Diese Gedanken gehen mir durch den Kopf, und meine Erinnerung schweift zurück zu unserer Ankunft in Riga.

„Weißt du noch damals, als unser Hamburger Transport in Skirotava ausgeladen wurde?” spreche ich den neben mir stehenden Stefan an. „Wir waren damals ungefähr 1200 Juden. Wieviel von uns werden heute zurückgehen?“

„Wir haben neulich mal darüber nachgedacht“, sagt

Stefan, „und alle unsere Bekannten vom Hamburger Transport gezählt. Es sind faßt dreißig. Vielleicht wird hier und dort nochmal einer auftauchen, aber viel mehr sind es bestimmt nicht."

Wir fangen an, traurig zu werden. Damals fuhr ein jeder von uns mit seinen Angehörigen, mit seinen Geschwistern, heute ist manchmal von ganzen Familien nur noch einer am Leben, meistens sind aber alle vernichtet. Und was wird uns noch im Westen erwarten? Bestimmt nichts Gutes, darüber sind wir uns alle klar, die wir das Glück haben, Riga noch lebend verlassen zu können.

Stefan meint, die verfolgen sicher ein ganz bestimmtes Ziel, wenn sie uns mitnehmen und nicht abschießen wie die Hasen. Doch ändern können wir nichts. Bis heute habe ich immer noch geglaubt, daß sich mir eine Möglichkeit zur Flucht bieten wird, aber auch dieser letzte Hoffnungsschimmer ist verlöscht. Zwar hieß es noch kurz vorm Abmarsch aus dem Lager, daß dreißig Handwerker zum Abreißen der Baracken in Riga bleiben können, aber dieser Plan wurde wieder umgestoßen, und alle mußten das Lager räumen. Zu gerne hätte ich die Russen in Riga einmarschieren sehen, so wäre ich auch den vor mir liegenden Strapazen am leichtesten entgangen. Es wollte aber außer mir keiner dort bleiben; nicht einmal Stefan oder Robert Popper, der Glaser. Sie meinen, hier würde es genau so kommen wie in Salaspils, daß man die letzten einfach umlegt.

So stehen wir schon einige Stunden im strömenden Regen. Die Decke, die man uns mitgegeben hat, haben wir über Kopf und Schultern gebreitet. Trotz der Gefahr von Bombardierungen ist das Schiff hell erleuchtet. In die Spitze der Schlange kommt jetzt Bewegung, die ersten Häftlinge begeben sich an Bord. Doch auch auf dem Kai wird es jetzt lebendig. Ein Auto nach dem anderen rollt an. Ihnen entsteigen die höchsten SS-Führer, um sich dann sofort auf einem extra für sie vorbereiteten Laufsteg an Bord zu begeben. Auch ihre Autos werden dann sofort verladen.

Jetzt kommt auch in unsere Reihen Bewegung. Im Laufschritt eilt ein jeder das Fallreep hinauf, denn es heißt, das Schiff wird noch in der Nacht die Anker lichten. Oben werden wir von einigen SS-Männern in Empfang genommen, die uns sagen, in welche Bunker wir gehen sollen. Ohne das übliche „Los-los" geht es auch hier nicht. Einer nach dem andern begibt sich die lange Sprossenleiter hinunter in die Tiefe des Schiffes. Es ist stockdunkel unten, man kann nicht die Hand vor Augen sehen. Kein Stroh, nichts ist vorhanden, nur das kalte Eisen scheint uns höhnisch anzugrinsen.

„Wie lange werden wir hier unten bleiben müssen, Stefan?"

„Wenn wir hier überhaupt wieder herauskommen", meint er, „drei Tage."

„Aber das ist hier wirklich nicht zu machen", erwidere ich ihm. „Hier gibt es ja nicht mal die Möglichkeit, auszutreten. An Deck dürfen wir auch nicht gehen, doch warten wir ab, wir wollen es uns nicht schon vorher mies machen. Weißt du was, Stefan, wir legen unsere beiden Decken unter uns und unsere Brotbeutel unter den Kopf, vielleicht können wir so etwas schlafen. Es ist doch unmöglich, daß wir hier drei Tage und drei Nächte stehen, das hält doch kein Mensch aus."

„Wer sagt dir denn, daß du es aushalten sollst, Jo?" meint Stefan. „Wenn du es nicht aushältst, wird man dich wahrscheinlich über Bord schmeißen, und damit wird der Fall erledigt sein. Außerdem ist es nicht möglich, daß du deine Decke unter deinen Körper legst, da dann die anderen auf dir herumtrampeln werden. Ich wünsch' dir viel Vergnügen, Jo. Ich bleibe hier stehen wie 'ne Mauer."

„Aber dort in der Ecke, Stefan, kann man sich vielleicht etwas niedersetzen, möglich, daß wir dort einen Moment schlafen können."

„Wenn du aufgepaßt hättest, Jo", erwidert Stefan, „hättest du gesehen, daß gerade eben dort einer in die Ecke gemacht hat."

Und richtig, dort entwickelt es sich langsam und sicher zum Klosett. Wie lange wir so dagestanden sind, weiß ich nicht, jedenfalls nicken wir im Stehen ein und schlafen eine kurze Zeit. Als ich wieder aufwache, ist mir hundeelend zumute, mir ist, als ob ich mich jeden Moment übergeben müßte. Draußen auf der See muß es stürmisch geworden sein, denn das Schiff schlingert und stampft, und wir werden unten in der Spitze des Schiffes von einer Seite auf die andere geworfen. Es ist ein wüstes Durcheinander, denn ein Teil der Juden bricht ohne Unterbrechung, dabei werden die um sie herum stehenden Menschen beschmutzt. Man schimpft und schreit sich an. Ein anderer Teil liegt wimmernd und stöhnend auf dem Boden, ohne daß auch nur irgend jemand Notiz von ihnen nähme. Einer liegt in einer Ecke und schreit ohne Unterbrechung nach Wasser.

„Ein Tröpfchen Wasser, bitte. Warum gebt ihr mir denn kein Wasser?" Er scheint schon irre zu sprechen.

Plötzlich wird oben die Luke aufgemacht. Etwas frische Luft kommt sogar zu uns in die Tiefe des Schiffes. Sie belebt uns ein wenig, und manche fangen trotz ihrer Seekrankheit an, ihr Stückchen trocken Brot zu essen, das sie sich vorsorglich noch aus Riga mitgenommen haben. Oben an der Sprossenleiter hängt die reinste Traube, alle versuchen, dort einen Schluck Wasser zu ergattern, aber der SS-Mann, der es oben verteilt, macht sich einen Spaß daraus, den erschöpften Menschen das meiste ins Gesicht zu schütten. Oben durch die Luke kann man den blauen Himmel sehen. Wie herrlich muß es doch dort oben sein, denke ich, über die endlose Weite des Meeres schauen zu dürfen.

Inzwischen sind Aborteimer zu uns heruntergereicht worden. Wer sie oben an Deck ausgießen will, hat die Möglichkeit, einen Moment mal frische Luft zu schnappen. Trotz des unangenehmen Inhalts bringe ich so einen Eimer nach oben, stehe einen Moment an Deck und empfinde die Schönheit einer Seereise. Wir fahren im Geleitzug. Wendige Schnellboote kämpfen gegen die immer stürmischer werdende See. Im ganzen kann ich sechs Dampfer erkennen, einer fährt immer in der Kiellinie des anderen. An jeder Seite sehe ich zwei Schnellboote. Wenn sie die Spitze des Geleits erreicht haben, fahren sie wieder zurück an das Ende. Wen sie eigentlich beschützen wollen, ist mir nicht ganz klar, sicherlich nicht uns Juden.

Dann werde ich recht unsanft von einem Kapo wieder in dieses grausame Gefängnis zurückbefördert. Ich hätte nur den Kübel auszuleeren und dann wieder zu verschwinden, brüllt er mich an. Wenn er die anderen alle vom Deck herunterjagt, kann er wenigstens oben bleiben, denkt er. Ein jeder von uns sehnt die Stunde herbei, wo er diesen ungemütlichen Ort verlassen kann. Man liegt da und döst vor sich hin, spricht auch mal über unsere ungewisse Zukunft. Dann fängt einer wieder an zu schreien, weil ihm jemand in der Dunkelheit unsanft auf den Bauch getreten hat, aber man beruhigt sich schnell wieder.

Doch plötzlich geht ein Raunen durch die scheinbar leblos Daliegenden. Alles hat sich erhoben, denn oben im ersten Deck steht ein Jude mit einem umgehängten Gebetmantel und einem Gebetbuch in der Hand. Leise fängt er an zu beten. Einzelne Kerzen erhellen gespensterhaft den dunklen Bunker. Der eintönige Singsang des Vorbetenden schallt zurück von den eisernen Wänden, um dann teilweise im Chor von den anderen Juden nachgesprochen zu werden. Eine feierliche Stimmung ergreift uns, alte vertraute Melodien erklingen, man summt sie leise mit, Bilder aus der Kindheit tauchen auf, für einen Augenblick bin ich mit meinen Gedanken am Rosch Haschanah[32] zu Hause, meine Mutter und meine Geschwister sehe ich. Damals schickte ich meiner Mutter immer zu diesem Feste einen Wunschbrief, in dem ich ihr beteuerte, daß ich im kommenden Jahr auch schön artig sein wolle.

Dann wird man durch das Schlingern und Stampfen des Schiffes wieder in die Wirklichkeit zurückgerufen.

Nicht zu Hause bin ich, sondern auf einem Deportiertenschiff, das mich in eine ungewisse Zukunft befördert.

Wir schütteln einander die Hände. Einer geht zum andern, um ihm ein recht gutes neues Jahr zu wünschen. Mit einem Male sind wir eine einzige große Familie, es ist wunderbar, wie gemeinsames Schicksal und gemeinsamer Glaube doch die Menschen zu einer Einheit zusammenschweißt.

„L'schonoh Tauwo (Gutes neues Jahr) alter Junge, und mach's gut im neuen Jahr. Es wird bestimmt das Jahr unserer Freiheit sein", so hört man es überall reden. Eine Feststimmung hat die Menschen ergriffen, es ist alles nur noch Harmonie und Eintracht.

Im Zwischendeck hat sich eine Künstlergruppe gebildet. Mit allen möglichen improvisierten Instrumenten machen sie Musik. Künstler aus allen Teilen des Ostens erzählen ihre Geschichten. Alles lacht. Einer singt einige hebräische Lieder von Rachel. Verschiedene Taschenlampen strahlen ihn an, er steht am Geländer des Zwischendecks, nur die Umrisse seiner Gestalt sind zu erkennen, alles andere ist in tiefes Dunkel gehüllt. Es könnte auf irgendeiner Bühne sein, diese in die Stimmung hineingefügten Lieder, leise von einer Geige begleitet. Alles jubelt und klatscht, als er seine Darbietungen beendet. Ein anderer erzählt Anekdoten aus seinem kleinen Städtel in Litauen. Anschließend singt er: „Ich will aheim". Noch einmal will er nach Hause, er will noch einmal sein kleines Stübchen sehen und die kleine Ghettogasse, wo er die Jahre seiner Kindheit verbracht hat. Nachher singt alles den Refrain mit.

Doch jäh wird der Gesang unterbrochen. Plötzlich wird oben die Luke zugemacht, dann ist wieder tiefe, dunkle Nacht um uns. Mit einem Mal erzittert das Schiff, die Schiffsflak schießt aus allen Rohren. Ein ohrenbetäubendes Krachen erfüllt den Bunker, das Schiff scheint sich aufzubäumen unter der Wucht der Abschüsse. Deutlich ist in den Pausen das Summen und Brummen der russischen Flugzeuge zu vernehmen. Einem jeden von uns steht das Herz still. Wenn es uns hier trifft, sind wir alle verloren. Dann wieder entfernt sich das Brummen, der Angriff scheint vorbei zu sein. Aber schon nach einigen Minuten setzt die Flak wieder ein, wieder das gefährliche Singen der Motoren und dann wieder ein befreiendes Aufatmen. So fliegen die Russen in verschiedenen Wellen den Geleitzug an. Bei unserer Ankunft in Danzig erfahren wir, daß bei diesem Angriff das letzte im Geleit fahrende Schiff versenkt worden ist.

Nach dem Angriff sitzen wir alle dichtgedrängt auf dem Boden des Schiffes. Ein Teil ist vor Erschöpfung eingeschlafen, während die anderen sich leise unterhalten. Das Gespräch dreht sich um die letzten Kriegsereignisse und um das, was uns wohl in Deutschland erwarten wird. Alle denken sehr pessimistisch über unsere Zukunft, doch sind auch alle davon überzeugt, daß es bestimmt das letzte Jahr unserer Versklavung sein wird.

„Nächstes Jahr", schließt einer die Unterhaltung, „werden wir unser Neujahrsfest in der Freiheit erleben, oder aber", setzt er etwas leiser hinzu, „die letzten europäischen Juden sind untergegangen."

Dann geht oben die Luke auf. Ein SS-Mann ruft uns zu, wir sollen zählen, wie viele Juden bei uns im Bunker sind, es ist Brotempfang. Wir geben ihm die Zahl an, und mit großem Geschick balanciert einer die Brotrationen für 350 Menschen die Sprossenleiter hinunter. Es ist die einzige Verpflegung, welche wir auf unserer dreitägigen Fahrt erhalten, ungefähr 300 Gramm Brot.

Inzwischen ist die See immer stürmischer geworden. Ein Matrose soll oben erzählt haben, daß wir Windstärke neun haben. Wir rollen immer von einer Seite auf die andere, dann wieder werden wir von der Gewalt der an das Vorderschiff peitschenden Wellen nach hinten geworfen.

Der Oberscharführer, der oben an der Sprossenleiter Wache hat, erlaubt uns, daß einer zur Zeit gehen kann, um für uns etwas Wasser zu holen. Es ist eine kleine Erleichterung, denn der Mund ist wie ausgetrocknet von der stickigen Luft, die im Bunker herrscht. Einige wollen gehört haben, daß wir bereits in sechs Stunden in Danzig sein sollen, doch da es dann schon dunkel sein wird, werden wir erst am kommenden Morgen in den Hafen eingelotst. Wir sollen dann sofort ausgeladen werden.

Und auch diese Nacht vergeht. Am anderen Morgen kommt schon ganz früh das Kommando „Alles fertigmachen zum Aussteigen!" Bald verlassen schon die ersten das Schiff. Dann ist auch unser Bunker an der Reihe, und bei herrlichstem Sonnenschein betreten wir Danziger Gebiet. Wie die Schwerverbrecher werden wir ausgeladen, alle fünf Meter steht ein Posten, das Gewehr im Anschlag. Im Laufschritt geht es zur Sammelstelle, welche sich unmittelbar an der Westernplatte befindet, der ehemaligen polnischen Festung, wie uns Einheimische sofort erklären. Einige englische Gefangene winken uns zu, nachdem sie an unserem Stern erkannt haben, daß wir Juden sind. Den ganzen Tag bleiben wir auf dem Sammelplatz, streng bewacht von Posten aus dem Konzentrationslager Stutthof, die unsere aus Riga mitgebrachten Posten abgelöst haben. Bewachung hat man uns reichlich zum Empfang auf deutschem Boden geschickt, aber die Verpflegung hat man, wie so oft, vergessen. Wir alle rechnen damit, daß wir mit der Eisenbahn weitertransportiert werden, doch bald werden wir eines Besseren belehrt.

Gegen Abend kommen einige offene Weichselkähne, die dazu benutzt werden, Sand und Steine zu transportieren. Auf jeden solchen Kahn werden 500 Menschen gepfercht. Ein Schlepper kommt, und dann fahren wir um Mitternacht langsam durch den Danziger Hafen. Es ist ein langer Schleppzug, vollgepfropft mit Männern, Frauen und Kindern, denen es glücklicherweise gelungen ist, bis jetzt den Häschern zu entgehen. Das ganze ist wie ein Märchen. Eine Zauberlandschaft umgibt uns, der Mond steht ganz klar am Himmel, sein mildes Licht spiegelt sich in tausend Strahlen in dem dunklen Wasser, auf dem wir langsam dahingleiten. Die Umrisse der Schiffe, die vor Anker liegen, tauchen ganz plötzlich aus der Dunkelheit auf, um sofort wieder in der Nacht zu versinken. Die ganze Landschaft ist unwirklich, traumhaft. Manchmal hört man in der Ferne einige Takte eines Schifferklaviers, oder ein Wasservogel schreit auf. Dann ist sofort wieder nächtliche Stille um uns, und nur das eintönige Rauschen des Wassers ist zu vernehmen, das in gleichmäßigen Wellen gegen unseren tief im Wasser liegenden Weichselkahn schlägt. Dann wieder gleiten wir an riesigen Werftanlagen vorbei, deren Kräne ihren langen Hals gegen den sternenklaren Himmel strecken.

Wir können in diesem Kahn weder sitzen noch liegen, immer nur stehen, und das schon Stunden und Stunden. Die Füße fangen an zu schmerzen, und kalt ist es auch in dieser Spätherbstnacht geworden. Männer und Frauen rücken enger zusammen, es scheint keinen Unterschied mehr zwischen den Geschlechtern zu geben, nur Wärme sucht ein jeder von dem Menschen, der neben ihm steht.

Dann erklärt plötzlich der Schlepperführer, daß er vor der nächsten Brücke mit dem Schleppzug bis zum Morgen liegen bleiben muß, da eine kommende Schleuse während der Nacht nicht geöffnet wird. So verbringen wir die erste Nacht auf dem Wasser. Viele sind übermüdet zusammengesunken, andere haben sich neben sie gehockt, die grauen Decken über sich gebreitet, um den aufsteigenden kalten Morgennebel abzuhalten. Die Verhältnisse bringen es mit sich, daß die Menschen förmlich aufeinander liegen, ein unentwirrbares Knäuel von Menschenleibern scheint entstanden zu sein.

In der Mitte des Kahns ist eine schmale Rinne, in der sich das durch den Boden des Kahns sickernde Wasser sammelt. Wir lösen uns jede halbe Stunde ab, um das Wasser auszuschöpfen.

Mit dem Aufgehen der Sonne setzt sich dann unser Schleppzug langsam wieder in Bewegung, um uns an das von uns jetzt schon heißersehnte Ziel Stutthof zu bringen. Nur ein Dach über dem Kopf und schlafen, wünscht sich ein jeder.

„In sechs Stunden seid ihr da“, meint der Schiffsführer, doch merken wir später, daß er sich um dreißig Stunden verrechnet hat. Auf den Brücken, unter denen wir durchfahren, drängen sich die Menschen. Einen solchen Schleppzug scheinen sie noch nicht gesehen zu haben.

Gleich am Morgen passiert das erste Unglück. Der letzte Schleppkahn, auf dem auch ich mich befinde, reißt bei der Durchfahrt unter einer Brücke plötzlich ab. Mit voller Wucht saust der Kahn gegen einen Pfosten der Holzbrücke. Ein einziger Aufschrei ertönt. Durch den Ruck sind alle Menschen übereinandergefallen – ein Haufen von schreienden und gestikulierenden Frauen. Einige bluten, sie sind zu hart auf dem Boden aufgeschlagen, andere wieder haben Quetschungen erlitten. Viele weinen, ich weiß nicht, ob vor Hunger oder vor Schmerzen. Bei Frauen ist das Weinen gefährlich, es steckt an, eine Panik kann entstehen. Wir beruhigen sie, so gut wir können, legen Notverbände an, aber die tagelangen übermenschlichen Anstrengungen ohne Schlaf und Nahrung, alles das kam hier in einem einzigen hysterischen Aufschrei zum Ausbruch.

Nach kurzer Zeit ist unser Kahn wieder angekoppelt, und die Fahrt geht weiter. Hungernd und frierend stehen die Menschen in ihre Decken gehüllt da, schon tagelang ohne warmes Essen. Es ist, als ob die Menschen überhaupt kein Schamgefühl mehr besäßen, die Urinstinkte des Menschen treten zu Tage. Die Frauen lassen sich mehr hängen als die Männer, die immer noch den Schein der Zivilisation zu wahren trachten, während die Frauen und jungen Mädchen sich ganz so benehmen, als ob sie unter sich seien.

Schließlich werden wir durchgeschleust und fahren langsam hinaus auf die Weichsel. Es ist ein schöner breiter Strom mit saftigen Wiesen und Äckern an den Ufern. Buntgeschecktes Vieh weidet an den Hängen, Stuten mit ihren Füllen erfreuen sich in munteren Sprüngen der Freiheit.

Brücken überspannen in hohem Bogen den Fluß, einige Ausflugsdampfer kommen uns entgegen. Die sich an die Reling drängenden Menschen schütteln erstaunt die Köpfe über diese sonderbare Fracht. Wir fahren und fahren, dann verlassen wir die Weichsel, und durch schmale, nicht endenwollende Kanäle trägt uns der Kahn hinaus auf das Haff.

Erstaunt stelle ich fest, daß ich schon zwei Tage nichts mehr gegessen habe. Trotzdem verspüre ich kein Hungergefühl mehr. Mir ist, als ob sich der Magen zusammengezogen hätte; nur schwach, entsetzlich schwach fühle ich mich. Und wieder beginnt die Dämmerung hereinzubrechen, Abendnebel steigen auf, die schnell die ganzen Wiesen und Felder in eine undurchdringbare milchige Landschaft verwandeln. Der Schlepperführer fährt unsere Lastkähne an das nahe Ufer, er sagt, für die Nacht muß er hier liegenbleiben. Dann geht er ohne eine weitere Erklärung in seinen warmen Schlepper zurück.

Der aufgehende Mond hat die grauen Nebelwände durchbrochen, sein klares Licht strahlt über die friedliche Stille der uns umgebenden Einsamkeit. Die Menschen in unserem Kahn sind apathisch geworden, man rückt noch enger zusammen, breitet sich wieder die schon nassen Wolldecken über den Kopf, um etwas Ruhe zu finden. Dazwischen ertönt das gleichmäßige Schöpfen des Mannes in der Rinne. Mir fällt es schon sehr schwer, die vollen Wasserschaufeln über die niedrigen Planken des Kahns zu heben, aber wenn wir das Wasser nicht ausschaufelten, ständen wir schon in ganz kurzer Zeit im Wasser.

Hoch oben in den Lüften zieht ein Raubvogel seine ruhigen Bahnen. Plötzlich stürzt er aus der Höhe auf sein erspähtes Opfer herab, und sofort schwingt er sich mit seiner Beute wieder in die Höhe. Mir scheint es ein Hühnerhabicht gewesen zu sein.

Mitten in der Nacht bekommt eine Frau einen hysterischen Anfall. Wie sie so dasteht, ihre Haare vom Winde zerzaust, in ihre gaue Decke gehüllt, wirkt sie wie eine Dramenfigur. Sie steht etwas erhöht, im Hintergrund sieht man einige schlank in den Himmel ragende Fichten, darüber den Mond und die Sterne. Das ganze Bild ist romantisch, unwirklich.

„Schnucki", fängt sie an zu rufen, „Schnucki, komm doch, du siehst doch, daß ich in Not bin, komm doch und hilf mir!" Und dann setzt sie etwas leiser und schmollend hinzu: „Ich will dann auch immer ganz artig sein."

Schaurig hallen diese Rufe durch die Nacht, irgendwo kläfft ein Hund Antwort. Mit Mühe gelingt es einer Krankenschwester, die in Riga im Lazarett gearbeitet hat, sie zu beruhigen. Sie kramt aus dem umhängenden Brotbeutel eine Schlaftablette hervor und gibt sie der Kranken, die dann einschläft.

Ich weiß nicht, wie die Nacht vergeht, man nickt etwas ein, wird aber sofort wieder durch die eisige Luft aufgeweckt. Oder jemand tritt auf einem herum, weil er in der Dunkelheit nicht sehen kann, wo er hintreten muß. An Ruhe, sich etwas ausschlafen können, ist unter diesen Verhältnissen überhaupt nicht zu denken. Schon sechs Nächte sind wir ohne Schlaf – wer weiß, wie lange noch.

Plötzlich macht eine Frau einen Satz über die Schiffsplanke, und schon ist sie im Wasser verschwunden. Zwei Jungen springen sofort hinter ihr her, es gelingt uns, die schon bewußtlose Frau mit unendlicher Mühe wieder in den Kahn zu ziehen. Bei einigen Frauen treten wieder menschliche Regungen zu Tage. Nachdem die Gerettete wieder zur Besinnung gekommen ist, hilft man ihr beim Anziehen von trockener Kleidung. Mir kommen Zweifel, ob es richtig war, die Frau wieder aus dem Wasser herauszuziehen, ob es einen Sinn gehabt hat, sie zu retten, damit sie sich noch weiter quälen muß. Es wird mir immer klarer, daß wir unter solchen Bedingungen wenig Chancen haben, unsere Peiniger zu überleben. Da nützt die größte Energie nichts; in dieser Situation erscheint mir der ganze Kampf um die physische Existenz sinnlos. Mir ist, als ob ich die letzten drei Jahre immer mit meinem Kopf gegen eine Gummiwand gelaufen sei, von der ich immer wieder zurückpralle und keinen Schritt vorwärts komme.

Dann fährt mit dem Grauen des Morgens unser Schleppzug wieder weiter. Die Kähne werden wieder voneinander abgekoppelt, jeder einzelne wird durchgeschleust, dann fahren wir in rasender Fahrt über Stromschnellen und an alten Fischerkähnen vorbei in ein ruhigeres Gewässer ein.

Ein jeder von uns sehnt sich nach dem zweifelhaften Paradies Stutthof; sogar ein Konzentrationslager erscheint einem nach einer solchen Fahrt als eine rettende Oase.

Unser Schleppzug fährt durch schmale Kanäle. Am Ufer stehen einige Frauen in Sträflingskleidung mit Kartoffelhacken in der Hand und winken uns im Vorbeifahren zu. Die winkenden Frauen geben vielen von uns den Lebensmut wieder. Wir fangen an, von landwirtschaftlichen Arbeiten zu träumen; jeder verbindet mit diesen Gedanken einen großen Topf voll Kartoffelbrei.

Stutthof

Es ist Spätnachmittag, als wir in dem Dorf Stutthof ankommen. Zuerst werden die Frauen ausgeladen, es geht recht schnell, aber trotzdem ist es schon stockdunkel, als wir endlich nach dreitägiger Fahrt unseren Kahn verlassen können. Der übliche Zählappell findet statt, dann marschieren wir ab, nicht gerade von freundlichen Zurufen der Ortseinwohner von Stutthof bedacht. Das ist das erste Zeichen, daß wir uns wieder auf deutschem Boden befinden. Dann lese ich an einem hellerleuchteten Geschäft in schon verblichenen Lettern „Hier kaufst du beim deutschen Kaufmann“. Mit gemischten Gefühlen wanken wir mehr als wir gehen durch den Ort. Ein Teil von unseren Menschen ist schon so schwach, daß sie nicht mehr gehen können; wir lösen uns ab im Tragen.

Erst jetzt fällt mir auf, daß die uns begleitenden SS-Posten teilweise Hunde an der Leine bei sich führen.

Schon nach kurzer Zeit kommt das Lager in Sicht, angestrahlt durch unzählige Scheinwerfer. Das ist der erste Eindruck, Scheinwerfer und Stacheldraht, aber hier elektrisch geladen. Ohne daß ich es will, kommt mir der Ausspruch eines deutschen Komikers in den Sinn, der einmal irgendwo in Deutschland auf die Bühne kam und erzählte, er sei neulich mit der Eisenbahn gefahren und dabei an einem Lager vorbeigekommen, mit sehr viel Stacheldraht, Lampen und Bewachungstürmen. Da habe er sich überlegt, wie intelligent doch die Menschen sein müßten, die es fertig brächten, da hinein zu kommen.

Wieder Zählappell, und dann marschieren wir alle mit einer gewissen Beklemmung in dieses zweifelhafte Paradies ein. Ein guter Ruf geht diesem Lager nicht voraus, denn schon auf den Kähnen hat es sich herumgesprochen, daß es hier ein Krematorium geben soll, dessen Schornstein immer raucht.

„Alles herhören", werden wir da plötzlich angerufen, als wir vor der Entlausung angetreten sind. „Eure Wertsachen, Uhren, Ringe, Goldstücke und so weiter könnt ihr hier gleich am Eingang abgeben, dann braucht ihr sie nicht erst nachher auf die Schreibstube zu tragen."

Der Oberscharführer spricht in einem fast liebenswürdigen, kameradschaftlichen Ton zu uns. Doch auf diese Art kommt er bestimmt bei uns nicht weiter, dazu sind wir schon zu alte Lagerfüchse. Scheinbar hat er gemerkt, daß dieser Ton nicht mehr bei uns zieht, denn er fährt energischer fort:

„Also, alle Klamotten, die ihr habt, auch Handtuch und Seife, alles bleibt draußen, daß mir keiner etwas mit in den Waschraum bringt außer Schuhe, verstanden?"

„Jawohl", klingt es hundertfach zurück. Aber keiner hat die Absicht, sich an diese Anordnung zu halten. So oder so, denkt ein jeder von uns, sind die wenigen Kleidungsstücke, die man noch in dem Brotbeutel bei sich trägt, und der Rasierapparat weg. Dann ist es schon am gescheitesten, zu versuchen, etwas durch die Entlausung zu schmuggeln. Wenn es schief geht, kann man dabei höchstens ein paar Maulschellen verdienen.

Dann kommen die ersten Fünfzig in den Waschraum. Einer hat seinen Beutel mit seinem Rasierzeug in die Schuhe gesteckt, einem anderen gelingt es, wer weiß wie, seine Papiere zu behalten. Zwei andere sind gerade damit beschäftigt, sich mit Pflaster Geld unter die Fußsohlen zu kleben, alle anderen stehen im Kreis um sie herum. Wenn ein SS-Mann in die Nähe kommt, geht das Wort „Schischo" von Mund zu Mund.

Jeder versucht es auf eine andere Art, seine bis jetzt geretteten Wertsachen zu behalten. Ganz Schlaue haben sich schon in Riga alle Wertgegenstände in die Schuhe einnähen lassen; die sind hier am besten dran, denn wenn es ihnen gelingt, ihre Schuhe durchzutragen, dann leiden sie in den ersten Monaten in dem neuen Lager bestimmt keinen Hunger.

Im Waschraum scheint es lebhaft zuzugehen; das Brüllen des Oberscharführers ist zu hören. Scheinbar hat er bei jemand etwas gefunden. Einer, der ganz lange Haare hat, versucht gerade, seinen Trauring in seiner Mähne zu verstecken, „den bekommen sie nicht", murmelt er vor sich hin, „oder ich schmeiße ihn fort". Tatsächlich werfen einige ihre Uhren und Ringe in die Latrine. Wieder andere ziehen die Methode, die Sachen zu vergraben, dem Fortwerfen vor. Mit den Füßen scharren sie ganz vorsichtig ein Loch in den Sandboden, dann legen sie alles hinein; sie rechnen damit, daß sie vielleicht doch mal wieder an diesen Platz zurückkommen. Ich glaube bestimmt, daß auch hier (wie in Riga) ein SS-Mann den Platz nach der Entlausung abharken wird.

Jedenfalls geht es an diesem Abend sehr schnell. Hinein in den Duschraum. In der Tür stehen zwei SS-Männer und filzen. Mund auf, Finger auseinander, der andere leert die Schuhe aus, findet bei mir aber nur einige kleine Paßbildchen. Er nimmt sie weg. Es ist nur ein Glück, daß die ganze Sache schnell gehen muß, so können sie immer nur Stichproben machen. Zehn Sekunden lang gibt es dann Wasser, und draußen ist man wieder, am ganzen Körper naß, und mitten in der Nacht. An der Seite stehen einige Häftlinge in gestreifter Kleidung. Jeder von ihnen drückt einem was anderes in die Hand. Schon in ganz kurzer Zeit ist man neu ausgerüstet –, aber nicht für den kommenden Winter, sondern für den Hochsommer.

Es ist mindestens schon 12 Uhr nachts geworden. Endlich kommt das Kommando zum Abmarsch in das Wohnlager.

„Singen", befiehlt der uns begleitende Scharführer. Wir gucken uns an, sind todmüde, können vor Erschöpfung kaum noch gehen, und der Herr Scharführer befiehlt „singen".

„Wird es bald, ihr Schweine?" hört man ihn wieder, „singen, sag' ich."

„Wir kennen nichts", wagt einer von uns zu sagen. Schon fährt ihm ein Faustschlag ins Gesicht.

„Euch werde ich singen lehren, faules Gesindel", brüllt der Scharführer jetzt wieder. Vorne in der ersten Reihe hat einer Mut gefaßt. Er fängt an zu singen „Das Wandern ist des Müllers Lust". Einige andere fallen ein, und so marschieren wir mit einem lachenden und einem weinenden Auge in das Wohnlager Stutthof ein.

Oktober 1944

Baracke drei ist für die Zugänge. Ob es nun hundert oder tausend sind, das ist egal, alles hinein in Block drei. Hier finden wir dreistöckige Militärbetten vor, jedes Bett ist 70 Zentimeter breit, und in jedes Bett kommen vier Menschen zum Schlafen. Das ist es also, wonach wir uns auf dem Kahn so sehr gesehnt haben. Ich sitze mit Stefan und Robert und einem Juden aus Kiel in Hockstellung im dritten Stock der Militärbetten. Die Luft ist zum Schneiden, es ist nicht auszuhalten hier oben. Die ganzen

Ausdünstungen der bekleidet dasitzenden Menschen ziehen nach oben. Mit dem Kopf muß man sich vorsehen, daß man nicht an die Decke des Raumes stößt. Aus allen Poren rinnt mir der Schweiß; es ist besser, unten auf dem Fußboden zwischen den Betten zu sitzen, als hier oben in dem Gestank, überlege ich mir. Und wirklich finde ich ein freies Plätzchen. Mit den Füßen liege ich unter den Betten, mit dem Kopf auf der Sträflingsjacke, so schlafe ich sehr schnell ein.

Eine Fanfare ertönt. Dann ruft ein Kapo „Alles aufstehen, alles aufstehen, fünf Uhr“. Dann habe ich ungefähr vier Stunden geschlafen, rechne ich mir aus, aber zum Rechnen hat man hier keine Zeit.

„In fünf Minuten seid ihr draußen“, hört man die Stimme des Kapos wieder. Einige Sekunden später beginnt ein wüstes Durcheinander an der Tür. Einige Kapos sind wie in Riga mit Gummiknüppeln und Stöcken in den Block gestürmt und schlagen wie die Besessenen um sich.

„Ihr hört wohl nicht, was man euch sagt! Macht jetzt, daß ihr heraus kommt!" Sie schlagen, wo sie treffen, ohne Rücksicht. Ein wüstes Gedränge entsteht; alles rennt zur Tür. Einer muß dort gestolpert sein, denn verschiedene andere sind über ihn gefallen. Die meisten klettern über sie hinweg, ohne auf die am Boden Liegenden zu achten. Ich überlege nicht lange und klettere aus dem Fenster. Aber das Unglück will es, daß draußen ein SS-Posten steht und mich sieht. Sofort ruft er mich, spricht kein weiteres Wort, dafür arbeitet er aber um so lebhafter mit seinen Fäusten. Doch diesen Weg sind nach mir noch andere gekommen, so daß er sich jetzt einigen anderen zuwendet.

Wir stehen zwei Stunden Appell. Dann heißt es wegtreten, aber die Blocks dürfen wir trotz strömenden Regens nicht betreten.

Um zehn Uhr kommt die erste warme Nahrung für uns. Wir essen im Freien, stehend vor unserem Block. Es sind nicht genug Schüsseln da, auch keine Löffel. Einer wartet immer darauf, daß der andere aufgegessen hat, so essen nacheinander ungefähr dreißig aus einem Geschirr. Es gibt Suppe mit vielen Kartoffelschalen. Runkelrübenstückchen schwimmen neben einigen Fleischfasern in dem braunen, fettig glänzenden Wasser. Der Koch gibt ganz raffiniert aus. Er schöpft immer die Brühe von oben ab. Das, was unten im Kessel bleibt, das dicke Gemüse, gießt er nachher in einen Kessel zusammen und verteilt es unter seinen Leuten. Nach diesem „Essen" bekommt man erst richtigen Hunger; die Magennerven scheinen gereizt worden zu sein.

Das Austreten ist hier mit großen Schwierigkeiten verbunden. Unsere Toilette im Block ist infolge der Überbeanspruchung längst verstopft. Sie ist geschlossen worden. Aber die arischen Blocks lassen keinen Juden ihre Toiletten benutzen. Immer wenn sie einen Juden in einer fremden Toilette erwischen, machen sich die polnischen Häftlinge eine Freude daraus, ihn halb tot zu schlagen. Stundenlang laufe ich herum, bis ich einen Ort finde, wo ich ungesehen meine Notdurft verrichten kann.

Auch der Waschraum ist meistens abgeschlossen. Dort stehen drei kreisförmige Becken, aus einigen Kränen läuft etwas Wasser, das muß für achthundert Mann ausreichen, sagt der polnische Blockälteste.

Dieses ganze Lager hat eine polnische Häftlingsführung. Diese Brüder sind furchtbar. Sie sind eingefleischte Antisemiten und meistens wegen schwerer Verbrechen ins Lager gekommen. Jetzt merken sie plötzlich, daß unter ihnen Menschen wohnen, nämlich die Juden. Wir sind hier Freiwild. Einen Juden kann man schlagen und peinigen, ohne daß sich auch nur eine mitleidige Seele fände.

In Stutthof gibt es verschiedene Häftlingsklassen; es sind hier sogenannte Ehrenhäftlinge, frühere Diplomaten, die in einem besonderen Block für sich leben, und denen es an nichts mangelt. Dann kommen die Häftlinge, denen es wegen guter Führung, wahrscheinlich bei der Mißhandlung von Juden, erlaubt ist, in der Kantine für einen bestimmten Betrag zusätzliche Lebensmittel zu kaufen. Die verschiedenen Blockältesten und die Lagerpolizei gehören dazu. Dann kommen die verschiedenen Nationalitäten der Häftlinge, die mehr oder weniger gut behandelt werden. Unter diesen allen stehen als Parias die Juden, die unterdrücktesten der Unterdrückten.

Am Nachmittag werden wir alle registriert. Wir werden nach unseren Berufen gefragt, zu welchem Transport wir gehören, ob wir arischer oder nichtarischer Abstammung sind. Dann bekommen wir unsere Nummer mit dem in gelber und schwarzer Farbe aufgedruckten Davidstern.

Einige Tage später kommt ein kleiner jüdischer Transport aus Libau, der Ghettoälteste Leiser ist dabei. Von der Minute an, da er das Lager betritt, hat er nichts mehr zu lachen. Es ist nur noch ein unscheinbarer Wicht von ihm übriggeblieben, seine ganze Arroganz und Überheblichkeit fällt von ihm ab wie ein altes Hemd unter der Wucht der Mackes, die er von allen Seiten bezieht. Auch ich hatte ihm eine Abreibung zugedacht, aber jetzt ist es mir unmöglich, mich an dem Häufchen Unglück zu vergreifen.

Jetzt folgt ein Tag wie der andere. Morgens um fünf ist Appell, dann stehen wir zwei Stunden in der Kälte bis um sieben Uhr. Dann heißt es wegtreten. Vor dem Antreten haben wir schnell noch unser Frühstück im Vorbeigehen aus dem Block mitgenommen; es besteht aus einer Scheibe Brot von ungefähr 100 Gramm. Draußen vor dem Block steht ein Häftling aus der Küche mit einem Kübel Kaffee. Wenn man Glück hat, ist ein Becher vorhanden, meistens sind aber die fünfzig Becher, die für die 800 Mann bestimmt sind, alle in Benutzung, so daß die meisten auch am Morgen ohne einen heißen Trunk bleiben. Das Stück Brot wird dann draußen förmlich verschlungen, man rechnet sich dann die Minuten aus, bis es wieder etwas zu essen gibt.

So hungert man sich durch bis zum Mittagessen, nach dem der Magen genauso leer ist wie vorher, man spürt kaum, daß man etwas gegessen hat. Um fünf erhalten wir dann wieder ungefähr 100 Gramm Brot, manchmal ist eine Messerspitze Marmelade draufgekratzt. Dann wieder zwei Stunden Appellstehen und ins „Bett". Das ist der übliche Tagesverlauf im Waldlager Stutthof, wie die offizielle Bezeichnung für dieses Lager lautet.

Im ganzen ist es in diesem Lager sehr langweilig. Ab und zu hört man Parolen, die sich auf unseren Arbeitseinsatz beziehen, die sich aber alle nicht bewahrheiten. Einer will gehört haben, daß unser Transport geschlossen nach Buchenwald weiterkommen soll, ein anderer behauptet, daß 500 von uns in einer Maschinenfabrik beschäftigt werden sollen. So schwirren die verschiedensten Gerüchte umher, von denen nie etwas wahr ist.

Politische Meldungen gelangen hier fast gar nicht zu uns, doch erfahren wir, daß Riga, acht Tage nach unserem Abtransport, kapituliert hat.

Eine ganze Kompanie Franzosen ist ins Lager gekommen. Man hat ihnen gesagt, daß sie entlaust werden sollen. Dann hat man sie entwaffnet und in gestreifte Kleidung gesteckt. Nur ihre langen Haare hat man ihnen gelassen. Es heißt, sie sollten an der Westfront eingesetzt werden, da hätten sie den Gehorsam verweigert. Jetzt ziehen sie im Gleichschritt im Lager umher, ihre französischen Lieder singend.

Gegen 11 Uhr morgens bewegt sich immer ein eigenartiges Gefährt die Lagerstraße hinunter dem Krematorium zu. Auf den vierrädrigen Karren sind kreuz und quer Frauen geladen, die noch leben. Einige andere gehen, in Tücher gehüllt, hinterher. An der Seite gehen zwei SS-Frauen mit langen Peitschen in der Hand, ab und zu mit einigen Peitschenhieben die den Wagen ziehenden Frauen zur Eile antreibend. Man sagt, sie werden vergast und dann verbrannt. Der Schornstein, so scheint mir, speit besonders dunkle Rauchwolken aus, er qualmt Tag und Nacht, bestimmt sind hier schon Tausende und Abertausende durch den Schornstein gegangen.

Wir haben uns an den Anblick der zum Tode ziehenden Frauen gewöhnt; auch der Schornstein stört nicht mehr.

In den letzten Tagen werden wir häufig zur Arbeit geholt. Waldkommando: im Laufschritt Baumstämme tragen. Ist einer aus dem Wald herausgetragen, geht es im Laufschritt zum Arbeitsplatz zurück, um den nächsten zu holen. Den Juden gibt man, wie üblich, nur die schwersten Arbeiten und die schlechtesten polnischen Kapos. Der BV (Berufsverbrecher) vom Waldkommando schlägt wie wild auf uns ein, wenn ihm die Arbeit nicht schnell genug geht. Dabei visitiert er einen noch und nimmt alles weg, was er in den Taschen findet. Sogar das vom Morgen aufgesparte Stückchen Brot nimmt er einem fort. Ab und zu kommt noch ein SS-Posten, der ihm beim Draufschlagen mit einem dicken Knüppel hilft.

Diesen Schikanen sind wir vollkommen hilflos ausgesetzt; bei wem soll man sich beschweren? Beim Blockältesten, der uns um unser Brot bestiehlt und es gegen Tabak eintauscht, oder beim Stubendienst, der mit ihm unter einer Decke steckt? Wenn wir hier lange bleiben müssen, dann kommt von uns keiner lebend hinaus. Aber alle aus dem Osten gekommenen Transporte sind bisher auf Außenarbeit geschickt worden. So sehnen wir den Tag herbei, wo wir dieses Lager wieder verlassen können.

Manchmal sehe ich einen Radfahrer die Lagerstraße hinauffahren. Er ist elegant gekleidet, Lederjacke, dazu eine passende Lederhose und braune Schaftstiefel. Er sieht aus, als ob er auf Jagd gehen wollte. Man klärt mich später auf, daß es der Lagerälteste ist.

Auch die Herren Diplomaten sehe ich oft in gleichmäßigen, würdigen Schritten spazierengehen. Sie sind durch gelbe Binden am Arm kenntlich.

Abends, als ich es mir schon wieder auf dem Fußboden bequem gemacht habe, heißt es plötzlich, alles heraustreten zum Appell. Wieder gibt es einige Verletzte, dann stehen wir draußen, sehen einen von Scheinwerfern angestrahlten Galgen. Gleich darauf wird ein polnischer Häftling wegen Fluchtversuchs gehenkt. Ich wende mich ab, denn vor dem Schlafengehen ist es nicht angenehm, einen hängen zu sehen. Sofort nachdem das Urteil vollstreckt worden ist, können wir wieder in den Block.

Am nächsten Morgen müssen alle Juden auf der Lagerstraße antreten. Ein SS-Mann stellt sich auf die rechte Straßenseite, und alle Juden müssen so schnell sie können an ihm vorbeilaufen. Nach dem Antreten heißt es, daß alle Juden als arbeitsfähig betrachtet werden.

Morgens nach dem Appell versuchen wir immer, uns in allen möglichen Winkeln und Ecken zu verstecken; alle sträuben sich, unter den schlechten Arbeitsbedingungen zu arbeiten. Dann beginnt meistens eine regelrechte Treibjagd im Lager. Die polnischen Kapos, mit Stöcken und Knüppeln bewaffnet, rennen durch das Lager, um die Juden zusammenzutreiben. Hei, wie da die Fetzen fliegen, wenn sie einen erwischen und ihn zum Appellplatz treiben! Alle anderen im Lager befindlichen Nationalitäten bleiben von derartigen Jagden verschont, doch macht es allen Spaß, uns Juden in unserem Unglück zuschauen zu können.

Auch ich versuche, mich unter die anderen, nicht zur Arbeit getriebenen Häftlinge zu mischen; einmal erwischt man mich, und unter dem Jubel der im Kreis um mich herumstehenden Häftlinge beziehe ich eine heftige Tracht Prügel. Dann heißt es antreten. Wir gehen ins Armeebekleidungslager und müssen Einrichtungsgegenstände transportieren. Bei dieser Gelegenheit lerne ich die großen, in Stutthof geplanten Bauten kennen. Eine riesenhafte Häftlingsküche ist im Entstehen; dort, so erklärt uns der gutgelaunte Kapo, soll für hunderttausend Häftlinge gekocht werden. Breite Autostraßen führen zu den SS-Unterkünften, an deren Bau ehemalige norwegische Polizei beschäftigt ist. Riesenhafte eingeebnete Flächen zeigen die geplante künftige Größe des Lagers.

„Ihr", fängt jetzt unser Kapo an zu erzählen, „habt es ja noch gut hier, aber als wir anfingen, dieses Lager aufzubauen, da ging es hier anders zu. Die SS-Unterkünfte, die ihr dort seht, mußten wir in ganz kurzer Zeit errichten. Morgens mußten 500 Mann zur Arbeit an den Bauplatz ausrücken, dann bekam der Kapo den Befehl, daß er nur 400 Mann wieder mit ins Lager zurückbringen darf. Die anderen hundert wurden am Bauplatz totgeschlagen. So ist es uns gegangen", spricht er weiter. „Hier hat schon mancher ins Gras gebissen."

„Nun man los da!" fängt er an zu treiben. „Greif zu, Isaak, beweg dich etwas schneller als gewöhnlich!"

Wir haben die Möbelstücke sehr weit zu tragen, den Rückweg müssen wir immer laufen. Wir kommen am Krematorium vorbei. Es ist ein mit einer Holzwand eingezäuntes Gelände, nur ein schwarzes Pappdach ist dem Außenstehenden sichtbar.

Wiederholt müssen jetzt alle Juden nach dem Morgenappell zum Büro des Arbeitseinsatzes. Immer werden Leute für kleine Kommandos ausgesucht und zum Teil im Lager als Handwerker beschäftigt. Einmal werden 500 Juden für eine Maschinenfabrik ausgesucht. Es heißt, sie sollen nach Braunschweig kommen. Doch reichsdeutsche Juden sind für diesen Transport nicht bestimmt. Immer, wenn verschiedene andere deutsche Juden sich unter die zur Abfahrt ausgesuchten Juden mischen, kommt das Kommando, daß alle nicht für den Transport Bestimmten sofort heraustreten sollen. So schmuggele ich mich dreimal zum Transport und trete immer wieder heraus, wenn der Arbeitseinsatz beginnt, jede Nummer aus seiner Liste abzustreichen.

Jeder von uns wünscht nur, diese Hölle verlassen zu können, wohin ist einem jeden von uns gleich, nur weg von hier.

6. Kapitel
Die Schichau-Werft
November 1944 – Januar 1945

Eines Morgens werden wir dann wieder zur Schreibstube gerufen. Die einzelnen Berufsgruppen müssen antreten, dann heißt es „links schwenkt marsch“, direkt geht es zur Entlausung. Von dort aus kommen wir, ohne daß wir das Wohnlager noch mal betreten, gleich auf einen Weichseldampfer, der uns in schneller Fahrt nach Danzig bringt. Unser Ziel ist die Schichau-Werft, Sektion U-Boot-Bau.

Wir atmen auf, jeder freut sich, daß er dieses Tollhaus verlassen kann. So schlecht, glauben wir, kann es bestimmt nirgendwo sein. Nichts zu essen, keinen Schlaf, noch dazu schlechte Behandlung, das hätte keiner von uns auf die Dauer ausgehalten. Ein ganz anderer Wind weht außerhalb des Lagers, es scheint mir ein klein wenig Freiheit zu sein. Aber nur ein ganz wenig.

Wir werden direkt auf der Werft ausgeladen. Ein Oberscharführer nimmt uns in Empfang. Wir marschieren an riesenhaften Montagehallen vorbei in den Gemeinschaftsraum des Werkes.

Dort wird die Arbeitseinteilung für den morgigen Tag vorgenommen, und dann marschieren wir zum ersten Mal durch Danzig. Unser Weg führt uns vorbei an alten Patrizierhäusern und schönen Kirchen zum Danziger Bahnhof. Erstaunte Menschen blicken uns an, zum Teil auch mitleidige, doch kein böses Wort ist zu hören, wie wir es früher in Deutschland gehört hatten. Es scheint mir, daß die Menschen bei unserem Anblick sehr ernst werden, sie bleiben einen Moment stehen, schütteln die Köpfe und gehen dann, nichts Gutes ahnend, weiter.

Wieder nimmt uns ein mit Stacheldraht umzäuntes Lager auf, das auch von unzähligen Lampen erleuchtet ist. Beim Einmarsch erhält jeder einen Teller, einen Becher und einen Löffel. Die Unterkunft ist menschlich. Ein jeder hat sein Bett. Zwar ist der Strohsack hart, aber endlich wird man mal wieder schlafen können.Verpflegung erhalten wir nicht, denn das Lager hat für uns noch keine Rationen erhalten. Es macht uns schon nichts mehr aus, essen oder nicht essen, man merkt es nur am Körper, daß man immer dünner wird.

Um halb fünf Uhr wird geweckt. Draußen vor dem Lager wartet schon ein Extrazug, der uns nach Danzig bringt. Der Zug ist ungeheizt, Fensterscheiben gibt es auch nicht mehr, die eisige Luft pfeift durch die Abteile, dazu sind wir mit unserer Sträflingskleidung sehr mangelhaft bekleidet. Dann klappern wieder die Holzschuhe durch die noch menschenleeren Straßen, ein Tor öffnet sich, und wir werden auf die verschiedenen Arbeitsplätze verteilt.

Ich habe mich in Stutthof als Installateur gemeldet, nur um das Lager verlassen können. Jetzt werde ich einem Meister zugeteilt, um U-Boote zu installieren. Natürlich habe ich keine Ahnung davon, er merkt es sofort, fängt aber an, ohne zu schimpfen, mir jeden Handgriff gründlich zu erklären.

Gleich, als ich auf das Gerüst komme, erzählt er mir, daß er Parteigenosse ist, und daß er die militärische Lage von Deutschland nicht als aussichtslos betrachtet. Ich sage ihm darauf, daß, wenn Deutschlands Lage nicht aussichtslos sei, die meine es schon lange nicht ist. Er beschäftigt mich mit dem Biegen von Rohren für die Ölleitung. Morgens gibt er mir ein Rohr in die Hand, und wenn er mittags wieder kommt, stehe ich mit dem Rohr noch an derselben Stelle. Mit diesen Arbeitskräften beim U-Boot-Bau kann man bestimmt keinen Krieg gewinnen. Da gibt es Letten und Russen, Franzosen, Polen, Ukrainer und Serben, alles steht herum und tut keinen Handschlag. Jetzt wir Juden noch, die auch nicht daran denken zu arbeiten. Die Russen sagen „Nichts kuschat, nichts rabotti (kein Essen – keine Arbeit)", die Franzosen stehen da mit einem höflichen Grinsen, und die Polen erzählen uns Neuankömmlingen „Germanski kaputt".

Mein Meister ist ein sehr anständiger Mensch; er sieht, daß ich nicht arbeiten will, und läßt mich gewähren. Auf diese Art komme ich sehr gut mit ihm aus. Aber nicht alle Meister sind so, es gibt sehr fanatische Nazis, die schlagen und treiben bei der Arbeit. Aber die meisten haben schon begriffen, daß in diesem Krieg doch kein Blumentopf zu gewinnen ist.

Trotzdem sind die Tage sehr anstrengend. Wir müssen zwölf Stunden in diesen riesenhaften kalten Hallen arbeiten, die Zeit wird einem lang, und der Magen knurrt. Mittags erhalten wir einen halben Liter heiße Brühe, die ganz klar ist und aus irgendwelchen künstlichen Stoffen hergestellt wird. Sie schmeckt schauderhaft, aber warm ist sie und wärmt etwas durch.

Abends, wenn wir dann wieder in das Lager kommen, erhalten wir unsere Tagesration, ein Viertel Brot und noch einen Liter Wassersuppe. Und dabei zwölf Stunden arbeiten.

Aber hier ist es sehr schwer, sich etwas zusätzliches Essen zu beschaffen. Tauschgegenstände haben wir nicht. Es bleibt uns nur noch übrig zu klauen, was nicht niet- und nagelfest ist. Wiederholt wird in den Vorratsräumen eingebrochen, die Kleiderkammer wird eines Nachts ausgeräumt. Das veranlaßt den Oberscharführer, uns an einem Sonntagnachmittag einen Vortrag zu halten.

„Hört mal her", beginnt er seine Rede, „das geht mir nicht so weiter mit der Klauerei. Wenn das nicht anders wird, geht ihr alle hier durch den Ofen. Ich weiß, daß es euch schlecht geht", fährt er fort, „und will versuchen, daß ihr mehr zu essen bekommt. Wenn wir dann den Krieg gewonnen haben", endigt er, „seid ihr alle frei und könnt nach Palästina gehen."

Diese Rede gibt mir meine gute Laune wieder. Es ist doch wirklich nett, daß der Herr Oberscharführer uns erlaubt, nach Palästina zu gehen.

Eine neue Gewohnheit setzt sich bei den Juden durch. Die meisten sind nicht bei der Arbeit, sondern auf der schön gekachelten Judentoilette zu finden, wo sie auf den Becken oder auf der Erde sitzend schlafen, denn die Toilette ist der einzige Raum, in dem es warm ist.

Aber bald kommt man dahinter, und alle zehn Minuten treibt man uns heraus. Besonders ein humpelnder Posten zeichnet sich dabei aus. Man braucht nur die Tür zum Abort aufzumachen, schon steht er hinter der Tür und schlägt wie wild auf einen ein. Aber dann haben wir ihn auch mal richtig erwischt. Einer von uns ist gerade damit beschäftigt, einen Teil der Halle auszuspritzen, als dieser Posten gerade Wache vor der Tür hat. Ab und zu betritt er die Halle, um zum Lokus zu gehen und die Juden hinauszutreiben. Unser Junge wartet nun darauf, daß die Tür aufgeht, und wie aus Versehen saust ein dikker Strahl Wasser dem Posten entgegen. Er ist sofort von oben bis unten naß und schimpft wie ein Rohrspatz, kann aber nicht verhindern, daß sogar seine Kameraden herzlichst über ihn lachen. Dann fängt er an, den Jungen zu verprügeln, aber dabei denkt sich keiner mehr etwas.

Dieses Lager hat eine jüdische Häftlingsführung. Glücksmann, ein lettischer Jude, ist Lagerältester, sein Gehilfe beim Prügeln heißt Österreicher, ein Jude aus Kassel. Sie unterscheiden sich nicht von ihren Vorbildern in Stutthof, sind genauso brutal und genauso schlecht wie die polnischen Kapos. Österreicher und Glücksmann machen sich einen Spaß daraus, unsere Betten und Spinde nach verbotenen Lebensmitteln zu durchsuchen. Alles, was sie finden, wird beschlagnahmt.

Manchmal werden ganz in der Nähe des Lagers Kartoffeln ausgeladen. Der Oberscharführer hat erlaubt, daß, wenn die Nachtschicht einige Stunden beim Kartoffelnausladen hilft, sie dafür soviel Kartoffeln mit ins Lager nehmen darf, wie die Juden am Körper tragen können. Ausgestopft komme ich dann wiederholt ins Lager zurück, habe beinahe einen halben Zentner Kartoffeln organisiert. Dafür habe ich aber einige Stunden Schlaf geopfert. Als wir am folgenden Morgen wieder von der Nachtschicht ins Lager kommen und die meisten von uns mit Wohlbehagen an einen großen Topf mit Pellkartoffeln denken, sind wir alle bitter enttäuscht. Glücksmann und Österreicher haben sämtliche Betten und Spinde durchsucht und alle Kartoffeln mitgenommen. Unsere Juden haben wieder dafür gesorgt, daß wir vor Hunger nicht in den Schlaf kommen können.

Überhaupt gebärdet sich Glücksmann wie toll im Lager. Angezogen ist er wie ein Sonntagsreiter, er hat einen Diener, der ihm seine Schaftstiefel wienert, und so geht er im Lager spazieren. Ab und zu steht er auch mal vor dem Oberscharführer stramm, der ihm seine Befehle erteilt. Neben ihm spielt auch noch Chamek, ein polnischer Unterweltler, eine gefährliche Rolle. Er ist Blockältester. Von ihm sagt man, daß er in Auschwitz in der Gaskammer gearbeitet hat. Schon dort soll er viele Juden gemordet haben. Von Auschwitz kam er nach Stutthof, jetzt ist er bei uns, um sein Mordhandwerk fortzusetzen. Ein Schlag von ihm, und sein Opfer steht nicht mehr auf. Er ist neben Glücksmann die schlimmste Figur im Lager. Bei der Befreiung wird er sofort von den Russen erschossen, während es Glücksmann gelingt, zu entkommen; er lebt in Hannover und soll unter Verfolgungswahn leiden.

November 1944

Durch die dauernde Unterernährung und die lange Arbeitszeit kommt es sehr oft vor, daß Juden auf der Arbeitsstelle zusammenbrechen und einige Minuten später sterben. Dann tragen wir abends unsere Toten ins Lager. Es ist ein grausamer Zug, der sich dann durch die Straßen bewegt. Zerlumpte und verkommene Gestalten, in von Motorenöl beschmutzter Kleidung klappern durch die schmalen Gassen. Am Ende der Kolonne werden die Toten getragen, und am Schluß marschieren die Juden mit den frisch gehobelten Sargbrettern. Auf den Bürgersteigen gehen die Posten, teilweise die Karabiner im Anschlag haltend. Sehr viele Juden haken sich ein, weil sie sich zu schwach fühlen, alleine zu gehen. Auf den Bahnsteigen liegt manchmal ein Haufen Kohle; jeder von uns versucht, im Vorbeigehen einige Stücke aufzusammeln, denn Heizmaterial ist im Lager nicht vorhanden.

Die Straßenpassanten nehmen von uns fast gar keine Notiz mehr. Nur einmal ist eine Frau bei unserem Anblick erschrocken. „Guck mal, Maxel", ruft sie dem neben ihr stehenden Mann zu, „diese armen Menschen." Einige meiner Kameraden wollen gesehen haben, daß sie geweint hat. Auch ist es in den letzten Tagen mehrfach vorgekommen, daß Passanten unseren Leuten im Vorbeigehen Butterbrote zugesteckt haben. Aber das sind ganz große Seltenheiten.

Ein Teil von uns ist damit beschäftigt, Luftschutzbunker für die Werksbelegschaft zu bauen, sie werden sehr schlecht behandelt und sind auch den ganzen Tag dem heftigen Schneetreiben ausgesetzt. Dadurch haben sie die meisten Toten, doch wird dieses Kommando immer wieder aus der sogenannten Umschichtung aufgefüllt.

Die Werksleitung hat sich entschlossen, jüdische Arbeiter zu Facharbeitern umzuschulen, um die vorhandene Lücke an Facharbeitern zu füllen. So versucht man, Juden als Schweißer auszubilden, Schmiede werden angelernt, Rohrleger lernen, Installationen auszuführen, alles, um die deutsche Kriegsmaschine auf Touren zu halten. Manchmal muß ich dabei an Salaspils denken: Von dort bis hier ist ein weiter Weg, – dort Vernichtung von Tausenden unserer Menschen, und hier versucht man, die Juden, die dieser Hölle entronnen sind, zu Facharbeitern auszubilden, um die deutsche Kriegsproduktion zu stärken. Jetzt wollen sie also mit Hilfe ihres größten Feindes den Krieg gewinnen. Bei diesem Gedanken wird uns allen etwas wohler, und wir sagen uns, daß dieser Krieg nicht mehr lange dauern kann.

Überhaupt klappt der U-Boot-Bau nicht. Überall fehlen Maschinenteile, Materialfabriken sind durch Bombenangriffe zerstört worden, es ist fast so, als ob keiner mehr ein richtiges Interesse an der Arbeit hätte. Man erzählt sich, daß ein auf der Werft gebautes Boot bei der Probefahrt abgesoffen ist, – man vermutet Sabotage.

„Große Besichtigung des Werkes" wird uns von unserem Kolonnenführer angekündigt, alle sollen fleißig arbeiten, wenn diese Herren durch die Hallen gehen. Und wirklich, einige hohe Parteifunktionäre erscheinen, gemessenen Schrittes durchschreiten sie die Halle, bleiben hier und dort stehen, um einem Arbeiter bei der Arbeit zuzuschauen. Mit ihren ordenbehängten Brüsten stehen sie bei einem jüdischen Schweißer, der anscheinend ihre letzte Hoffnung ist, den Krieg zu gewinnen. Dann bemühen sie sich sogar die Holzgerüste hinauf, schauen auch mal in das Innere eines U-Bootes, sehen dann einige Juden in den Ecken herumstehen und gehen, die Nase rümpfend, weiter.

Die Kameradschaft in unserem Block ist nicht mehr so, wie sie sein sollte. Manchmal empfangen wir für vier Tage ein ganzes Brot. Es mehren sich die Fälle, wo das schweren Herzens für die paar Tage rationierte Brot aus den Spinden gestohlen wird. Dann hat man einige Tage nichts zu essen, aber der Dieb, der in unserer Mitte lebt, wird selten erwischt. Die meisten fangen an, ihr Brot den ganzen Tag bei sich zu tragen, aber das verleitet wieder zum Essen, und dann ist man einige Tage ohne Brot.

Kürzlich hat man einen ganzen Eimer Marmelade beim Ausladen des Verpflegungsautos gestohlen, alle Blocks werden durchsucht, aber die 25 Pfund Marmelade nicht gefunden. Inoffiziell wird bekannt, daß die Lagerführung sich daran gütlich getan hat.

Es sind Kleidungsstücke aus Stutthof für unser Lager gekommen. Mir gelingt es, einen Pullover zu erwischen, den ich einige Tage später an einen Russen für ein Pfund Tabak verkaufe. Der Tabak wird dann im Lager zigarettenweise weiterverkauft. Jede Zigarette kostet eine halbe Scheibe Brot. Statt des Pullovers binde ich mir jeden Morgen meine Schlafdecke unter der Sträflingsjacke um den Oberkörper. Zwar kann man sich so nicht gut bewegen, aber warm hält sie und erfüllt in der Not denselben Zweck wie der Pullover.

So schleppt man sich von einem Tag auf den andern, von Woche zu Woche, ohne daß sich unsere Lage ändert. Die Nachtschichten in den kalten Hallen sind kaum zu ertragen, denn von abends sechs bis morgens sechs ist eine sehr lange Zeit. Die Halle ist von einer großen Anzahl Lampen erleuchtet, die aber trotzdem nur ihre nächste Umgebung spärlich erhellen. Durch die offenen Türen dringt kalte Luft in das Innere der Halle, mischt sich mit den Dämpfen der elektrischen Schweißapparate, das taktmäßige Klopfen auf Eisen ist zu hören, es mischt sich mit dem Kreischen und Quietschen der draußen arbeitenden Kräne, die die in der Halle fertiggestellten Einzelteile in die auf den Docks liegenden Boote heben.

Bei der Nachtschicht habe ich einen gebürtigen Danziger als Meister. Er spricht nicht viel, nur manchmal, wenn er sich unbeobachtet fühlt, beginnt er von der Zeit zu schwärmen, als Danzig noch Freistaat war. Alles gab es hier, sagt er, uns allen hat nichts gefehlt, bis Danzig deutsch wurde. Jetzt ist ja doch bald alles aus, meint er, hoffentlich wird Danzig wieder selbständig.

Meistens nimmt er mich nachts mit in die Schmiede, dort ist es warm durch die vielen im Betrieb befindlichen elektrischen Geräte. In seiner Begleitung darf ich die große Montagehalle verlassen, in respektvollem Abstand gehe ich hinter ihm her, einige Rohre tragend. In der Schmiede sagt der Meister, daß ich auf die Rohre warten soll, bis sie richtig gebogen sind. Das dauert ungefähr zwei Stunden, dann holt er mich wieder ab, und wir gehen zurück in die Werkhalle. Den Rest der Nacht verbringe ich dann meistens auf der Toilette. Ab und zu wird man zwar aus dem leichten Schlummer, in den man, auf dem Becken sitzend, fällt, durch den wütenden Ton des Werkmeisters aufgeschreckt, der alles aus dem Abort herausschmeißt. Aber wenn er verschwunden ist, geht man wieder hinein und schläft weiter, bis der Morgen graut und die Ablösung kommt. In der Nacht hat man noch einige Holzbalken, die für den Gerüstbau bestimmt sind, zersägt; wir schmuggeln das Holz unter unseren Häftlingsmänteln zum Tor des Werkes hinaus, um wenigstens unsere Unterkunft etwas erwärmen zu können.

Dezember 1944

Nur die vollkommene militärische Niederlage der Deutschen in Frankreich läßt uns den Lebensmut nicht verlieren. Die alliierten Armeen sind bis an die deutsche Westgrenze vorgedrungen. Bombengeschwader von nie gekanntem Ausmaß zerstören die deutschen Städte. Danzig ist überfüllt von aus dem Osten kommenden deutschen Flüchtlingen, ein Teil unseres Lagers wird für sie freigemacht, um Notunterkünfte für sie bereitzustellen. Leider wird uns jetzt klar, daß wir uns in ganz kurzer Zeit zum zweiten Mal auf die Flucht begeben müssen, auf die gewaltsame Flucht vor unseren Befreiern. Das ist auch der Grund, warum ich mit einem gewissen Unbehagen nach Danzig gegangen bin. Wir alle sagten uns damals, daß auch Danzig nur ein vorübergehender Aufenthaltsort für uns sein kann. Wie lange wird es dauern, so fragten wir uns, bis die Russen vor Danzig stehen? Dann werden wir noch mal die Strapazen einer Flucht zu ertragen haben. Aber es war ja nicht möglich, in das Innere von Deutschland zu kommen, wo man vielleicht diesen Dingen hätte aus dem Wege gehen können.

Und dann werde ich noch zu allem Unglück krank. Stefan und Robert schleppen mich vom Werk ins Lager, sie bringen mich sofort ins Revier, 39,8 zeigt das Thermometer. Wahrscheinlich Typhus, meint der Arzt. Man legt mich zu einigen anderen in einen isolierten Raum, morgens und abends wird Fieber gemessen, das ist die ganze Behandlung, da Medikamente nicht vorhanden sind. Schon vierzehn Tage liege ich so mit hohem Fieber, ohne daß eine Besserung eintritt. Eines Tages nimmt der jüdische Arzt eine Blutprobe, die an ein medizinisches Institut nach Danzig geschickt wird. Ein Brief kommt zurück, an den jüdischen Häftlingsarzt gerichtet, mit der Anrede: „Herr Kollege". Wir müssen lachen; der Herr Professor vom medizinisch-wissenschaftlichen Institut bezeichnet sich als einen Kollegen unseres jüdischen KZ-Arztes. Er imponiert uns, denn unzweifelhaft gehört großer Mut dazu, einen KZ-Juden so anzusprechen. Doch auf der anderen Seite müssen wir über den Kollegen in der Freiheit lächeln, der sicher nicht weiß, was für eine Welt die beiden Menschen trennt.

Jeden Tag sterben im Typhusrevier einige Juden. Sie werden dann hinausgetragen und in einem Massengrab in der Nähe des Lagers verscharrt. Schon einige Wochen liege ich so, immer mit Fieber und Durchfall, ohne daß eine Besserung eintritt. Wir sind vollkommen von der Welt abgeschlossen, keiner darf uns wegen der Ansteckungsgefahr aufsuchen, der Häftlingssanitäter spricht auch sehr wenig, so liegt man da, als ob man schon gestorben sei. Manchmal wird einer in seinen Fieberträumen wild, schmeißt alle für ihn erreichbaren Gegenstände durch den Raum; meistens bindet der Sanitäter ihn dann an. Doch eines Morgens ist er tot, die Träger kommen und tragen ihn hinaus.

In der einen Ecke des Raumes liegt ein Jude mit Flecktyphus. Diese Krankheit ist besonders ansteckend; trotzdem ist es unvermeidbar, daß wir dieselbe Toilette benutzen. Als er stirbt, betrachten es einige als eine Erlösung – die Gefahr der Ansteckung war zu groß.

Der Tod ist mir wieder zu einem guten Bekannten geworden. Manchmal erscheint er mir als eine wahre Erlösung. Doch dann wieder will ich leben, träume von herrlichen Wanderungen, sehe mich an einem herrlichen Sommerabend in meinem kleinen Boot sitzen und langsam, von der Strömung getrieben, auf das Meer hinausgleiten. Meistens wache ich dann in Schweiß gebadet auf und sehe einen vor Schmerzen stöhnenden Menschen neben mir liegen.

Und doch erreichen uns manchmal Meldungen aus der Außenwelt. Der Tischler, der ein zusammengebrochenes Bett zu reparieren hat, erzählt, daß man bereits damit begonnen hat, Danzig zu evakuieren. Es sei nur noch eine Frage von wenigen Tagen, daß wir dieses Lager wieder räumen müssen. Es heißt, da keine Beförderungsmittel zur Verfügung stehen, werden wir marschieren müssen. Uns im Typhusrevier ist bei diesen Meldungen nicht wohl zumute. Die Krisis hätte ich überstanden, sagt der Arzt, aber zum Marschieren sei ich viel zu schwach.

Dann kommt der Arzt mit einer Liste ins Revier und schreibt die Namen derjenigen auf, die er für nicht marschfähig hält. Zu einigen andern und mir sagt er, daß er nicht die Verantwortung übernehmen will, uns hier liegen zu lassen. Jeder soll selbst entscheiden, ob er bei einer etwaigen Räumung des Lagers hier bleiben oder mitmarschieren will.

Mein Entschluß ist gefaßt: Liegen zu bleiben, so glaube ich, bedeutet den sicheren Tod. Was auf der Wanderung für Entbehrungen eintreten werden, kann ich nicht voraussehen. So werden denn ungefähr fünf Juden aus dem Revier entlassen, um sich durch Gehübungen wieder auf den kommenden Marsch vorzubereiten.

Januar 1945

Wir warten schon tagelang auf den Befehl zum Abmarsch. Es heißt, wenn die Russen einen bestimmten uns unbekannten Punkt erreicht haben, müssen wir das Lager räumen. Jeden Tag können wir auf der Landstraße endlose Kolonnen von Flüchtlingen sehen, zum Teil auch Häftlinge aus Stutthof, die in langen Zügen stark bewacht auf den vereisten Wegen westwärts ziehen.

Mein Gesundheitszustand ist sehr schlecht, ich habe wieder hohes Fieber, aber wage mich nicht wieder in das Revier zu legen, da ich befürchte, daß man mich dann nicht mitmarschieren lassen wird. Als nichtmarschfähig im Lager liegenbleiben möchte ich auf keinen Fall, denn ich glaube, das bedeutet den sicheren Tod. Es gibt nur eins: die Zähne zusammenbeißen und durchhalten, oder so kurz vor der wahrscheinlichen Befreiung ins Gras beißen. Und das will ich auf keinen Fall, denn zu schön erscheint mir die in langen, qualvollen Jahren erträumte Freiheit.

Im Lager selbst ist es sehr ruhig, ab und zu werden wir zur Arbeit herangezogen, denn wir müssen immer die Landstraße vom Schnee sauberhalten, damit die in langen Zügen zurückflutenden Kolonnen nicht ins Stocken geraten. Manchmal schaufeln wir auch die Eisenbahnschienen frei, doch das ist eine sehr gefährliche Arbeit, da ununterbrochen die mit Kriegsmaterial beladenen Züge nach Danzig rollen.

Bei uns schwirren wieder die tollsten Gerüchte umher: Die Russen stehen schon ganz kurz vor Danzig, wir sind eingeschlossen, will jemand von einem des Weges kommenden Eisenbahner gehört haben, und noch viele andere Geschichten, aber leider ist von diesen Erzählungen, wie schon so oft, nie etwas wahr. Die Verpflegung ist jetzt auch viel schlechter geworden, da das Werk keine Schwerarbeiter-Rationen mehr an das Lager liefert. Wir können uns gar nicht vorstellen, wie wir in dieser körperlichen Verfassung überhaupt den ganzen Tag marschieren sollen, denn die meisten sind schon so schwach, daß sie kaum noch gehen können.

Jeden Tag werden Kranke zu uns gebracht, die auf der Strecke liegengeblieben sind, doch das Lager ist schon so überfüllt, daß wir nicht wissen, wo wir sie hinlegen sollen. Der Oberscharführer ordnet an, daß man alle eintreffenden Kranken auf den Boden des Eßraums legen soll. So ist es verständlich, daß die auf dem Zementboden liegenden Menschen sehr schnell sterben, jeden Tag haben wir jetzt schon zwanzig Tote. Hauptsächlich Frauen bringt man uns, doch vereinzelt auch Männer, die uns erzählen, daß in Danzig große Razzien durchgeführt werden. Alle Menschen, die sich nicht legitimieren können oder unentschuldigt von der kriegswichtigen Arbeit weggeblieben sind, kommen sofort ins KZ. Ganz Danzig wird evakuiert, berichten sie uns weiter, überall sind die Straßen überfüllt, keiner weiß, wo man all die Flüchtlinge unterbringen soll.

Diese Nachrichten geben uns die Hoffnung wieder, daß wir vielleicht doch nicht den Marsch in das Elend anzutreten brauchen; das wäre die Rettung für sehr viele von uns, aber so leicht wird die SS uns die Freiheit nicht schenken.

Heute ist eine neue Wachmannschaft ins Lager gekommen, alles schwarze SS mit Totenköpfen an der Mütze. Die Brüder sehen ganz gefährlich aus. Das Lager wird stärker bewacht, sogar im eigentlichen Wohnlager patrouillieren jetzt schon Posten, alle mit aufgepflanztem Seitengewehr. Uns wird mitgeteilt, daß die Posten Anweisung haben, auf alle, die sich dem Zaun nähern, sofort zu schießen.

Dann ist ganz spät am Abend noch Generalappell. Jeder muß einzeln am Oberscharführer vorbeilaufen. Er beginnt, auszusortieren. Die, die gut laufen können, schickt er nach links, alles andere muß auf der rechten Seite antreten. Jeder versucht, einen möglichst kräftigen Eindruck auf den Oberscharführer zu machen, denn alle sind ängstlich, in diesem Lager zu bleiben. Was mit Kranken und Schwachen geschieht, das haben wir alle zur Genüge erfahren. Die für den Marsch Untauglichen werden in das Revier geschickt. Vorher bitten sie noch den Oberscharführer, sie doch mitzunehmen, was er aber brüsk ablehnt. Uns allen ist nicht klar, ob es richtig ist, zu marschieren, denn nach dem neuesten, uns durch einen Posten bekanntgewordenen Befehl werden alle Juden erschossen, die auf der Landstraße zusammenbrechen. Und was einem geschehen wird, wenn man hier im Revier liegt, weiß man auch nicht, doch es wird auch ein Spiel mit dem Tode sein.

Am kommenden Morgen um zehn Uhr erhalten wir den Befehl zum Abmarsch.

7. Kapitel
Todesmarsch nach Deutschland
Januar – März 1945

Jetzt ist es zum zweiten Male so weit, daß wir vor unseren Befreiern flüchten müssen. Es ist nur ein Glück, daß es nicht so kalt ist, so läßt es sich in den Holzpantinen ganz gut gehen. Man muß nur sehr aufpassen, daß man nicht in die vielen Pfützen tritt, denn bei der linden Witterung fängt es an zu tauen. Rast wird den ganzen Tag auf dem Marsch nicht gemacht, auch Verpflegung wird nicht an uns ausgegeben. So erfordert es schon am ersten Tage große körperliche Kräfte, um mit der in flottem Marsch befindlichen Kolonne Schritt zu halten. Gegen Abend beginnt es, etwas zu regnen, der weiche Schnee klebt an den Holzpantinen. So sind wir alle froh, als wir bei Einbruch der Dunkelheit in ein Dorf kommen. Der Postenführer bestimmt, daß wir in diesem Dorf übernachten. Da er kein anderes Quartier für uns finden kann, werden wir in die Kirche des Dorfes gesperrt. Wir müssen auf dem Steinfußboden übernachten, da alle verfügbaren Sitzplätze schon von anderen Flüchtlingen eingenommen sind.

Diese Nacht gehört mit zu den schrecklichsten meines Lebens. Fieberschauer schütteln mich, dazu kommt die Kälte des Steinfußbodens, auf den wir uns alle übermüdet ausgestreckt haben. Die mitgenommene Wolldecke bietet keinen Schutz gegen die eisige Kälte, es zieht durch die Fugen der Türen und Fenster, so rücken wir enger zusammen, um uns durch unsere Körpernähe zu erwärmen. Dazu bin ich wie in Schweiß gebadet, ich fühle, daß ich am Morgen nicht mehr weitergehen kann, da mich in der trostlosen Wirklichkeit auch der Wille dazu verläßt. Den neben mir liegenden Stefan bitte ich, wenn er leben sollte, meinen in der weiten Welt verstreuten Geschwistern von mir zu erzählen. Er versucht, mich zu trösten, aufzurütteln, aber das Fieber ist stärker.

„Mach keinen Unsinn, Jo“, redet er mir wieder gut zu, denn schlafen tut man auf dem Steinfußboden ja doch nicht, „morgen früh wird dir wieder besser sein, du willst doch nicht jetzt noch kurz vor unserer Befreiung schlappmachen.“

Doch die Widerstandskräfte haben mich verlassen, der klare Verstand entflieht in Fieberträume.

So bleibe ich am nächsten Morgen in der Kirche liegen. Mir ist wirr im Kopf, ich weiß gar nicht, wo ich bin, als mich die Fußtritte eines Postens in die Wirklichkeit zurückrufen. Dann kommen zwei Juden und schleifen mich hinter sich her durch die Kirche, denn zum Tragen sind sie selbst sicher zu schwach, und legen mich vor der Kirche in den Schnee. Wie lange ich dort gelegen habe, weiß ich nicht. Aber dann reicht mir eine alte Frau einen Becher heiße Milch. Mir ist, als ob ich träume. In der anderen Hand hat sie ein Butterbrot.

„Hier, nehmen Sie das“, sagt sie und steckt mir das Brot, nachdem ich es nicht genommen habe, in die Tasche des Sträflingsmantels. Dann nimmt sie mir den leeren Becher wieder aus der Hand und läuft eilig davon. Später kommen zwei Männer mit einem Fuhrwerk. Einer packt mich am Kopf, der andere an den Füßen, und wie ein Gummiball fliege ich auf den Wagen. Dann öffnen sich viele schwere eiserne Türen vor mir, die zwei packen mich wieder am Kopf und an den Füßen, denn ich bilde mir ein, daß ich nicht gehen kann. So schleppen sie mich in das Dorfgefängnis. Ein Wärter kommt und beginnt, mich auszuziehen. Er bringt mir einige Decken. Doch gerade als es mir warm wird und anfängt, mir in dem Gefängnis gut zu gefallen, wird die Tür wieder aufgeschlossen. Zwei Posten stehen draußen, der Wärter muß mir meine nasse Häftlingskleidung wieder anziehen, dann schmeißt man mich wie ein hilfloses Etwas wieder auf einen Wagen, mein Kopf kommt unter dem Bock des Kutschers zu liegen, und weiter geht es auf dem holprigen Pflaster zum Dorfe hinaus.

Wieder erfassen mich Fieberschauer. Was will man eigentlich von mir, denke ich. Warum lassen sie mich nicht sterben? Sterben will ich nur noch, geht es mir durch den Kopf, sterben und irgendwo an der Landstraße verscharrt werden. Mein Taschentuch stopfe ich mir in den Mund und Lappen in die Nasenlöcher. Ich will nicht mehr atmen, bilde ich mir ein; vielleicht kann ich so ersticken. Doch ich ersticke nicht; ich beginne, den Kopf auf den Boden des Wagens zu schlagen, freue mich, wenn tiefe Schlaglöcher kommen, bilde mir ein, daß ich auf diese Art den Tod finden werde. Doch ich kann nicht sterben.

Inzwischen hat man noch verschiedene andere Juden auf der Landstraße aufgelesen, der Wagen füllt sich, man rückt zusammen. Ich höre, wie die zwei den Wagen begleitenden Posten sich unterhalten.

„Der da ist sicher schon tot", meint der eine; dabei tritt er mir mit seinen Schaftstiefeln gegen die Füße, um festzustellen, ob ich noch am Leben bin. Als ich keinen Laut von mir gebe, schmeißt er seinen Brotbeutel auf mich. „Der ist ja doch schon fertig", erklärt er dabei dem anderen.

Und dann fährt es mir wie ein Blitz durch den Kopf: Vielleicht soll ich gar nicht sterben! Vielleicht sollst du leben, Jo! Es ist wie eine Erleuchtung, die mir gekommen ist. Es steht plötzlich fest für mich, daß ich leben soll. Mir ist, als ob alles andere ein böser Traum war. Ich fange an, mich wieder zu bewegen. Der Posten nimmt seinen Brotbeutel von mir herunter und bemerkt lakonisch zu seinem Kameraden:

„Der lebt ja doch noch."

Ja, ich lebe noch und werde leben, es ist wieder eine felsenfeste Gewißheit in mir, die mich auch bis zur Befreiung nicht mehr verläßt.

Am Abend kommen wir wieder in ein Dorf. Wir alle

verbringen die Nacht stehend in einer Scheune, denn zum Sitzen oder Liegen ist kein Platz vorhanden. Todmüde ziehen wir dann am anderen Morgen weiter. Das Fuhrwerk ist im Dorf zurückgeblieben, und nun müssen auch die Kranken wieder mitmarschieren. Gleich früh am Morgen erschießt ein Posten zwei Juden, die schon zu schwach waren, um weiterzugehen. Als ich mich umschaue, sehe ich, wie der Posten die Menschen mit den Füßen in den Chausseegraben stößt.

Kurz vor Rieben in Pommern wird unsere Kolonne geteilt. Die eine Hälfte marschiert links, alles andere geradeaus weiter. Unser Zug ist so lang geworden, daß die Posten nicht mehr ausreichen, aber zu flüchten hat trotzdem keinen Sinn, da wir nicht wissen, wo sich die Stellung der Russen befindet. Auch würde unsere gestreifte Kleidung uns bei einer Flucht große Schwierigkeiten machen, denn die Bewohner der Dörfer sind sicher zu ängstlich, uns aufzunehmen.

Am Spätnachmittag erreichen wir ein verlassenes Arbeitsdienstlager, wo bereits Häftlinge untergebracht sind, und so beschließt unsere Wache, daß auch wir hier übernachten sollen. Doch da in den Blocks kein Platz für Juden vorhanden ist, sperrt man uns 500 Menschen einfach in den Keller. Der Boden ist feucht, Pfützen sind überall, und immer mehr Schneewasser sickert in den Raum, in dem wir dichtgedrängt aneinander gepreßt stehen. Nun sind wir schon die dritte Nacht ohne Schlaf, auch Verpflegung haben wir noch keine auf dem Marsch erhalten. Die Knie sind weich zum Umfallen, die Müdigkeit liegt schwer auf den Gliedern, mir fallen die Augen zu. Stefan, der neben mir steht, legt seinen Kopf auf meine Schulter, und ich lehne mich an ihn, so fallen wir einige Stunden in einen traumlosen Schlummer.

Am nächsten Morgen stolpere ich die Kellertreppen hinauf, um austreten zu gehen. Da ich nicht weiß, wo sich die Latrine befindet, gucke ich um die Ecke der Küche, um den Abort ausfindig zu machen. Einige Meter vor mir steht ein Posten.

„Komm her", ruft er mich an, „was willst du?"
„Austreten", antworte ich und versuche, Haltung anzunehmen.
„Bist du gestern gekommen?" fragt er mich weiter, denn gestern sind nur Juden gekommen.
„Jawohl", ist meine Antwort.
„Bei mir fliegst du bei jedem Schlag fünf Meter", spricht er weiter, dabei macht er eine Bewegung mit seinem Zeigefinger, daß ich ganz nahe an ihn herantreten soll. Dann saust ein rechter Schwinger mir unter das Kinn. Ich fliege einige Meter und liege im Schnee.
„Komm her, mein Bürschchen", ruft er mich wieder an und macht wieder die mir schon bekannte Bewegung mit dem Zeigefinger. Ich stehe mühsam auf und bewege mich auf ihn zu, obwohl ich genau weiß, daß das nicht gesund sein kann. Er wiederholt sein Spiel einige Male und läßt mich schließlich im Schnee liegen. Inzwischen sind andere Juden aus dem Keller hervorgekommen, mit dem gleichen Ziel wie ich. Nachdem sie erst von meinem Posten eine heftige Tracht Prügel empfangen haben, werden sie zu den in zehn Meter Abstand stehenden nächsten Posten weitergeschickt, damit auch die eine Möglichkeit haben, sich etwas zu erwärmen. So werden viele Juden von den um das Lager stehenden Posten geschlagen. Später liegen sie irgendwo draußen im Dreck, und ihr Jammern kann man deutlich in unserem Kellerraum hören, aber keiner von uns wagt, hinauszugehen, um den Unglücklichen zu helfen.
Auf Anordnung des Lagerführers wird ein Geräteschuppen für die Juden ausgeräumt. Es wird etwas Stroh auf den Boden geschüttet, über der Tür wird ein Schild angebracht, auf dem „Jüdisches Revier" zu lesen ist. Unsere ersten Typhuskranken werden dann in dieses Revier gelegt. Die Kranken werden ganz ohne Pflege gelassen, Medikamente sind auch nicht vorhanden, so läßt man die Menschen langsam verrecken, denn eine Rettungsmöglichkeit besteht doch nicht.
So siechen die Kranken ohne jede ärztliche Hilfe da-

hin. Jeden Tag wird ihre Zahl infolge der Unterernährung größer, eine Verzweiflung bemächtigt sich der Juden, denn dieses Lager, so fühlt ein jeder von uns, soll die Endstation auf unserem mühseligen Weg der letzten Jahre sein. Hier will man uns kurz vor unserer wahrscheinlichen Befreiung noch vernichten.

„Verpflegung ist für die Neuankömmlinge nicht vorhanden", erzählt der vollgefressene Küchenchef unserem Kolonnenführer. „Mit euch haben wir hier nicht gerechnet." Erst muß er mal für seine eigenen Leute sorgen, setzt er höhnisch grinsend hinzu.

So hat es schon drei Tage kein Brot mehr gegeben.

Mittags um zwei Uhr müssen alle noch gehfähigen Häftlinge vor der Küche antreten. Man erhält dort einen Schlag warme Pferdebrühe mit einigen Fasern Pferdefleisch und ein paar Kartoffelschalen als Inhalt. Sofort, nachdem wir die Suppe empfangen haben, werden wir in unseren Raum getrieben. Dort schlürfen wir die Brühe im Stehen. Der an der Tür stehende Kapo läßt keinen mehr aus dem Raum hinaus, um zu verhindern, daß die Juden doppelte Rationen empfangen. Den ganzen Tag hat man Hunger. Die Gedanken drehen sich nur noch ums Essen. Wie wird es möglich sein, so überlege ich mir andauernd, den Hungertod hier abzuwenden? Es ist wieder eine Rechenaufgabe, wie damals in Salaspils. Wenn die Verpflegung so bleibt, muß man in ganz kurzer Zeit verhungert sein. Es ist ein schauriges Bild, die in ihren grauen Decken daherwankenden Gestalten anzusehen und dabei abschätzen zu können: Der dort macht es höchstens noch zwei Tage. Der kräftige Elektriker aus dem Kaiserwald humpelt an mir vorüber, er hat schon vollkommen eingefallene Gesichtszüge, und der stiere, verhungerte Blick läßt erkennen, daß auch er es nicht mehr lange machen wird. Am Abend schleift man ihn dann von der Latrine, auf der er eingeschlafen ist, durch den Dreck in unseren Block. Am nächsten Morgen ist er tot, ohne die Besinnung wiedererlangt zu haben.

Morgens, wenn ich aus dem traumlosen Schlummer

erwache, kann ich mich vor Schwäche fast nicht mehr erheben. Mit aller Energie raffe ich mich dann auf, um zum Morgenappell anzutreten. Vorsichtig an der Wand entlang tastend, gehe ich Schritt für Schritt, um die schon kraftlosen Beine wieder an die Bewegung zu gewöhnen.

Der ehemalige Küchenchef der SS-Küche in Riga, Meisel, ist hier Lagerführer. Er ist ein ausgesprochener Sadist, er weidet sich daran, die ausgemergelten und schon vom Tode gezeichneten Menschen recht lange in der Kälte stehen zu lassen. Er lehnt inzwischen im Eingang der SS-Baracke, gemütlich eine Zigarette rauchend. Ab und zu ruft er dem neuernannten Lagerältesten einige Worte zu, die besagen, daß die Richtung immer noch schief und krumm ist, er hätte ja Zeit, setzt er dann noch gleichgültig hinzu.

Während dieser Zeit pfeift der Schneesturm um unsere Ohren, wir zittern vor Kälte, Menschen fallen um und werden ins Revier geschleift. Ein junger Jude aus Lodz wird wahnsinnig.

„Mutti", schreit er ununterbrochen, „Mutti!"

Ein Faustschlag von Chamek macht ihm den Mund zu, man schleift ihn weg.

Nach dem Zählen gehe ich dann meistens sofort in das Typhusrevier und lege mich auf das bißchen Stroh, das kaum die Kälte des Erdbodens abhält. Ich glaube, es ist am besten, zu liegen, denn im Liegen verbraucht man die wenigsten Kräfte. Manchmal schleichen sich einige Juden zum Abfallhaufen, der neben der Küche von einem Posten bewacht wird, und suchen sich aus dem Müll die Kartoffel- und Rübenschalen heraus, die dann auf dem kleinen eisernen Ofen, der im Typhusrevier steht, gebraten werden. Um den Platz am Ofen entspinnt sich immer ein heftiger Streit. Der den Ofen bedienende Heizer Stein verlangt seinen Tribut von den gebratenen Schalen, doch keiner will ihm welche abgeben. Der nur provisorisch stehende Ofen droht, durch das Geschiebe und Gedränge des sich immer mehr füllenden Raumes umzufallen, Stein schreit, er schlägt kein Holz mehr für den Ofen, wenn er nicht seinen Teil von den Schalen erhält. Die hier liegenden Menschen sind nur noch der äußeren Gestalt nach Angehörige des menschlichen Geschlechts. Zivilisation oder Humanität gibt es hier nicht mehr, hier kämpft jeder gegen jeden – um den Platz am Ofen, um das Stückchen Kartoffelschale oder um das letzte Eigentum des neben einem gestorbenen Kameraden. Schnell werden seine Taschen durchsucht, der unter dem Kopf des Toten liegende Brotbeutel wird durchwühlt, die Dekke von seinem Körper gerissen. Wie man lebt, ist gleichgültig, nur leben will ein jeder, nur leben.

Einige Male schleiche auch ich mich zum Abfallhaufen und erwische einige Pferdeknochen. Ich lege sie dann immer auf den Ofen, lasse sie etwas verkohlen, und dann nage ich sie langsam auf. So wird wenigstens das Hungergefühl betäubt. Manchmal finde ich auch noch etwas Mark in den ausgekochten Knochen.

In der Typhusbaracke haben jetzt alle Durchfall bekommen, die meisten sind schon so schwach, daß sie nicht mehr zum Eimer austreten können. So ist das ganze Stroh mit Kot beschmutzt, alle Menschen sind grenzenlos verlaust und völlig verkommen. So viele Läuse wie hier habe ich noch nirgends gesehen; die Menschen kratzen die Stiche auf, große eiternde Geschwüre entstehen, die einige schon ganz entstellen. Auch ich habe hinten mehrere Wunden, die mich hindern, auf dem Rücken zu liegen. Wo man am Körper hingreift, erwischt man Läuse, die sich in diesem Schmutz und Dreck ungeheuer vermehren. Für die Tausende im Lager anwesenden Menschen ist nur eine Pumpe vorhanden, die auch noch einige Stunden am Tage nur für den Küchenverbrauch bestimmt ist. So bleibt das Waschen vollkommen aus, denn wer von uns hat noch die Kraft, sich eine Stunde für etwas Wasser anzustellen, um sich dann in den wenigen uns zur Verfügung stehenden Eßgeschirren zu waschen? Von den fünfhundert in dieses Lager gekommenen Juden sind in den ersten vierzehn Tagen bereits einhundert gestorben, ungefähr hundertzwanzig sind krank, der Rest ist gerade noch kräftig genug, um gehen zu können. Aber uns allen ist klar, daß es nur eine Frage der Zeit ist, bis auch die jetzt noch Lebenden in das von polnischen Häftlingen ausgeschachtete Massengrab gestapelt werden.

Februar 1945

Durch das Gefühl, dem sicheren Tode geweiht zu sein, beschäftigen sich die Menschen wieder mit Fluchtgedanken. Die noch gut Gehenden schmieden Pläne, um dem sicheren Tod auf diese Weise zu entgehen. Und dann werden diese Fluchtpläne in die Wirklichkeit umgesetzt. Nach dem Abendappell wird an allen Ecken des Lagers plötzlich geschossen. Ungefähr zwanzig Juden haben versucht, die Postenkette zu durchbrechen, zwölf von ihnen sind bei diesem Fluchtversuch erschossen worden, den andern ist es anscheinend gelungen, zu entfliehen.

Es wird noch einmal zum Appell geläutet. Die SS will genau feststellen, wie viele geflüchtet sind. Es ist eine Spannung im Lager wie nie zuvor, die meisten Juden sind bereit, den Zuständen in diesem Lager unter Einsatz ihres Lebens ein Ende zu bereiten. Entweder so oder so.

Die SS im Stahlhelm umstellt uns mit aufgepflanztem Bajonett. Man ruft nach dem jüdischen Blockältesten.

Der Obersturmbannführer, der mit der Leitung des Lagers beauftragt ist, kündigt ihm an, daß, wenn sich ein solcher Fluchtversuch wiederholt, alle im Lager befindlichen Juden ohne Ausnahme vernichtet werden. Dies sei seine letzte Warnung. Unser Blockältester versucht, die Verhältnisse im Lager zu beschreiben, wird aber schon beim ersten Satz von dem Sturmbannführer unterbrochen:

„Du hast hier nichts zu reden, du Schwein!" fährt er ihn an. „Sag deinen Leuten, sie sollen wegtreten, verstanden!"

Jetzt sind wir schon fast drei Wochen in diesem Vernichtungslager und haben dreimal eine Scheibe Brot von ungefähr hundert Gramm und zehn Gramm deutsche Tafelmargarine als Zubrot erhalten. Jeden Morgen, wenn wir aus dem Block heraustreten müssen, bekommen wir einen halben Becher Kaffee. Alle paar Tage wird dann noch ein alter Gaul, der genau wie wir nicht mehr richtig gehen kann, ins Lager geführt und geschlachtet. Er ist für unsere Mittagsbrühe bestimmt.

Unsere Unterhaltungen drehen sich sehr oft darum, ob heute der Brotwagen kommen wird oder nicht. Dann sind uns wieder hundert Gramm Brot in Aussicht. Immer guckt man an das Tor, ob das Fuhrwerk nicht endlich kommt. Meistens werden wir enttäuscht. Höchstens ein Wagen mit Kartoffeln fährt, streng bewacht, in das Lager, um vor der Küche abgeladen zu werden. Wenn dann wirklich ein Wagen mit Brot im Lager ankommt, stehen wir Juden in respektvoller Entfernung und zählen die abgeladenen Brote. Manche rechnen sich aus, wieviel Brot auf jeden einzelnen von uns kommt. Aber sie verrechnen sich immer, denn auch hier wird die Hälfte von den polnischen Kapos verschoben.

Doch auch unsere jüdischen Kapos handeln nicht anders. Für alle nicht mehr gehfähigen Juden, die im Typhusrevier liegen, bringt man einige Kübel mit Suppe. Die Kapos haben dann die Aufgabe, die Suppe gerecht zu verteilen. Ich liege gerade so an der Tür, daß ich die Vorgänge im Nebenraum, in den man die Suppenkübel geschafft hat, beobachten kann. Die Herren Kapos haben sich inzwischen im Raum versammelt und bekommen erst mal einen kräftigen Schlag Suppe für ihre verantwortungsvolle Arbeit, die im Herausschlagen der Juden aus den Baracken besteht. Während dieser halben Stunde sind alle Augen auf die Tür gerichtet, auch einige murrende Rufe werden laut, die die Ausgabe der Suppe verlangen. Dann kommt ein kräftig gebauter Kapo und beginnt, die auf dem Boden kauernden, verkommenen Figuren zu zählen. So stellt er fest, wie viele Juden von gestern auf heute wieder gestorben sind. Da er Rationen für den gestrigen Tag erhalten hat, kann er sich ausrechnen, wieviel Suppe für ihn und seine Verbündeten übrig bleibt.

Dann wird langsam mit dem Austeilen der Suppe begonnen. Die ersten fangen an zu murren.

„Nur einen halben Löffel gibt er wieder. Chamek, greif tiefer hinein in den Kessel“, hört man einen Kranken rufen.

Ein anderer beginnt zu weinen, als er sein bißchen Suppe erhält, auf das er schon den ganzen Morgen mit Heißhunger gewartet hat. Einige hastig heruntergeschlungene Löffel heißes Wasser, und die Tagesmahlzeit ist beendet. Es fällt einem schwer zu glauben, daß man erst am morgigen Tag wieder etwas zu essen bekommt.

„Haben alle bekommen?" fragt jetzt der austeilende Kapo den Juden, der die Suppe unter den liegenden Juden verteilt.

„Nein, nein“ fangen einige an zu schreien, „wir haben hier noch nichts gehabt.“

Man bringt noch zwei Rationen Suppe.

„Hier, er hat auch noch nichts bekommen“, deutet einer auf einen neben ihm liegenden Juden, der sich nicht mehr bewegt.

„Der ist ja schon tot“, stellt der verteilende Jude fest, „der braucht keine Suppe mehr. Willst wohl doppelt empfangen, Gannef.“

Nach der Essensausgabe fangen dann die Kapos wieder an zu speisen. Mir läuft das Wasser im Munde zusammen, als ich sehe, wie sie in den Kessel hineingreifen und einen vollen Löffel mit Kartoffelschalen und Fleischfasern herausholen und sich zu Gemüte führen. Aber ich weiß ja schon lange, daß sich hier nur der schlechte und brutale Mensch am Leben erhalten kann. Alles andere ist für das Massengrab bestimmt.

Einige Tage später kommen einige deutsche Wehrmachtsoffiziere in unser Lager. Wir erfahren, daß sie Arbeitskräfte zum Bau von Panzergräben benötigen, und daß sie den Kommandanten um die Bewilligung von Häftlingen für diesen Zweck ersucht haben.

Am nächsten Morgen läßt der Obersturmbannführer alle Juden zur Arbeit antreten. Nur die im Typhusrevier liegenden bleiben von diesem Befehl verschont. Dann geht es ohne Frühstück hinaus in die Tuchler Heide. Man hofft, die Russen noch hier in ihrem Vormarsch aufhalten zu können.

Schon auf dem Weg zur Arbeit fallen die Menschen vor Erschöpfung um. Da wir zu schwach sind, um sie zu tragen, schleifen wir sie an den Armen hinter uns her durch den hohen Schnee. An der Arbeitsstelle lassen wir sie einfach liegen. Es kümmert sich keiner weiter um sie. Meistens sind sie dann abends tot.

Es ist extra noch eine Wachmannschaft gekommen, teilweise haben sie auch Hunde bei sich, die uns auf dem Wege zur Arbeitsstelle begleiten. So zieht durch die einsame Heidelandschaft ein langer Zug verhungerter Menschen. An den Holzpantinen klebt der Dreck und Morast, manchmal bleiben sie auch in dem tiefen Schnee stecken, und so habe ich sehr oft meine Mühe, den im Schnee steckengebliebenen Schuh wieder auszugraben. An die nassen Füße hat man sich schon gewöhnt, doch gegen den kalten Wind, der über die Heide pfeift, bietet unsere dünne Kleidung keinen Schutz. So stehen wir, vom frühen Morgen bis zum späten Abend dieser Witterung ausgesetzt, auf freiem Felde und beten, daß man uns aus diesem Elend erlöse. Schon ein ganzer Haufen von zusammengebrochenen Menschen liegt im Schnee. Ich höre, wie ein polnischer Häftling den Postenführer um ein Gespann bittet, um die erfrorenen und verhungerten Menschen ins Lager zu schaffen.

„Du bist wohl verrückt?" herrscht ihn der Postenführer an, „wir werden dieses Gesindel auch noch fahren!"

Dann bewegt sich der Todeszug wieder langsam dem Lager zu. Alle paar Schritte müssen wir Rast machen, unsere Toten werden uns zu schwer. Besonders schwierig ist es für uns, die kleinen Unebenheiten des Bodens zu überwinden. Manchmal brechen dabei die Träger neben den Toten zusammen. Es ist ein Zug des Grauens; weit entrückt den Augen der zivilisierten Menschheit ziehen wir durch die trostlose Landschaft dem Lager zu. Beim Einmarsch ins Lager haben wir uns zu formieren, Haltung haben wir anzunehmen, während man uns zählt, und dabei unsere Spaten hoch zu halten. Unsere Toten lassen wir beim Einmarsch ins Tor draußen liegen. Der Postenführer zählt sie dann, damit der Rapport stimmt, und ruft das Beerdigungskommando, das dann unsere Toten verscharrt.

Abends nach dem Appell wird uns mitgeteilt, daß es ab morgen Schwerarbeiterzulage für die Arbeitenden geben wird. Und richtig, als wir dann wieder das Lager verlassen, erhalten wir am Tor ungefähr 150 Gramm Brot. Leider erhalten wir diese Zulage nur ein einziges Mal. Es wird uns am nächsten Tag am Tor gesagt, daß wir unsere Zulage erhalten, wenn wir von der Arbeit ins Lager zurückkommen. Als wir dann todmüde ins Lager einrücken und um unser Brot bitten, tut der Lagerführer uns mit den Worten ab:

„Ihr Juden wollt immer alles haben."

Damit sind wir wieder um unser so schwer verdientes Stückchen Brot betrogen. Die Folge ist, daß wieder mehr Juden arbeitsunfähig liegenbleiben. Doch mit einem Mal stürmt SS, mit Gummiknüppeln bewaffnet, in unseren Block und treibt uns wie das Vieh hinaus zur Arbeit.

„Euch Hunde werden wir schon kriegen. Euch lassen wir arbeiten, bis euch das Wasser im Arsch kocht."

Dabei schlagen sie auf uns ein; wohin sie treffen, ist ihnen gleich. Einige Juden können nicht so schnell aufstehen, sie werden von der herausstürmenden Masse totgetreten. Stöhnend und wimmernd liegt einer direkt vor dem Block im Dreck, ein SS-Mann sagt ihm, er soll aufstehen. Einige Juden springen hinzu, um dem Kranken beim Aufstehen zu helfen. Doch der SS-Mann treibt sie zurück. Allein aber kann der am Boden Liegende sich nicht mehr aufrichten. Kaltblütig zieht der SS-Mann seinen Revolver und erschießt ihn vor den Augen der angetretenen Juden.

Dann beginnt es an der Arbeitsstelle auch noch zu regnen. Schon in ganz kurzer Zeit sind wir durchnäßt, der schwere Lehmboden klebt am Spaten, der Regen sickert in die Gräben, in denen wir schachten. Bald stehen wir bis an die Knöchel im Wasser. Dann kommt noch ein hoher SS-Führer und schimpft auf die Posten.

„Die Arbeit muß schneller gehen", schreit er die Wachmannschaft an. „Wie lange soll denn das hier noch dauern? Wir haben noch andere Arbeiten auszuführen."

Einige Fuhrwerke bringen Fichten, mit denen die Panzergräben getarnt werden. Doch jetzt liegen unsere zusammengebrochenen Menschen auf den den Boden bedeckenden Fichten. Jeden Tag schleifen wir mehr in das Lager, die Kolonne wird aus Polen und Häftlingen anderer Nationalitäten aufgefüllt. Aber diese Häftlinge erhalten andere Rationen und sind deshalb besser zur Arbeit geeignet als die schon fast verhungerten Juden. Doch hier gibt es kein Erbarmen. Unsere Kleidung ist zerrissen, die Holzschuhe haben wir mit Bindfäden an die Füße angebunden; ohne Handschuhe und warme Wäsche stehen wir einen wie den anderen Tag da und warten auf den Tod, der jetzt für viele von uns eine Erlösung bedeutet.

Abends, wenn ich mich auf dem Fußboden der Baracke niederlege, wo jetzt schon genug Platz vorhanden ist, da die Hälfte der Juden bereits tot ist, dann träume ich immer von einer Fluchtmöglichkeit. Vor mir sehe ich eine große Kartoffelmiete, an der wir immer auf dem Weg zur Arbeit vorbeigehen. Vielleicht kann man sich dort verstecken, sich eine Höhle bauen und von den Kartoffeln ernähren, bis die Russen kommen. Aber der Mut fehlt mir, die Beine sind auch schon zu schwer, ich kann nicht mehr laufen, die Situation erscheint mir aussichtslos.

Eine neue Parole geht im Lager um. Ein Häftling, der eine Fuhre Kartoffeln für die SS geholt hat, soll erzählt haben, er hätte von einem Bauern gehört, daß wir eingeschlossen sind. Diesmal soll es bestimmt wahr sein. Es kann sich nur noch um einige Tage handeln, erzählt man, dann werden wir bestimmt befreit.

Diese Nachricht gibt uns wieder Mut. Ich erzähle sie Stefan, der neben mir liegt. Er sagt nur, wenn deine Nachrichten immer wahr wären, dann wären wir schon zehnmal befreit. Aber dennoch fange ich wieder an zu hoffen, noch ist es nicht zu spät, noch lebe ich, wenn ich auch täglich schwächer werde, doch noch einige Tage werde ich es aushalten. Mit meinen Händen kann ich meine Oberschenkel umfassen, auf einer Bank kann ich nicht mehr sitzen, wahrlich nur noch Haut und Knochen.

Eine neue Anordnung ist am schwarzen Brett angeschlagen. Alle Häftlinge haben sich entlausen zu lassen. Die Hemden und Unterhosen sind durch eine Lauge zu ziehen, und dann sollen wir sie naß wieder anziehen, damit auch die Läuse am Körper getötet werden. Es ist eisig kalt in diesen letzten Februartagen, und da verlangt man von uns, daß wir unsere Wäsche naß auf den Körper ziehen. Es ist besser, einen Tag ohne Wäsche herumzugehen, also nur mit einer Häftlingshose und Jacke bekleidet. Abends bin ich dann stark erkältet, die Widerstandskräfte lassen doch nach, und ich möchte so gerne leben. Innerlich bereitet man sich aber doch auf den Tod vor. In Gedanken nimmt man Abschied von den Lieben, die in der weiten Welt in einem sicheren Hafen weilen. Zu gerne hätte ich ihnen über das Schicksal unserer lieben Mutter berichtet, zu gern wäre ich in meine Heimatstadt zurückgekehrt und hätte mich gezeigt: hier bin ich wieder, ein gütiges Schicksal hat mich behütet, gegen das sogar die grausamen deutschen Mörder machtlos waren. Wiedergutmachen will ich, was man Böses an uns getan hat. Aber das sind ja doch nur Wunschträume. In Wirklichkeit liege ich hier in Schmutz und Dreck und erwarte meinen Tod. Schon vier Tage haben wir wieder kein Brot mehr bekommen, nur die dünne Pferdebrühe. Ich lebe nur noch von verkohlten Pferdeknochen.

Neben mir ist heute morgen der Dirigent der Rigaer Oper gestorben. Gestern abend hat er mir noch von seinen Zukunftsplänen erzählt. Zurück zur Oper wollte er, wieder Musik machen und die Leitung des Rigaer Konservatoriums wieder übernehmen, die er bis zu seiner Inhaftierung innegehabt hat. Doch leider ist er verhungert. Unter seinem Kopfkissen finde ich noch ein bißchen Suppe, die er sich aufgespart hatte, um sie kalt morgens zum Frühstück zu essen.

Mir gegenüber liegt Professor Weil. Er hat immer die Faustvorlesungen im Ghetto gehalten. Vorher war er Professor an der Wiener Universität. Jetzt liegt er da und weint andauernd vor sich hin. Immer wieder versucht er, aufzustehen, doch er ist schon zu schwach, seine Beine tragen ihn nicht mehr. Da er genau weiß, daß er sterben muß, ruft er Stefan zu sich und sagt ihm, wenn er diese Zeit überleben sollte, soll er nach seiner Frau forschen. Dann nimmt er ein Medaillon, das er an einer Kette um den Hals trägt, und bittet ihn, es seiner Frau als letzten Gruß zu übergeben. Die ganze Zeit, während er spricht, weint er immer leise vor sich hin. Am nächsten Morgen trägt man ihn hinaus.

Da ist ein Klempner aus dem Ghetto in Riga, ein Kerl wie ein Baum, man erkennt ihn hier gar nicht mehr wieder. Der Wille hat ihn verlassen, er sitzt schon einige Stunden draußen im Schnee, den Kopf vornüber gebeugt, und schläft. Einige Juden versuchen, ihn in die Baracke zu tragen, doch sie haben nicht mehr die Kraft dazu, so lassen sie ihn sitzen, wo er ist. Einige Stunden später ist er tot. So verläßt uns einer nach dem anderen. Wann werde ich soweit sein? Immer wieder legt man sich dieselbe bange Frage vor. Werde ich ihn gewinnen, diesen Wettlauf mit dem Tod, oder habe ich auch verspielt?

Und dann tragen sie den guten Stefan hinaus. Ihm habe ich es nicht angemerkt, daß er dem Tode so nahe war. Das Herz will mir schier brechen. Vom Anfang unseres Leidensweges an haben wir uns an irgendwelchen Sammelpunkten immer wieder getroffen und uns miteinander gefreut. Wir schüttelten dann einander die Hände, froh, daß wir noch am Leben waren, und glaubten an unseren guten Stern. Stefan war es auch, der meine gute Mutter noch einen Tag vor ihrem plötzlichen Tode aufsuchte und ihr meine Grüße ausrichtete. Du lieber Stefan, warst bestimmt eine reine, gute Seele, hast keinem etwas Böses getan, geholfen hast du mit deinem letzten Stückchen Brot. Du sollst mir, wenn ich leben werde, als ein wahrer Kamerad unvergeßlich sein. Wenn ich leben sollte, Stefan, dann werde ich das uns angetane Unrecht in die Welt hinausschreien, und alle werden mich hören, denn, so glaube ich, sie können sich der Wahrheit dann nicht länger verschließen. Für dich will ich Kaddisch sagen, als ob du mein Bruder gewesen seist. Deine lieben Eltern, von denen du mir so oft erzähltest, sind irgendwo im Rigaer Hochwald verscharrt, Geschwister hattest du keine. Wer, so frage ich mich, wird in der Freiheit nach dir suchen? So will ich denn, wenn ich leben sollte, deinen Namen in Ehren halten und für dich am 28. Februar ein Lichtchen anzünden.

Und das Leben mit seiner Not geht weiter. Manchmal kommen polnische Häftlinge in das Typhusrevier, in das ich mich gelegt habe, und suchen die noch gehfähigen Kranken heraus. Auch ich gehöre dazu. Wir müssen aus einer nahegelegenen Tannenschonung Tannenzweige zum Tarnen der Baracken in das Lager schaffen. So wanken dann einige halbverhungerte Gestalten auf dem Feldweg dahin, immer nach etwas Eßbarem Ausschau haltend. Als Wache haben wir einen Berliner Volkssturm-Soldaten bei uns. Er ist ziemlich friedlich, er läßt mit sich sprechen. So stelle ich ihm möglichst unverfängliche Fragen. Ich will wissen, was sich in der Welt tut, und wie weit die Russen noch von uns entfernt sind. Doch darüber erfahre ich nichts, nur eins sagt er:

„Wenn nicht bald Schluß ist mit dem dämlichen Krieg, dann schmeißen wir doch alle die Gewehre hin.“

Er hat es satt, sagt er. Wir kommen an einigen Bauernhäusern vorbei, er läßt uns hineingehen. Wir betteln um

Kartoffeln. Doch es muß schnell gehen, der Posten hat Angst, daß seine Kameraden oder Vorgesetzten uns sehen könnten. Er beginnt mit dem Gewehrkolben auf uns einzuschlagen und uns aus dem Kartoffelstall hinauszutreiben. Draußen entwickelt sich dann eine richtige Schlacht unter uns. Einige haben in der Eile keine Kartoffeln erwischt, so fallen sie über diejenigen her, bei denen sie welche vermuten. Aber wer wird hier noch eine Kartoffel kampflos herausgeben? Die kaum noch auf den Füßen stehenden Menschen beginnen, sich zu schlagen und zu raufen, nichts Menschliches haben sie mehr. Die Kartoffel erscheint uns das höchste Gut, das wir noch besitzen. Acht kostbare Kartoffeln habe ich in meinen Hosentaschen. Ich werde mir jeden Tag eine in Scheiben schneiden und auf dem Ofen knusprig braten. Dem Ofenheizer Stein werde ich eine Scheibe abgeben, nehme ich mir vor, so werde ich dann acht Tage mit meinen Kartoffeln auskommen. Aber wo hebe ich dieses kostbare Gut nur auf? Mit mir herumtragen kann ich sie unmöglich, an meiner Schlafstelle werden sie mir gestohlen, denn Eigentum gibt es schon lange nicht mehr unter uns. So brate ich dann eine Kartoffel nach der anderen, Stein paßt scharf auf, daß er auch von jeder seinen versprochenen Tribut erhält.

Wenn ich nachts wach liege, glaube ich immer, in der Ferne das Donnern der Kanonen zu hören, sehr weit, so glauben viele von uns, kann es gar nicht mehr weg sein. Jeden Abend wird jetzt auch das Lager vollkommen verdunkelt, alle Lichter werden gelöscht. Am schwarzen Brett steht, daß es strengstens verboten ist, den Block während der Dunkelheit zu verlassen. Die Posten haben Anweisung, sofort von der Schußwaffe Gebrauch zu machen.

Die Parole geht um, daß in den nächsten Tagen das Lager geräumt werden soll, aber nichts geschieht. Wie gewöhnlich rückt das Arbeitskommando aus, nur die im Lager herrschende Atmosphäre scheint unruhiger. Viele Autos parken vor der Kommandantur, es ist ein eifriges

Kommen und Gehen. Auch der Kanonendonner ist viel deutlicher zu hören; uns erscheint das Krachen und Bersten wie Freiheitsmusik.

Doch immer noch rückt das Arbeitskommando aus zur Arbeit. Einige Juden wollen wissen, daß man die Panzergräben auch gut als Massengräber für uns verwenden kann.

„Ha, ha, Freiheit", höhnen sie. „Fünf Minuten vorher liegen wir alle unter der Erde."

Doch das Rollen und Donnern in der Ferne kommt näher und näher, löst bei einigen Freudentaumel aus und läßt andere vor Angst erzittern.

Und dann heißt es plötzlich um zwölf Uhr mittags: „Alles antreten zum Abmarsch, das Lager wird geräumt." Nur das jüdische Revier bleibt da. Marschieren will und kann ich nicht mehr. Entweder werde ich leben, oder der Kampf der letzten Jahre war umsonst. Es ist ein schwerer Entschluß, im Schmutz und Dreck liegen zu bleiben, wo alle noch Gehfähigen das Lager verlassen.

Alles tritt zum Abmarsch am Lagertor an. Der Lagerführer Meisel, hoch zu Roß, den Karabiner umgeschnallt, galoppiert an den angetretenen Häftlingen vorbei. Der Lagerälteste macht ihm Meldung: 660 Häftlinge zum Abmarsch angetreten.

„Abmarschieren!" befiehlt Meisel. Der Zug bewegt sich langsam zum Tor hinaus, bewacht von ungefähr fünfzig Posten in feldmarschmäßiger Ausrüstung.

Sofort nach dem Abmarsch der noch gehfähigen Häftlinge kommt wieder Leben in das scheinbar verlassene Lager. Ein großer Teil der Häftlinge hat sich versteckt gehalten. Sobald der Zug außer Sicht ist, kommen sie aus ihren Verstecken hervor, und wie auf Kommando beginnen sie, die Küche zu stürmen. Doch noch sind wir nicht frei, noch wird das Lager bewacht, nur innerhalb des Lagers sind keine Posten mehr auf Wache.

In den schon fast verhungerten Menschen in den Revieren beginnt es, sich zu regen. Was noch irgendwie sich rühren kann, geht langsam und vorsichtig mit einem Eßgeschirr in der Hand zur Küche. Ein Sturm auf die Eßkübel beginnt. Diese Brühe war für das Außenkommando bestimmt, konnte aber wegen des unvorhergesehenen Abmarsches nicht mehr fortgebracht werden. Alles greift mit den Eßgeschirren in die Suppe, von hinten wird gedrängt und geschoben. Die, die keine Eßgeschirre haben, greifen mit den Händen in die Kübel, um sich einige Kartoffeln herauszusuchen. Es ist fast, als ob man verhungerte Löwen losgelassen hätte, die sich jetzt auf die ihnen vorgeworfene Nahrung stürzen.

Ein Teil von uns ist schlauer gewesen. Wir beginnen, die SS-Vorratskammer aufzubrechen. Rechts an der Tür steht ein voller Zuckersack; alles greift in den Sack hinein. Wenn einer etwas zum Essen erwischt hat, reißt ein anderer es ihm im Gedränge wieder aus der Hand.

Ich habe zwei Dosen mit Erbsen erwischt, in der anderen Hand habe ich einen Kalbsfuß. Ehe ich mich versehe, hat man mir beides aus den Händen gerissen. Ein anderer versucht, seine Schale mit Zucker in Sicherheit zu bringen, aber plötzlich sind die Hände aller anwesenden Häftlinge in seiner Schale versammelt. Der meiste Zukker wird verschüttet und zertreten. Ich bin froh, als ich mit heilen Knochen wieder aus dem Raum heraus bin. Einige Häftlinge sehe ich glückstrahlend mit einigen Päckchen Kaffee-Ersatz abziehen.

Im Lager herrscht jetzt die verhungerte Masse. Die Tür zum Kartoffelkeller ist aufgebrochen worden, jeder holt sich so viele Kartoffeln, wie er tragen kann. Überall werden Kartoffeln gebraten, aber der Magen hat keinen Grund mehr, ich esse und empfinde überhaupt kein Sättigungsgefühl. Immer wieder beginne ich zu essen, ich bin ängstlich, daß alles nur ein Traum ist. Dann hole ich mir wieder eine Kartoffel, lege sie am Kopfende unter den Brotbeutel, und alle paar Minuten überzeuge ich mich, daß ich meinen Schatz auch wirklich noch besitze.

Erschöpft von den Aufregungen des vergangenen Nachmittags liege ich wieder auf dem beschmutzten Stroh. Es ist inzwischen dunkel geworden, doch immer noch wird unser Lager bewacht. Aber das Schießen kommt immer näher, vereinzelt kann man schon Gewehrschüsse hören, manchmal ist auch das Knattern der Maschinengewehre deutlich zu vernehmen. Ein jeder von uns fühlt, daß jetzt die entscheidenden Augenblicke unseres Lebens kommen werden.

Ich habe mich aufgerafft und stehe an dem kleinen Stallfenster. Von hier aus kann ich den am Lager vorbeiführenden Weg beobachten. Laufende, fliehende Soldaten sehe ich, teilweise haben sie ihre Gewehre fortgeworfen, einer guckt sich um, als ob ihm die Russen direkt auf den Fersen seien. Dann wieder das Hämmern der Maschinengewehre, die Ereignisse beginnen sich zu überstürzen. Vor dem Tor formiert sich die deutsche Wache und rückt ab. Deutsche Meldefahrer flitzen vorbei, dann wieder eine deutsche Autokolonne, die den Anschluß an die Nachhut nicht verlieren will.

Dann wird die Tür aufgerissen, ein Jude kommt in den Block gestürzt und ruft, hinten am Waldesrand habe er den ersten russischen Tank gesehen.

„Gleich werden unsere Befreier da sein!" ruft er aus.

Es wird von allen Seiten geschossen. Die schwere Artillerie beginnt zu donnern, dazwischen Gewehrschüsse, Granaten flitzen um uns herum, die Erde scheint zu beben. Draußen muß sich eine richtige Schlacht abspielen. Leuchtsignale stehen am nächtlichen Himmel, es ist ein Getöse und Donnern um uns herum, die Baracken beginnen durch den Luftdruck der abgefeuerten Geschosse zu wackeln, es ist, als ob die Erde sich auftut, um ein kleines Häufchen Menschen wiederzugebären und noch einmal dem Leben zu schenken.

Dann wird draußen das Rasseln von Tanks hörbar. Einige Augenblicke später wird die Tür aufgerissen, ein russischer Tankist steht da, als Bote der Freiheit. Einige Juden fallen ihm um den Hals und küssen ihn, weinen und lachen, alles durcheinander. Mit einem Mal fängt alles an zu schreien:

„Hurrah, hurrah, unsere Befreier sind da!"

8. Kapitel
Die Befreiung
8. März 1945

Ein russischer Tank nach dem anderen rollt auf dem Appellplatz auf. Die meisten Russen fangen bei unserem Anblick an zu weinen. Sofort sind einige russische Ambulanzen zur Stelle. Noch im Getümmel der Schlacht werden unsere Schwerkranken fortgebracht. Dann kommen Ärzte und Schwestern, sie führen uns hinaus aus dem verdreckten Typhusrevier und legen uns in die ehemalige Unterkunft der SS. Unter meinem Bett sehe ich einen Koffer mit der Aufschrift „Oberscharführer Meisel". Ich beginne, in dem Koffer zu kramen, finde reine Wäsche; mein Herz lacht, als ich mich in der Wäsche des Herrn Oberscharführers niederlege und das Glück der wiedergewonnenen Freiheit empfinde.

Am kommenden Morgen ist alles vorhanden, was der Mensch begehrt. Ein Russe kommt zu uns mit einem großen Mehlsack, ein anderer bringt Butter und Zucker. Sie sagen, wir sollen Kuchen backen. Und wirklich, die etwas kräftigeren fangen in der Dämmerung des kommenden Tages an, Teig zu mengen und auf der Herdplatte Plätzchen zu backen, die dann unter uns verteilt werden.

In den frühen Morgenstunden kommt ein General. Er beginnt, zu uns zu sprechen, ein lettischer Jude übersetzt ins Jiddische. Er sagt, die tapfere Rote Armee ist gerade noch rechtzeitig gekommen, um wenigstens einem kleinen Teil von uns das Leben wiederschenken zu können. Wenn wir etwas später gekommen wären, so sagt er, hätten wir wahrscheinlich hier keinen lebenden Menschen mehr gefunden. Wer von euch jetzt 25 Jahre alt ist, so fährt er fort, soll glauben, er sei erst 20 Jahre alt, denn erst jetzt werdet ihr mit einem neuen Leben beginnen. Dann geht er hinaus. Sein Weg führt in das jüdische Revier, wo noch immer unsere in den letzten Tagen gestorbenen Menschen unbeerdigt liegen, denn wir hatten nicht mehr die Kraft, sie hinauszutragen. Der General steht mitten in dem unbeschreiblichen Dreck, nimmt sein Käppi ab und ehrt unsere Toten. Und wir, wir weinen um unsere Opfer und weinen vor Freude über das uns wiedergegebene Leben.

Den ganzen Tag fahren russische Einheiten an unserem Lager vorbei, teilweise große kräftige Frauen mit umgehängten Karabinern an der Spitze der Truppen. Dann kommen Kosaken auf ihren wendigen Pferden dahergesprengt, die Felder und Wiesen nach versteckten deutschen Soldaten absuchend. So zieht eine nicht endenwollende Schlange von Truppen an unserem Lager vorbei. Manchmal stehen wir am Weg, um ihnen zuzuwinken. Sobald sie uns in unseren gestreiften Anzügen sehen, fangen sie an, uns Eßwaren im Vorbeifahren zuzuwerfen, Brot, Butter, Speck, Wurst, bald hat ein jeder von uns so viel, daß man einige Monate zu essen hat. Doch immer wieder geht man hinaus an den Weg, um neue Gaben zu empfangen, zu unwirklich erscheint uns das Ganze noch, es ist wie ein Traum, aus dem man fürchtet, zu erwachen.

Abends vor dem Einschlafen geht auf einmal die Tür auf, ein deutscher Feldwebel und einige deutsche Soldaten treten in das Zimmer, in dem ich mit Walter, einem Juden aus Hannover, liege. Hinter ihnen steht ein russischer Posten.

„Kameraden“, fängt der Feldwebel an zu sprechen, „wir haben den Befehl von unserem Hauptmann, euch menschenwürdig zu betten.“

Mir ist, als ob mich der Schlag rührt. „Kameraden” hat er uns angesprochen. Gestern noch waren wir Untermenschen, und heute schon sind wir seine Kameraden. Und dann kommt es in mir hoch, die ganze Wut, die ganze

Verzweiflung der vergangenen Jahre bricht aus mir hervor.

„Du Hundesohn", brülle ich ihn mit den Ausdrücken der SS an, „willst du nur machen, daß du hier herauskommst!"

„Aber Kamerad", fällt mir der Feldwebel wieder ins Wort, „wir können doch nichts dafür."

Jetzt prasseln alle meine von der SS gelernten Ausdrükke auf ihn herunter. Das Schicksal hat sich gewendet, kommt es mir zum ersten Mal klar zum Bewußtsein, jetzt kann ich schreien und meine Wut an diesen Bestien auslassen, wonach ich mich jahrelang gesehnt habe.

Dann verlassen die deutschen Gefangenen mit ihrem russischen Posten unser Zimmer. Ich kann jetzt nicht einschlafen, mein Herz klopft zum Zerspringen von dieser Aufregung. „Kameraden" hat er uns angeredet, geht es mir immer wieder durch den Kopf. Ich bin nicht sein Kamerad.

April 1945

Nach wochenlangem Liegen erlaubt mir die russische Ärztin, aufzustehen und mich draußen vor der Baracke in die Sonne zu setzen. Dann fange ich an, spazieren zu gehen, erst einmal um das Lager herum, die Beine wollen immer noch nicht so, wie man gern möchte. Am nächsten Tag gehe ich wieder etwas weiter, und langsam, ganz langsam fühlt man sich kräftiger.

In der Mitte des ehemaligen Appellplatzes haben deutsche Flüchtlinge ein Massengrab geschachtet, dort werden unsere Toten begraben. Der russische Lagerkommandant setzt eine rote Holzpyramide mit Hammer und Sichel als bleibendes Denkmal. Einige Tage später verlassen die Überlebenden das Vernichtungslager Rieben, um in ein größeres Sammellager gebracht zu werden.

Kurze Zeit später werden wir schon wieder zur Arbeit herangezogen. Die Russen treiben das Vieh aus der Umgebung zusammen, um es nach Rußland zu verladen. Wir hüten die Kühe auf der Weide und bewachen das Vieh zusammen mit russischen Soldaten. Meistens habe ich mit einem Mongolen Wache. Da unsere Unterhaltung alles andere als flüssig ist, versucht er, mir seine Muttersprache beizubringen. Dabei deutet er mit seinem Zeigefinger auf den Mond und sagt „Luna". Ich wiederhole es dann, und er freut sich wie ein kleines Kind. Meistens verschwindet er, nachdem er kurze Zeit Dienst gemacht hat, und läßt mich allein zurück.

Einmal fährt ein russischer Offizier an mir vorbei. Einige Minuten später kommt der Mongole, der mir immer so schön Sprachunterricht erteilt, mit seinem Gewehr, das er mir ab und zu mal ins Kreuz stößt, und treibt mich vor sich her ins Herrenhaus. Dort sperrt man mich auf dem Boden ein. Am nächsten Morgen kommt der russische Kommandant mit dem Mongolen, beide lachen und schicken mich fort. Diese Figuren sind doch unberechenbar.

Anfang Mai bringt man uns nach Neustadt in Pommern. Auf Fuhrwerken fahren wir durch die herrliche Landschaft, an der Spitze und am Ende des Zuges russische Soldaten. Überall an den Kreuzungen sind Wegsperren. Immer wieder werden wir gezählt, bevor man uns passieren läßt. Manchmal stehen große Bilder an den Straßen, auf denen zu sehen ist, wie ein Rotarmist einem auf dem Boden liegenden deutschen Soldaten auf den Bauch tritt und dabei die rote Fahne schwingt. So wird unser Zug nach Neustadt zu einem Siegeszug, überall an den Wegen lachende, freundliche Menschen, dazu die russischen Lieder der aus dem Osten stammenden Juden, – mir scheint hier für kurze Zeit die Verbrüderung der Völker Wirklichkeit geworden zu sein.

In Neustadt schon werde ich eines Besseren belehrt. Ein Pole hält eine kurze Ansprache.

„Esten, Letten, Litauer", so sagt er, „gehen in den nächsten Tagen in ihre Heimat zurück, und die Deutschen", fährt er ironisch fort, „fahren in ihr ‚Vaterland'".

Einige Tage später stehe ich vor dem russischen Kriegskommandanten von Neustadt, um mir die uns vom Neustädter Magistrat ausgestellten Papiere beglaubigen zu lassen, die uns ungehinderte Rückkehr in unsere Heimatstädte garantieren sollen. Aus Nummern sind wieder Menschen geworden.

„Was wollen Sie?“ fragt er mich durch den Dolmetscher.

Ich übergebe ihm die Papiere der zwanzig überlebenden Juden aus Deutschland mit der durch den Dolmetscher vorgetragenen Bitte, die Reise zu genehmigen. Ich lasse ihm sagen, daß es bereits halb vier Uhr ist, und daß um vier Uhr der einzige tägliche Zug nach Danzig fährt.

Doch der Kriegskommandant hat sehr viel Zeit. Er nimmt sich eine Zigarette aus seinem Etui, sucht nach Streichhölzern, als ein anderer Offizier den Raum betritt und ihm die Zigarette aus dem Mund nimmt. Es wird eine zweite Zigarette in den Mund gesteckt, doch wieder wird sie ihm durch einen anderen Offizier fortgenommen. Als er sich dann endlich seine Zigarette angezündet hat, fängt er an, sich die Papiere zurechtzulegen. Dann beginnt er, seinen Stempel zu suchen. Alle Schreibtischschubladen werden aufgerissen und durchwühlt, doch der Stempel ist nicht da. Schließlich greift er in seine Hosentasche, nimmt sein Taschentuch heraus, aus dem er den Stempel auswickelt. Bald hat er auch das Stempelkissen gefunden, und schon in einigen Minuten sind meine Papiere besiegelt und beglaubigt. Jetzt schnell zum Bahnhof, wo bereits die kleine aus Männern und Frauen bestehende Gruppe wartet.

Doch schon in Danzig ergeben sich die ersten Hindernisse. Die an der Bahnhofssperre stehenden polnischen Posten lassen uns passieren, doch am Ausgang der zerschossenen Bahnhofshalle stehen russische Posten, die nochmals die Ausweise kontrollieren. Wir Männer haben alte deutsche Arbeitsdienstuniformen an, da keine Zivilkleidung für uns zu beschaffen war. Ich zeige dem russischen Posten unsere Papiere, gebe ihm die Anzahl an, sage Stutthof und will alle einzeln an ihm vorbeigehen lassen, als er sich besinnt und uns alle an die linke Seite des Bahnhofsausganges befiehlt. Dann kommt er zu mir, fragt „Starschj?" Ich nicke zustimmend mit dem Kopf. „Dawaj, Kommandantura." Im Nu sind wir alle von russischen Posten umstellt. Man führt uns über den Bahnhofsplatz zur Kommandantur, und wieder schließt sich ein Tor hinter uns. Mich führt man zum Kommandanten. Einer reißt mir meinen Rucksack vom Rücken, schimpft, „Germanski, nix Iwreh, Iwreh kaputt", beginnt, den Rucksack zu durchwühlen, findet Wäsche und einige Lebensmittel. Dann durchsucht er noch das Gepäck von einigen anderen und befiehlt, uns zurück zur Station zu bringen. Doch unsere Ausweise haben wir nicht zurückerhalten, und ohne sie, das fühlt jeder von uns, sind wir hier vogelfrei. Unschlüssig stehen wir vor der Kommandantur und beraten uns, als oben das Fenster aufgeht, der Kopf des Kommandanten sichtbar wird, und einige Sekunden später flattern unsere Ausweise zu Boden.

Auch die Nacht in dem vollkommen zerstörten Danzig vergeht. Am anderen Morgen bringt uns ein offener Güterzug nach Schneidemühl. Man sagt uns, daß noch heute abend ein Zug in Richtung Berlin fahren soll. Doch in den Zug ist nicht hineinzukommen. Die Polen lassen keine Juden in den Zug. Überall sind wir wüsten Beschimpfungen ausgesetzt. Wir beschließen, auf den Dächern der Waggons zu fahren. Einer von uns klettert hinauf, um unsere Rucksäcke anzunehmen, als der Zug ganz plötzlich anruckt und mit Ignatz und dem Gepäck von einigen anderen davonfährt.

Einige Stunden später kommt ein Güterzug, der uns in langsamer Fahrt bis Köpenick, vierzig Kilometer vor Berlin, bringt. Die Straßenbahn nimmt unsere Gruppe auf, Berlin ist erreicht. Stundenlang laufen wir durch die zerstörten Straßen, suchen ein Nachtquartier. Die Berliner, die wir nach einer jüdischen Organisation fragen, schütteln erstaunt die Köpfe. Juden gibt es hier nicht mehr. Berlin ohne Juden!

Am Döhnhofplatz machen wir etwas Rast. Ich erinnere mich, daß hier früher mal eine große Luftfahrtausstellung war. Wir beratschlagen, wissen nicht, wohin. Uns gegenüber auf der Bank sitzt eine alte Frau; ich beginne, mit ihr zu sprechen, frage sie, ob sie einen Juden kennt, bei dem wir Auskunft über jüdische Hilfsorganisationen erhalten können. Sie schüttelt nur den Kopf, doch plötzlich fällt ihr ein, daß irgendwo in ihrer Straße ein Ehepaar in Mischehe lebt. Jetzt wissen wir bald, wohin. Das ehemalige jüdische Krankenhaus in der Iranischen Straße ist das Heim für obdachlose Juden. Wir alle werden mit großer Freude empfangen. Wir haben jetzt Unterkunft und Verpflegung. Die Räume sind sauber, die Betten weiß überzogen. Wir erhalten andere Kleidung, und bald sind die Strapazen der Reise vergessen.

Rosel Sachs aus Libau ist da, und dann traue ich meinen Augen nicht, das junge Mädchen, das mir Brot in den Bunker reichte, kommt mir mit ausgestreckten Armen entgegen. Unsere Freude ist groß, ein Wunder ist geschehen. Sie erzählt mir, daß sie die Absicht hat, nach Fürth zu fahren, um nach ihren Angehörigen zu suchen. Ein Jahr später heiraten wir in Lübeck. Für immer werde ich ihr dankbar sein; sie gab mir Mut in einer der dunkelsten Stunden meines Lebens.

Einige Tage Ruhe in Berlin, dann fahre ich mit einem Hamburger Juden weiter. Unser Ziel ist Lübeck. Wir fahren auf vollbeladenen Güterwagen und in kleinen Gespannen mit den Russen, trampen von Ort zu Ort, von Stadt zu Stadt, bis wir einen kleinen Ort in der Nähe von Schwerin erreichen, die Grenze der russischen Besatzungszone. Die Russen wollen uns nicht die Grenze passieren lassen, obwohl ich dem Posten immer wieder meinen Ausweis mit dem Stempel des russischen Kriegskommandanten unter die Nase halte, der mir erlaubt, ungehindert in meine Heimat zurückzukehren.

„Kommandantura", sagt der Posten nur, „Kommandantura."

Mit ihm ist nichts zu machen. Wir ziehen weiter, kommen in ein kleines Dorf, ungefähr drei Kilometer von der Grenze. Ein Bauer nimmt uns auf, nachdem wir ihm erzählt haben, daß wir auf die „andere Seite" wollen. Wir fahren mit ihm hinaus auf seinen Kartoffelacker und beginnen zu arbeiten, während er uns den genauen Verlauf der Grenze beschreibt und uns mitteilt, wo sich zwei kleine Stege über die Grenzflüsse befinden.

Abends kehrt er allein in das Dorf zurück. Wir liegen in einem Kornfeld und erwarten die Dunkelheit, um uns über die Grenze zu schleichen. Gegen zwölf Uhr nachts brechen wir auf, ziehen an den Kornfeldern entlang, überqueren Gräben, stolpern über die Wurzeln am Rande der Felder stehender Bäume. Es ist eine helle Mondnacht, in der Ferne hört man Pferdegetrappel, dann wieder Zurufe russischer Posten, die sich irgendwo in der Dunkelheit, uns nicht sichtbar, aufhalten. Wir warten eine halbe Stunde, schleichen weiter. Zweige knacken unter unseren Füßen, Vögel werden aufgeschreckt, wir werden nervös, zweifeln, daß wir den richtigen Weg gegangen sind. Plötzlich taucht ein kleiner Fluß auf, einige Meter rechts der beschriebene Steg. Wald nimmt uns auf. Wir springen von einem Baum zum anderen, kreuzen eine Landstraße, überspringen einen breiten Graben und atmen auf, denn nach der Beschreibung des Bauern sind wir jetzt auf englischem Gebiet.

Morgens sind wir in Schwerin. Ein englischer Soldat hält an der Lübecker Chaussee ein Auto an, das nach Lübeck fährt, und zwei Stunden später gehen wir durch das alte Burgtor der Innenstadt zu. Ich werde wehmütig und bin stolz zugleich. Vor meinen Augen steht der lange Zug der ausfahrenden Menschen, ich sehe meine Mutter vor mir und die braunen Horden, die durch die Straßen rasten, die Fenster einschlugen und die Geschäfte demolierten. „Dieselben Gassen ..." kommt mir das Ghettolied in den Sinn, aber ich weiß sofort, daß ich diese Gassen nicht mehr will.

Man nimmt wenig Notiz von den Zurückgekehrten. Nur der Schlachter, bei dem wir jahrelang unser Fleisch kauften, gibt mir ein viertel Pfund Wurst mehr, als er mich erkennt.

Als ich mich auf dem Polizeiamt anmelde, sitzt derselbe Beamte hinterm Pult, der mir damals die Schlüssel abgenommen hat.

„Aber Herr Katz", fragt er mich, „wo sind Sie denn die ganze Zeit gewesen? Sie sind ja gar nicht bei mir abgemeldet."

Einige Monate später trägt uns ein Schiff übers Meer einer neuen Heimat entgegen. Schnittige Boote umkreisen uns, lachende Sonne und winkende Menschen, Sirenen heulen, als das Schiff an der Freiheitsstatue vorbei langsam in den Hafen einfährt. Ein neues Leben beginnt.

Anmerkungen

[1] Tag der nationalsozialistischen Machtübernahme; Hitler wird zum Reichskanzler ernannt.

[2] *Horst-Wessel-Lied:* seit 1930 das offizielle Parteilied der NSDAP.

[3] *Judenboykott* am 1. 4. 1933: Die NS-Partei verordnete mit Billigung der Regierung an diesem Tag einen begrenzten Boykott jüdischer Geschäfte.

[4] Bertold Katz, heute Kantor der Jüdischen Gemeinde zu Lübeck.

[5] *Risches:* hier Antisemitismus.

[6] *Grünspan:* Herschel Grünspan hatte am 7. November 1938 in Paris den deutschen Legationssekretär Ernst vom Rath erschossen, was die Nationalsozialisten zum Vorwand für den Pogrom am 9. November, der sogenannten Reichskristallnacht, nehmen.

[7] *Judenstern:* Nach dem 19. 9. 1941 mußten sämtliche über sechs Jahre alten Juden im Reichsgebiet in der Öffentlichkeit einen handtellergroßen sechseckigen Stern aus gelbem Stoff mit der Aufschrift „Jude" sichtbar an der Brust tragen. Die Erwähnung des Sterns an dieser Stelle erscheint zu früh. Sie gehört jedoch in die Zeit des Aufenthalts in Paderborn bis zum 28. 11. 1941.

[8] *Dr. Leo Baeck* (1873–1956): Rabbiner in Berlin (seit 1912), von 1933 bis 1943 Präsident der Reichsvertretung der deutschen Juden, 1943–1945 KZ Theresienstadt, später London.

[9] *Hatikvah:* Die „Hoffnung", zionistisches Lied, heute Israels Nationalhymne.

[10] *Oneg Shabbath:* Feierstunde zur Gestaltung des Sabbattages.

[11] *Moisling:* Ortschaft südwestlich von Lübeck. Erste jüdische Ansiedlung um 1650, als Juden in Lübeck unerwünscht waren. Nach vorübergehender Lockerung der Ansiedlungsmöglichkeiten innerhalb der Stadt während der französischen Besetzung 1808–1813 Errichtung eines jüdischen Ghettos in Moisling auf Anordnung des Lübecker Senats 1823. Bürgerliche Gleichstellung nach 1848. Schließung der Moislinger Synagoge 1872.

[12] Zu diesem Transport: U. Hochmuth, G. Meyer, Streiflichter aus dem Hamburger Widerstand 1933–1945. Frankfurt/M. 1979, S. 219ff.

[13] *Dr. Joseph Carlebach* (1883–1942): Oberrabbiner in Altona (1926–1936) und Hamburg (1936–1941), führender Vertreter des Judentums in Hamburg und Schleswig-Holstein.

[14] *Kriehe* oder Kerija: Einreißen der Kleider zum Zeichen der Trauer und Mahnung.

[15] *Kapo:* „Kameradschaftspolizei", Häftlinge mit Polizeifunktionen.

[16] *Chanukka:* Achttägiges Lichtfest zur Erinnerung an die Tempelweihe des Makkabäers Juda.

[17] *Trendel:* Würfelförmiger Kreisel mit hebräischen Buchstaben an den vier Seiten, die dem Spieler Gewinn oder Verlust bedeuteten; gilt als Spiel des Chanukkafestes.

[18] *Pessach:* Jüdisches Osterfest; zur Erinnerung an den Auszug aus Ägypten; ausschließlicher Genuß von ungesäuertem Brot an acht Tagen.

[19] *Sederabend:* Häusliche Feier am 1. und 2. Pessachabend mit verschiedenen symbolischen Speisen zur Erinnerung an den Frondienst in Ägypten. *Mazzoth* oder Mazza: ungesäuertes Brot; *Mane stane:* vulg. für „ma-nischtanna" des Pessachausrufs: „Was unterscheidet (diese Nacht von allen Nächten)".

[20] *Minjin* oder Minjan: Mindestzahl von zehn männlichen Betern, die für das Abhalten und Durchführen eines Gottesdienstes vorgeschrieben sind.

[21] *Kaddisch:* Gebet bei der Beerdigung.

[22] *El lemo rachamim:* soll heißen „El male rachamim; Bedeutung: „Gott des Erbarmens", Anfang eines Gebets bei Begräbnissen.

[23] *Koscher:* „rein" in religiöser Bedeutung, hier im übertragenen Sinn des Wortes benutzt.

[24] Lettland gehörte zum „Reichskommissariat Ostland", das dem „Reichsminister für die besetzten Ostgebiete", Alfred Rosenberg, unterstand.

[25] *Jom Kippur:* Versöhnungstag, strenger Fast- und Bußtag, der heiligste Tag des jüdischen Jahres.

[26] *Yiskadal, vyiskadasch, schmeh rabo:* „Erhoben und geheiligt werde sein großer Name."

[27] *SD:* Sicherheitsdienst des „Reichsführers SS".

[28] Der Lübecker Seemann hat Josef Katz' Schwester sogar eine auf das Bodenstück einer Streichholzschachtel geschriebene Nachricht überbracht (siehe Lübecker Nachrichten, 20. 12. 1984).

[29] Häftlinge mit schwarzem Winkel auf der Kleidung gehörten zur Gruppe der sogenannten „A"sozialen, eine von den Nationalsozialisten kreierte Bezeichnung.

[30] *O. T.:* „Organisation Todt", benannt nach Dr. F. Todt; Bauorganisation seit 1938 für die Errichtung militärischer Anlagen; Uniform olivgrün mit Hakenkreuzbinde.

[31] *„Stürmer":* übles nationalsozialistisches Hetzblatt seit 1923, besonders als antisemitische Propagandaschrift bekannt.

[32] *Rosch Haschanah:* jüdisches Neujahrsfest.